Rolf Kailuweit/Volker Jaeckel/Ángela Di Tullio (eds.)

Roberto Arlt y el lenguaje literario argentino

Ediciones de Iberoamericana

Historia y crítica de la literatura, 79

Rolf Kailuweit/Volker Jaeckel/Ángela Di Tullio (eds.)

Roberto Arlt y el lenguaje literario argentino

Iberoamericana — Vervuert — 2015

Derechos reservados

© Iberoamericana, 2015
Amor de Dios, 1 — E-28014 Madrid
Tel.: +34 91 429 35 22
Fax: +34 91 429 53 97

© Vervuert, 2015
Elisabethenstr. 3-9 — D-60594 Frankfurt am Main
Tel.: +49 69 597 46 17
Fax: +49 69 597 87 43

info@iberoamericanalibros.com
www.ibero-americana.net

ISBN 978-84-8489-817-7 (Iberoamericana)
ISBN 978-3-95487-362-3 (Vervuert)

Depósito Legal: M-5198-2015

Diseño de cubierta: a.f. diseño y comunicación

Ilustración de cubierta: portada de *Los pensadores. Revista de Selección Ilustrada. Arte - Crítica y Literatura*, nº 101, Buenos Aires, 1924. Cortesía del Instituto Ibero-Americano (IAI), Berlín, "Revistas teatrales y colecciones de novelas cortas", Fototeca, Legado Lehmann-Nitsche.

Este libro está impreso íntegramente en papel ecológico sin cloro.

Índice

Introducción

En el presente volumen se publican catorce artículos dedicados al lenguaje literario de Roberto Arlt de autores expertos en el tema procedentes de Argentina, Alemania, Brasil, Inglaterra, Francia y España, que se reunieron en diciembre de 2010 en Friburgo de Brisgovia en el coloquio "La invención de la metrópolis: lenguaje y discurso urbano en la obra de Roberto Arlt", convocado por el Freiburg Institute for Advanced Studies (FRIAS). Este coloquio fue posible gracias a la consecución del primer premio por parte de los organizadores en el concurso que esta institución organiza para proyectos que pongan de manifiesto la cooperación entre la lingüística y la ciencia de la literatura. El proyecto ganador de Rolf Kailuweit y Volker Jaeckel resaltaba la importancia de la relación entre lenguaje literario y ambiente urbano en la obra de Roberto Arlt.

Se trata del tercer coloquio que sobre el escritor argentino se lleva a cabo en Alemania a lo largo de una década —después de los congresos del año 2000 en Bonn (Schuchard 2001) y 2004 en Berlín (Martínez-Richter 2007)—, lo que indica el interés que su obra suscita fuera de Argentina, después de haber quedado relegado a un segundo plano durante mucho tiempo por su compatriota Jorge Luis Borges. De hecho, en los últimos años Arlt se ha ido convirtiendo en el autor argentino por antonomasia que encabeza el canon escolar muy por encima de, por ejemplo, un Julio Cortázar que con cierta arrogancia escribió en 1981 en sus *Apuntes de relectura*: "Y en todo caso yo me siento injustamente afortunado por haber vivido todo ese tiempo que le faltó a Arlt, sin hablar de tantas cosas que también le faltaron" (Cortázar 1994 [1981]: 251). Arlt, que hoy forma parte de la literatura universal, se destaca por ser uno de los primeros que da voz a los marginales, la cual queda integrada en su obra junto a expresiones científicas y técnicas y giros cultos procedentes de la tradición literaria. Por esta mezcla su escritura se presta especialmente al análisis interdisciplinario entre la lingüística y la crítica literaria.

ROBERTO ARLT, VIDA Y OBRA[1]

Roberto Arlt nació en 1900 en el barrio porteño de Flores, donde pasó su infancia en circunstancias precarias. Hijo de inmigrantes, alemán el padre e italiana la madre, llegados recientemente a la capital argentina con muchas esperanzas y poco dinero, muy pronto tuvo que ganarse la vida para contribuir al sustento de la familia.

Roberto Arlt publicó cuatro novelas: *El juguete rabioso* (1926), *Los siete locos* (1929), *Los lanzallamas* (1931) y *El amor brujo* (1932). Además, sus cuentos han sido editados en dos colecciones: *El jorobadito* y *El criador de gorilas*. Escribió varias obras dramáticas, que se estrenaron en el Teatro del Pueblo dirigido por Leónidas Barletta.

El juguete rabioso es considerado al mismo tiempo una novela picaresca y de formación, con un protagonista de rasgos autobiográficos que gana conciencia de sí mismo a medida que adquiere experiencia social (Goštautas 1977: 91). En *Los siete locos* y *Los lanzallamas* merecen destacarse los elementos existencialistas y los aspectos angustiantes de la ciudad, que se siente como el "cáncer del mundo", ya que corrompe al hombre y lo hace agonizar mental y corporalmente (Goštautas 1977: 176). La última novela trata de las transformaciones en la ciudad y del amor imposible. A pesar de los considerables éxitos de sus novelas y las evaluaciones positivas por parte de la crítica, Arlt se ganó a un público todavía más amplio como periodista. Escribió reportajes en la sección policial, pero sus contribuciones periodísticas más conocidas son las aguafuertes, que se publicaron regularmente desde 1928 hasta su muerte, en 1942, en los periódicos *Crítica* y *El Mundo*. Las *Aguafuertes porteñas* plantean una crítica a las costumbres de los diferentes sectores de la sociedad de Buenos Aires, a menudo en forma de sátira, a través del análisis del comportamiento del proletariado lumpen y de la clase media (Jaeckel 2010: 212-213). Abarca también las consecuencias negativas de la modernización y de la industrialización, que se manifiestan, por ejemplo, en la precariedad de las viviendas y la falta de empleo, al mismo tiempo que transmite impresiones de los cafés, fiestas, espectáculos populares y de los medios de transporte en un estilo semejante al de los costumbristas decimonónicos.

ROBERTO ARLT Y LA LITERATURA DE LA GRAN CIUDAD

Uno de los temas preferidos de Roberto Arlt es la gran ciudad, la nueva Babilonia. No es una mera coincidencia el hecho de que fuese justamente en los años

---

[1]   Véase, para un esbozo "biobibliográfico", Gnutzmann (2004: 15-24).

veinte del siglo pasado que aparecieron las primeras novelas urbanas, sin existir ninguna relación entre sus autores (Alfred Döblin: *Berlin Alexanderplatz*, John Dos Passos: *Manhattan Transfer*, y las novelas de Arlt). Una parte de los estudios aquí publicados ha tratado de ubicar a Roberto Arlt dentro de la literatura de la gran ciudad. Se puede considerar la obra de Arlt como el punto cero de la literatura que enfoca Buenos Aires como gran metrópolis. Y es que precisamente en esos años ocurre en la Argentina un cambio de paradigma que supone un alejamiento de la temática rural y gauchesca tradicional y una aproximación a la periferia de las grandes ciudades, donde las voces de los inmigrantes representan nuevas manifestaciones de alteridad. Roberto Arlt es el primer ejemplo —y el representante más innovador— de esa nueva estética literaria en la Argentina que da voz a los marginados, a gigolós y prostitutas y enfoca los rápidos cambios sociales, tecnológicos y económicos que ocurren en la capital argentina en los años veinte. Buenos Aires se vuelve un símbolo de lo moderno en la periferia latinoamericana, que atrae a intelectuales, artistas y escritores (Sarlo 1988).

Son las masas urbanas las que transforman la ciudad en un arquetipo de la modernidad, un tema ya abordado por los expresionistas y todavía más por los filósofos y escritores alemanes Walter Benjamin, Siegfried Kracauer y Franz Hessel. Estos autores se ocuparon de un aspecto arquetípico de la vida moderna: la *flânerie*, el caminar solo y sin rumbo entre las muchedumbres por las calles de la ciudad (Sebreli 2005: 92). Arlt, que como Benjamin fue un asiduo lector de Baudelaire, se revela en sus aguafuertes y novelas como un *flâneur* que quiere describir la metrópolis a partir de una proyección imaginaria basada en sus andanzas por el agitado centro de la gran urbe, Buenos Aires.

El artículo de Rita Gnutzmann sobre la relación entre la gran ciudad y el habla de Arlt aborda esta cuestión, ya que la publicación de los textos arltianos coincide con una época de acelerados cambios sociales, económicos, culturales y edilicios de la capital argentina que instauran nuevas relaciones humanas. Arlt, pero también otros jóvenes escritores, experimenta con nuevos espacios, temas y formas en sus relatos utilizando una peculiar forma lingüística, en que el autor refleja la ciudad moderna a base de expresiones y giros tomados tanto del francés, como lengua de cultura por antonomasia, como del lunfardo suburbano. La autora reflexiona sobre la posible relación de los textos arltianos con el cine y la pintura expresionistas y recuerda su cercanía a un famoso estudio sociológico que publicó Georg Simmel en 1903: "Las grandes urbes y la vida del espíritu".

También Volker Jaeckel aborda en su contribución el tema de la novela urbana y la repercusión de los cambios sociales ocurridos en Buenos Aires en el

estilo y el lenguaje de Roberto Arlt, que analiza dentro de las tradiciones literarias argentinas. Lo grotesco y lo obsceno desempeñan un papel importante
para retratar el ambiente del hampa y de la prostitución en la obra novelesca de
Roberto Arlt. De esta forma se pueden encontrar en su lenguaje elementos de
una oralidad escrita del lunfardo, mezclados y condensados, a veces en la misma frase, como expresión de voces polifónicas de la ciudad.

LA MEDIATIZACIÓN DE LA VIDA COTIDIANA

Roberto Arlt consigue poner en escena la vida cotidiana de las diferentes clases
sociales en la ciudad de Buenos Aires, dando atención especial a los inmigrantes
y sectores marginales. Ciertamente fue influido por el cine expresionista de la
época en su forma de expresión literaria, ya que *Metrópolis*, de Fritz Lang, y
otras películas expresionistas fueron exhibidas en Buenos Aires en aquel tiempo. El cine como arte más reciente en los años veinte influye visiblemente en el
universo novelístico de Roberto Arlt, como también la arquitectura urbana con
sus enormes rascacielos, pero, en sentido inverso, también él contribuye a la
"mediatización" de la vida cotidiana con sus obras dramáticas, con sus novelas
y con los artículos periodísticos, como comprueban Jobst Welge, Laura Juárez
y Rolf Kailuweit. Es evidente que la obra de Arlt no refleja "objetivamente" las
circunstancias de la vida de los porteños comunes ni tampoco sus maneras de
hablar. Los utiliza como materia prima y los transforma según las reglas que
imponen la literatura y el periodismo, como medios, reglas que al mismo tiempo trasgrede y redefine.

Jobst Welge muestra que las obras teatrales de Roberto Arlt (*Trescientos millones, Saverio el Cruel*) emplean el lenguaje como fuerza modeladora y manipuladora de la relación entre ficción y realidad. La función de los recursos metadramáticos es precisamente la de dramatizar los personajes "plebeyos" (una
sirvienta, un mantequero) como estereotipos literarios e ideológicos, cuya índole es caracterizada a través de formas del lenguaje.

Laura Juárez analiza la mediatización de la ciudad en las notas periodísticas
que Roberto Arlt publica en sus columnas "Tiempos presentes" y "Al margen
del cable" (1937-1942). Estas columnas constituyen un nuevo modelo de intervención periodística asociado a los viajes, al registro del presente y a los cables de
noticias. En el nivel lingüístico evidencian un pasaje de la oposición radical a las
formas hegemónicas, de la despreocupación por un estilo que expresa impacto,
disconformidad y desconfianza hacia los parámetros establecidos, a un tono re-

posado, más estilizado y menos transgresivo, agónico y confrontador; un estilo que se refiere a la mezcla cultural (y lingüística) de las ciudades internacionales que Arlt había conocido en sus viajes. Las crónicas consideradas ponen de manifiesto un cambio de registro y del repertorio lingüístico en comparación con sus primeras obras, vinculadas muy estrechamente al referente urbano porteño.

También el trabajo de Rolf Kailuweit aborda la cuestión de la mediatización de la vida cotidiana en la novela *El juguete rabioso* mostrando que las voces de los inmigrantes se incluyen en una literacidad potenciada. El estilo de Arlt está muy alejado del lenguaje sainetero, en el que abunda el cocoliche. En lugar de conseguir una "mímesis del habla", como pretende Ulla (1990: 76), la escritura de Arlt eleva las recurrencias muy selectivas del cocoliche a un nivel estético superior.

Metáforas. Deseo y desilusión

En la obra novelesca de Roberto Arlt detectamos una presencia importante de metáforas tanto relativas al sexo como a la violencia. Muchas veces el autor las usa para caracterizar a la sociedad corrupta e indiferente que habita en la metrópolis, que con sus luces, su agitación y su rapidez, a su vez, se transforma en metáfora de la vida moderna (Komi 2009). Hablar de la "monstruosidad" de la gran urbe es un rasgo común de la literatura expresionista tanto en América Latina como en Europa. La metrópolis amenaza a los seres humanos, como un "moloc" que devora a los habitantes.

El artículo de Ursula Hennigfeld trata el concepto arltiano del hombre como monstruo, y la estética de luz y fuego en la novela *Los lanzallamas*. Interpreta la figura del monstruo como una marcación de los límites de la cultura desde la perspectiva presupuesta de la "normalidad" que oscila entre disgusto y fascinación. El término de lo monstruoso sirve para denominar la otredad irreductible evocando un miedo irracional. A través de *El psicoanálisis del fuego* (1938), de Gaston Bachelard, se propone otra interpretación de la novela arltiana de la modernidad metropolitana a principios del siglo xx, y un desciframiento de los nuevos procedimientos estéticos de Arlt.

Los temas del amor, del deseo sexual y de los sentimientos también ocupan un amplio espacio en las novelas del escritor porteño. Teniendo en cuenta el fracaso de su primer matrimonio por las exigencias desmedidas de su mujer, Carmen (Saítta 2000: 38), no sorprende mucho que construya un discurso desilusionado sobre el amor y la vida en pareja. Sabemos que Arlt estaba muy descontento con este matrimonio (Saítta 2000: 38), ya que Carmen le exigía que trabajase de cualquier cosa para mantenerla. Roberto Arlt se sentía incomprendido e incluso había llegado a "vengarse", por un lado, a través de referencias más o menos directas en sus obras literarias y, por otro, frecuentando los prostíbulos de Buenos Aires, donde conoció prostitutas y marginales que le sirvieron de modelo para algunos de sus protagonistas. El primer biógrafo de Arlt, Raúl Larra, dice que este matrimonio no le daba paz y que nadie podía evitar su descenso por todos los peldaños del infierno: "Algo secreto lo impulsa a las más oscuras experiencias" (Larra 1992: 30). Por tanto, las relaciones entre hombre y mujer aparecen descritas en sus novelas en términos poco románticos, sin entusiasmo y con desencanto. Arlt escribe en una aguafuerte de 1931: "Por las experiencias que he hecho y por las que me han sido relatadas, he llegado a la conclusión de que las relaciones entre ambos sexos, se caracterizan por una falsedad sistemática. Esta falsedad, como el resfrío, la tuberculosis o los juanetes, tiene características externas, visibles, comprensibles" (cit. por Saítta 2000: 113).

De nuevo es la sociedad de la capital porteña la que sirve de metáfora. Simboliza el comportamiento reo entre las personas. Las condiciones de la vida diaria con sus diversos factores adversos frustran los afanes, deseos, voluntades, pasiones y pretensiones de los hombres que habitan la ciudad. Los artículos de Christina Komi y de José Morales Saravia se ocupan de cuestiones estético-semánticas en el discurso de Roberto Arlt, en lo que concierne a la descripción de los sentimientos.

El trabajo de Christina Komi explora algunos aspectos del discurso amoroso y de las relaciones de pareja en el marco de la narrativa ficcional de Arlt a través de una serie de cuestiones estéticas. En primer lugar tematiza el uso de recursos expresionistas. La metáfora de la metrópolis, causa de todos los males, nace de una percepción alterada del mundo. La autora analiza de qué manera se construye esta percepción por medio de una serie de dispositivos artísticos. Estos revelan la dimensión formal de un malestar que la obra arltiana pone en escena y que, hasta el momento, se ha considerado principalmente desde un punto de vista existencial y sociopsicológico.

José Morales Saravia cierra la sección con su análisis de la última novela de Arlt: *El amor brujo* (1932). En ella Arlt desarrolla en extenso una "semántica de la desilusión" que ya habían presentado en anteriores obras y que proseguirá en obras posteriores de otros autores rioplatenses. En el centro de esta semántica de la desilusión se halla la idea de "la necesidad del acto infame". Estanislao Balder, el personaje principal, se ve confrontado con el mundo de las convenciones sociales que repudia; cree, sin embargo, haber encontrado en Irene el personaje de valor positivo, lo verdadero y auténtico que busca. La desilusión frente a ella y la imposibilidad de dejar de actuar en lo social lo llevan a la realización de la infamia, entendida esta como el acto necesario, pero solo posible en términos negativos, en un mundo caracterizado por la ausencia de sentido ideal.

El "escribir mal"

A Roberto Arlt lo han acusado los críticos en diferentes ocasiones de escribir mal y de no tener un dominio pleno de la lengua española[2]. Él mismo alimentó esta imagen del escritor "torturado" y sin acceso a una buena educación. No obstante, su "escribir mal" se puede entender de otra forma, como una tentativa intencionada de crear imágenes distorsionadas y esperpénticas de la realidad bonaerense de aquella época, en una estética de abyección que se puede observar también en autores y artistas expresionistas. La crueldad de la realidad social y la hibridez sociocultural causada por la multitud de migrantes y sus diversos idiomas no sugiere el uso de un lenguaje literario pulido y refinado.

Arlt no se evitaba la molestia de la literatura, según se infiere de las *Palabras del autor*, la bisagra entre sus novelas mayores, *Los siete locos* y *Los lanzallamas*. Era uno de los puntos en que cifraba la diferencia con los autores que podían darse el lujo de "hacer estilo" por contar con el tiempo y los recursos necesarios para "escribir bien"[3]. Y quien no se evita "la molestia de la literatura" es porque se toma la molestia de hacer literatura —y también la de hacer una literatura molesta, que duela como un "cross a la mandíbula" (Arlt 2000: 286)—.

Julio Prieto destaca que ese idioma imposible, que produce espanto, sugiere en última instancia la forma en que Arlt *quiere* escribir. Para ello examina en su ensayo la dimensión lingüística y "psicogeográfica" de las visiones urbanas en las novelas de Roberto Arlt. A partir de un examen de los paseos urbanos de *Los lanzallamas*, que abundan en visiones de la ciudad recorridas por el delirio y la fantasía, su análisis apunta a una revisión teórica de la noción de realismo, que toma en cuenta las conexiones de la novela arltiana con las prácticas de las vanguardias históricas y el impacto de la cultura audiovisual de masas en el discurso literario. La dimensión política y estética pone en juego una poética de lo ilegible.

---

[2]   González Lanuza (1971), Castelnuovo (1974), Cortázar (1994).
[3]   "Se dice de mí que escribo mal. Es posible. De cualquier manera, no tendría dificultad de citar a numerosa gente que escribe bien y a quienes únicamente leen correctos miembros de sus familias" (Arlt 2000: 285).

Gudrun Rath en su ensayo relaciona el "escribir mal" con el hecho de que la formación literaria de Arlt se basaba en lecturas de traducciones. Ampliando el concepto de traducción que ya no se limita a procesos interlinguales, Arlt se puede considerar traductor a varios niveles. Su supuesta deficiencia lingüística, que se muestra en su "lenguaje traducido", se convierte en un potencial innovador: la traducción en el "origen" de su escritura implica un lenguaje necesariamente híbrido, mezclado, liberado de la ficción de la pureza.

Como destaca Jens Andermann en su contribución, es César Aira el que más ha teorizado sobre el "escribir mal" en la tradición de Arlt[4]. En efecto, según Aira, el autor de *Los lanzallamas* mantiene todavía una relación "angustiada" con la lengua "alta" propia, que se supera solo con una agresión que vuelve a exhibirse como blasón de honor en la lengua "baja" para vivir un proceso de liberación, un camino hacia un más allá de la represión. En cierto modo es Aira el que completa la tarea.

El lunfardo

Para los defensores de la pureza del español, como Monner Sans, las carencias idiomáticas más graves no son las faltas ortográficas o los anacolutos, sino la introducción del habla popular en la literatura y, especialmente, el uso del lunfardo[5]. Hacemos hincapié en el hecho de que Arlt no identificaba el porteño con el lunfardo, puesto que en sus novelas este aspecto no queda legitimado por la voz del narrador. Los escasos lunfardismos quedan acotados a los diálogos y aparecen en la boca o en la mente de los personajes, casi siempre masculinos. La voz del autor actúa de intermediaria entre las capas desfavorecidas, cuyo medio de expresión es el lunfardo, y los lectores de la (pequeña) burguesía. De ahí la doble estrategia de Arlt que, por un lado, presenta lunfardismos en boca de sus protagonistas y, por el otro, los comenta en sus aguafuertes periodísticas. Es esta segunda estrategia la que analizan las contribuciones de Oscar Conde y Jaqueline Balint-Zanchetta.

Parece que el estatus del oficio de periodista por sí mismo pone en tela de juicio la competencia lunfardesca del que lo ejerce. Esta problemática fue incluso debatida por Borges (1996: 400), quien, en *El informe de Brodie*, alude anec-

---

[4]   Véase Aira (1993: 62-65).

[5]   Oliveto (2010) cita una intervención del gramático catalán en el diario *Crítica* del 26 de junio de 1927, p. 7, en que clasifica los lunfardismos como "repudiables y de mal gusto", "un contagio, una impregnación de abajo hacia arriba".

dóticamente al hecho de que a Roberto Arlt le habían reprochado falta de competencia en cuanto al lunfardo. Según Borges, Arlt replicó a tales reproches: "Me he criado en Villa Luro, entre gente pobre y malevos, y realmente no he tenido tiempo para estudiar esas cosas". En su contribución, Oscar Conde realza la punzante ironía con la cual Arlt se sitúa frente al argot porteño. Por un lado, como sostiene Saítta (2000: 61), utiliza el lunfardo "como broma dirigida a la seriedad del periódico, tornando su uso en desafío y medición de fuerzas". Por el otro, lo defiende como un modo de expresión legítimo, siguiendo una tradición que incluye a escritores como Fray Mocho, Félix Lima y Last Reason. Sin embargo, Arlt resulta el más exitoso en difundir el lunfardo a través de su escritura en los hogares de la pequeña burguesía argentina.

En su contribución, Jaqueline Balint-Zanchetta insiste en el hecho de que el medio preferido de las excursiones lunfardológicas de Arlt fuera la crónica publicada en un periódico. Teniendo en cuenta el lugar central que ocupó en los años 20 y 30 este género en las preferencias de lectura, resulta evidente que los lectores percibían los efectos literarios provocados por la inserción del lunfardo de manera mucho más directa e impactante que el lector actual, lo que explica el gran éxito que tuvieron en su momento las aguafuertes arltianas publicadas en el diario *El Mundo*. Según Balint-Zanchetta, Roberto Arlt muestra sus más amplias capacidades literarias precisamente en estas crónicas: su talento expresivo y su singularidad estilística.

Hacia el lenguaje literario argentino

Las condiciones de la producción de su escritura, la valoración de un canon literario ajeno —e incluso opuesto— al consagrado, sus vacilaciones estilísticas y la mezcla de materiales de disímil procedencia se conjugaron para convertir a Arlt en el réprobo de la lengua literaria argentina, como se comprueba en los juicios condenatorios que registra Bioy Casares en su *Borges* (2006). Sin embargo, aunque enemigo de la ideología estandarizante, Arlt normaliza a su manera esa lengua en constante cambio y es consciente de eso: casi siempre la opción que elige es la que se mantuvo y la que fue seguida por gran parte de la literatura argentina de las últimas décadas, como Puig, Piglia, Fogwill, Aira, fieles al principio básico de desaxiologizar la lengua de valores morales o estéticos ajenos a la verdad de la escritura. De la lengua y de las reflexiones metalingüísticas de Arlt en las *Aguafuertes porteñas* y en sus dos novelas mayores, *Los siete locos* y *Los lanzallamas*, se ocupa Ángela Di Tullio en la sección final.

Agradecemos a los representantes de FRIAS por la cálida acogida y el generoso aporte al proyecto, desde la organización del coloquio "La invención de la metrópolis: lenguaje y discurso urbano en la obra de Roberto Arlt" hasta la publicación de este volumen. No obstante, esta no hubiera sido posible sin la inestimable colaboración de Eva-Maria Mieth, Isabel Jenne y de María Alba Niño. Agradecemos además a la editorial Iberoamericana-Vervuert por haber incluido nuestro volumen en su catálogo. Los errores de imprenta y otras incoherencias que, a pesar del esfuerzo conjunto, puedan haberse escurrido son responsabilidad de los editores.

BIBLIOGRAFÍA

AIRA, César (1993): "Arlt", en: *Paradoxa* 7, 62-65.

ARLT, Roberto (2000): *Los siete locos. Los lanzallamas.* Edición crítica de Mario Goloboff (coord.). Madrid *et al.*: ALLCA XX.

BACHELARD, Gaston (1953): *El psicoanálisis del fuego.* Buenos Aires: Schapire.

BIOY CASARES, Adolfo (2006): *Borges.* Buenos Aires: Ediciones Destino.

BORGES, Jorge Luis (1996): *Obras completas*, vol. 2. Barcelona: Emecé Editores.

CASTELNUOVO, Elías (1974): *Memorias.* Buenos Aires: Ediciones Culturales Argentinas.

CORTÁZAR, Julio (1994): "Roberto Arlt: Apuntes de relectura", en: *Obra crítica 3.* 2.ª ed. Madrid: Alfaguara, 247-260.

DÖBLIN, Alfred (1988): *Berlin Alexanderplatz.* 27.ª ed. München: dtv.

DOS PASSOS, John (1966): *Manhattan Transfer.* Reinbek: Rowohlt.

GNUTZMANN, Rita (2004): *Roberto Arlt. Innovación y compromiso. La obra narrativa y periodística.* Lleida: AE ELH/Universitat de Lleida.

GONZÁLEZ LANUZA, Eduardo (1971): *Roberto Arlt.* Buenos Aires: Centro Editor de América Latina.

GOŠTAUTAS, Stasys (1977): *Buenos Aires y Arlt: (Dostoievsky, Martínez Estrada y Escalabrini Ortiz).* Madrid: Ínsula.

JAECKEL, Volker (2010): "Representaciones de la ciudad moderna en las obras de Roberto Arlt y Mário de Andrade", en: *Caligrama.* Belo Horizonte, vol. 15, n.º 1, 205-228.

KOMI, Christina (2009): *Recorridos urbanos: la Buenos Aires de Roberto Arlt y Juan Carlos Onetti.* Madrid/Frankfurt: Iberoamericana/Vervuert.

LARRA, Raúl (1992): *Roberto Arlt, el torturado.* 6.ª ed., Buenos Aires: Editorial Leviathan.

Martínez-Richter, Marily (ed.) (2007): *Moderne in den Metropolen: Roberto Arlt und Alfred Döblin. Internationales Symposium Berlin — Buenos Aires 2004.* Würzburg: Königshausen und Neumann.

Oliveto, Mariano (2010): "La cuestión del idioma en los años veinte y el problema del lunfardo: a propósito de una encuesta del diario *Crítica*", en: *Rev. Pilquen no.13* Viedma ene./dic. 2010; <http://www.scielo.org.ar/scielo.php?pid=S1851-31232010000200004&script=sci_arttext> (25 de octubre de 2013).

Saítta, Sylvia (2000): *El escritor en el bosque de ladrillos. Una bibliografía de Roberto Arlt.* Buenos Aires: Editorial Sudamericana.

Sarlo, Beatriz (1988): *Una modernidad periférica: Buenos Aires 1920-1930.* Buenos Aires: Nueva Visión.

Schuchard, Barbara/Morales Saravia, José (eds.) (2001): *Roberto Arlt. Una modernidad argentina.* Madrid/Frankfurt: Iberoamericana/Vervuert.

Sebreli, Juan José (2005): "Cosmópolis y modernidad en Roberto Arlt", en: *Cuadernos Hispanoamericanos*, n.º 661-662, 85-100.

Simmel, Georg (1986): "Las grandes urbes y la vida del espíritu", en: Georg Simmel, *El Individuo y la libertad.* Trad. de Salvador Mas. Barcelona: Ediciones Península. (Título original: "Die Großstädte und das Geistesleben", publicado en *Jahrbuch der Gehestiftung*, IX, 1903).

Ulla, Noemí (1990): *Identidad rioplatense, 1930. La escritura coloquial (Borges, Arlt, Hernández, Onetti).* Buenos Aires: Torres Agüero Editor.

La ciudad y el habla en algunos textos de Roberto Arlt

RITA GNUTZMANN

> *"Las ciudades son los cánceres del mundo. Aniquilan al hombre, lo moldean cobarde, astuto, envidioso".*
> Roberto Arlt, *Los siete locos* (2000: 177).

RESUMEN

La obra de Arlt coincide con una época de acelerados cambios sociales, económicos, culturales y edilicios en la capital argentina que instauran nuevas relaciones humanas. En la primera parte de este ensayo se muestra cómo Arlt experimenta con nuevos espacios, temas y formas en sus relatos, para analizar a continuación la peculiar forma lingüística en que el autor refleja la ciudad moderna. El último apartado está dedicado a la visión de la ciudad moderna y las imágenes y metáforas que la acompañan. Para concluir, se reflexiona sobre la posible relación de sus textos con el cine y la pintura expresionistas y se muestran algunas coincidencias con el estudio "Las grandes urbes y la vida del espíritu" (1903), de G. Simmel.

I.

Resulta tan importante la transformación de la capital argentina en las tres primeras décadas del siglo XX que me parece indispensable resumirla brevemente. Si en esta época la población argentina aumentó, gracias a la inmigración, de aproximadamente 8 a 11.6 millones, la de la capital casi se duplicó. En estos años Buenos Aires cambió su faz de manera espectacular, sobre todo durante la intendencia de De Vedia y Mitre (1932-1938), cuyo afán de construcción Arlt contrapone al deseo de destrucción de los europeos a finales de 1937 en la aguafuerte "Buenos Aires, paraíso de la tierra" (1993: 114). Este intendente terminó las Diagonales Norte y Sur y la Costanera, rectificó el Riachuelo e hizo entubar el arroyo Maldonado. Bajo su dirección comenzó la construcción de la Avenida 9 de Julio, se levantó el Obelisco sobre el mismo túnel de dos líneas subterráneas en construcción... (A. Gorelik 1998: 394). Pero otras obras se emprendieron antes, como las estaciones ferroviarias Constitución (FFCC Sur), Retiro (Norte) y del Once (Oeste), a las que se añadió la del Central Argentino en 1915 (Retiro); en 1914 se terminó el subterráneo de Plaza de Mayo a Caballito y, en 1928, se comenzó la construcción del de la Compañía Lacroze bajo la calle Corrientes; en 1930 se inauguró el trayecto entre Leandro Alem y Chacarita y, en 1936, el subterráneo entre Constitución y Retiro, año en el que también se abrió al público el ensanche de la calle Corrientes entre Leandro Alem y Callao. Como ocurriera algunas décadas antes en Nueva York, en Buenos Aires, en los años veinte y treinta, se desata la fiebre de los rascacielos; a los ya existentes como el Plaza Hotel (hoy Marriott) o el Pasaje Güemes (este de solo seis pisos —ocho en dos alas— pero con tres subsuelos) se añaden en 1923 el Palacio Barolo (22 plantas más un faro) y, entre 1932 y 1936, los Edificios Comega, Safico, Kavanagh y el Ministerio de Obras Públicas, todos ellos de entre 21 y 32 plantas[1]. Aunque menos espectaculares, tampoco deben faltar en esta lista los primeros barrios de casas baratas en Parque de los Patricios (1904), Barrio Alvear y Bonorino-Varela (1923) o la primera villa miseria, "Villa Esperanza" (1932), en Puerto Nuevo (J. L. y L. A. Romero 2000: I, 431ss.). Tampoco olvidemos que existía una fuerte división de la ciudad entre ricos (barrios del norte) y pobres (barrios del sur) y que gran parte de la población de escasos ingresos seguía hacinándose en los conventillos, viejos edificios patricios abandonados o de nueva construcción con fines especulativos, tal como muestra, por ejemplo, Luis Pascarella en su novela *El conventillo* (1917: 15) con el personaje de Don

---

[1]   Arlt describe varios de estos edificios en sus aguafuertes, como el Pasaje Güemes (1993: 5 ss.) y el Ministerio de Obras Públicas, rascacielos que le traen a la mente los de Nueva York, vistos en películas (1993: 113). Si recordamos que el primer rascacielos en Europa, el Edificio Telefónica de Madrid (90 m), solo se inauguró en 1929, entenderemos la fascinación que causa el espectáculo nocturno de construcción en algunos personajes arltianos, sobre todo si se tiene en cuenta la simultánea excavación para el metro, que, aunque más de medio siglo antes, dejaba ya perplejos a los paseantes londinenses al ver "cómo se abrían, a sus pies, las entrañas de las calles para construir enormes túneles subterráneos" (J. Maderuelo 2000: 47); cf. Arlt (1993: 110): "La gente queda extasiada frente a semejante espectáculo. Tres manzanas de edificios han sido cercenados de la superficie de la ciudad. En su lugar, queda el subsuelo destripado".

Pascuale, "rey de los conventillos" que apretaba "la mayor cantidad de carne humana en el menor espacio posible"[2].

2.

A tan acelerados cambios, intelectuales, escritores y artistas en general no podían permanecer ajenos. Podemos aplicar, ya para estos años, lo que Ángel Rama (1967: 76-77) apuntó para el contexto social al aparecer *El pozo* (1939), de Onetti, en Montevideo:

> la nueva realidad urbana consiguiente a la macrocefalia capitalina de ambos países del Plata y al asentamiento de la masa inmigratoria en vías de nacionalizarse [...] instaura nuevas relaciones humanas dentro del ritmo agitado de una incipiente sociedad de masas.

Los textos de Arlt, tanto periodísticos como literarios, abandonan los viejos espacios preferidos por la generación del 80: Palermo y su bosque, el Hipódromo, el Club del Progreso, la Bolsa y la calle Florida, aunque existan todavía algunas notas humorísticas ("No diga que me vio en el Hipódromo", 1995: 54 ss.) o críticas ("Pasaje Güemes"[3], "La calle Florida", 1993: 5 ss., 22 ss.) sobre alguno de ellos. Dedica muchas de sus aguafuertes a los cambios sufridos diariamente por la capital, como los ensanches (de la calle Corrientes), nuevas obras en el subte, demoliciones, el abandono de nuevos barrios sin terminar, etc. A veces, incluso, llega a insistir durante varios días o semanas en determinados problemas edilicios (terrenos inundados, basuras, parques abandonados, el tráfico...) o de instituciones públicas como las escuelas, los hospitales, las casas baratas, temas muchas veces agrupados bajo títulos como "Buenos Aires se

---

[2]   Véase la descripción de J. Scobie (1977: 181): habitaciones de 4 x 4 metros (a partir de 1900, de 2,75 x 2,75) que dan sobre patios interiores con una letrina en el fondo y sin ventanas exteriores, salvo las pocas del frente.

[3]   Julio Cortázar (1972: 550) sitúa su cuento "El otro cielo" en el mismo pasaje y en el mismo año 1928 para evocar poéticamente un ámbito en el que se mezclan "el pecado y las pastillas de menta, donde se voceaban las ediciones vespertinas con crímenes a toda página y ardían las luces de la sala del subsuelo donde pasaban inalcanzables películas realistas [y] el kiosko donde se podían comprar revistas con mujeres desnudas [y] los vagos ascensores que llevarían a los consultorios de enfermedades venéreas y también los presuntos paraísos en lo más alto, con mujeres de la vida y amorales".

queja" o "La ciudad se queja". Entre los escritores Arlt, sin embargo, no es el
único en volcarse hacia nuevos ámbitos, sino que gran parte de ellos buscaban
en los años veinte y treinta los espacios marginales, multitudinarios y pobres[4],
como los boedistas "rusófilos" Castelnuovo, Yunque y Barletta, el teatro grotesco y los tangos de los Discépolo con su antihéroe "crucificado por la existencia inexorable" (J. Mafud 1966: 67). También las viñetas y glosas publicadas
por Enrique González Tuñón, amigo y compañero de Arlt en los diarios *Crítica* y *El Mundo*, en su libro en prosa, *Tangos* (1927), y sus marginales de *Camas
desde un peso* (1932) se sitúan cerca del mundo arltiano, igual que los burócra-
tas "humillados" como Santana de *Cuentos de la oficina* (1925) del amigo Roberto Mariani, elogiado por Arlt en la aguafuerte "La tristeza del sábado inglés" (1973: 46-47). Incluso podríamos pensar en un autor como Manuel
Gálvez, hoy relegado y menospreciado, y sus novelas *Nacha Regules* (1919),
con su imagen contraria a los fastos oficiales del Centenario, e *Historia de arrabal* (1922), que se adentra hasta en el "Barrio de las Ranas". Todos ellos se fijan
en personajes degradados, pobres, abandonados que habitan o frecuentan espacios sórdidos, solitarios o rutinarios, en fin, un ámbito cercano a la "ciudad canalla" y de "angustia" de los personajes arltianos. Sirva este ejemplo de *Camas
desde un peso*, de González Tuñón (2002: 81):

> Soy un pequeño hombrecillo, un enclenque hombrecillo consumido por la inno-
> ble fatiga de vivir, dolorido de sueños de a peso y manchado de figones sórdidos. Soy
> un hombrecillo inadvertido en la ciudad ambiciosa, febril y apresurada.

Por parte de Arlt, basta citar una aguafuerte como "No des consejos, viejo"
(1975: 45ss.) en la que el narrador explica mentalmente a un viejo "curdela"
('borrachín'): "La vida es así. ¿Qué le 'vachaché'? [...] El mundo marcha así"
para resumir su filosofía tanguera de esta manera:

---

[4] En el caso de Arlt, J. B. Rivera (1994: 799) ha señalado uno de los posibles modelos,
el "siniestro cuento" de E. A. Poe, "The Man of the Crowd" (1840), elogiado en la
aguafuerte "En las calles de la noche" (1993: 41). Los dos autores describen el ámbito
nocturno y pobre, incluso abyecto; pero mientras que Poe insiste en el carácter criminal y peligroso (el viejo como "the type and the genius of deep crimes", Poe 2006:
237), Arlt subraya el lado angustioso y la falta de hogar, anticipando prácticamente
el libro *Camas desde un peso*, de González Tuñón. Por otro lado, el aprecio de las
novelas policíacas del aguafuertista resulta obvio en "Un protagonista de Edgar Wallace" (1994: 205ss.), cuyo ambiente estudia, por lo demás, directamente como periodista de la columna policial en el diario *Crítica*.

La vida hay que gozarla.
La vida es olvido.
Pronto viene la muerte
y viene lo mejor
(la puesta en estrofa es mía).

3.

Pasemos ahora a estudiar la ciudad moderna y su reflejo lingüístico y literario en la obra de Arlt. Con respecto al primero y teniendo en cuenta la amplitud del tema, me centraré en dos usos concretos del habla: por un lado, el del francés y, por otro, el del lunfardo; con respecto a la visión de la ciudad, analizaré las dos novelas maestras: *Los siete locos* y *Los lanzallamas*.

Ya se ha mencionado el fuerte incremento de la población en estos años; si la capital, según J. Scobie (1977: 167), albergaba 1.314.163 habitantes en 1910, en 1930 alcanzaba los 2.200.000. Muchos de ellos eran extranjeros de primera o segunda generación como el propio Arlt, hijo de padre prusiano y madre nacida en Trieste, cuando esta ciudad aún pertenecía al Imperio austrohúngaro. Aunque es probable que los padres hablasen alemán en casa, el propio Arlt no lo dominaba y, al parecer, ni siquiera lo comprendía[5] (¿por rechazo al padre?), pero sí se inclinaba hacia el italiano, inspirado desde niño en el ejemplo de la madre, a la que suele llamar cariñosamente "Vecha" (*vecchia*) en sus cartas, y por haber escuchado al gran número de italianos que se contaban entre los porteños. En su narrativa y notas periodísticas, los personajes componen un auténtico muestrario étnico, tal como correspondía a la vida diaria en la metrópolis: de la península ibérica tenemos vascos, andaluces y probablemente gallegos, aunque, como es sabido, en Argentina este término suele aplicarse a cualquier español de la península; entre los franceses destacan los marselleses y alsacianos y, entre los italianos, los napolitanos, quienes, por su gran número, dieron lugar

---

[5] Esta afirmación se basa tanto en la información personal de su hija Mirta Arlt como en los comentarios negativos sobre este idioma y sus hablantes en la obra del autor, del tipo "los maxilares rechinaban unas palabras endiabladas que deduje eran alemanas" ("El traje del fantasma", 1968: 158) o la descripción de los inmigrantes alemanes en *El juguete rabioso* "que se hartaban […] con chucrut y salchicha, y que reían con gruesas carcajadas, moviendo los inexpresivos ojos azules" (1985: 164); véase también "la vulgaridad elevada a la categoría de artístico" de los bares alemanes de Belgrano y aquel caserío de "un terrible viejo alemán" en *El amor brujo* (1975: 25ss.; 1972: 239).

al apodo "tano" para todos sus compatriotas en el país de acogida, aunque también se observan influencias del genovés y calabrés, sobre todo en el lunfardo. Los turcos o sirio-libaneses —como en la vida real y como ya nos enseñó Lugones en "El hombre-orquesta y el turco"— son pobres vendedores ambulantes (cf. la aguafuerte arltiana "Sirio-libaneses en el centro", 1993: 88ss.) y los anarquistas —a pesar de su admiración por Pío Baroja— son inmigrantes de los Balcanes y habitan el misérrimo barrio de Dock Sur[6]. Todos ellos aportan sus costumbres, religión, alimentación, vestimenta y, sobre todo, su idioma.

En una aguafuerte de 1930, Arlt recomienda "escribir como se habla" ("Rosmarín busca la verdad", 1975: 48) y en otra, "El idioma de los argentinos" (1973: 141ss.), defiende a los que "sacan palabras de todos los ángulos" contra el purismo del catalán Monner Sans. Podría conjeturarse que defiende esas ideas para su labor periodística, pero creo que también se deben relacionar con aquel célebre debate provocado en 1927 por Guillermo de Torre sobre el "meridiano intelectual de Hispanoamérica", que debía pasar por Madrid. Gran parte del debate se centró en el idioma y no parece una casualidad que Borges, en aquel momento uno de los más fervorosos "independentistas" frente al castellano peninsular, publicara al año siguiente su ensayo *El idioma de los argentinos*. Pablo Rojas Paz ve como el verdadero signo de libertad de un pueblo "el de transformar el idioma heredado"; también Nicolás Olivari subraya: "Nos estamos haciendo un idioma argentino" y Scalabrini Ortiz insiste: "El idioma cotidiano [...] se aleja cada vez más del idioma escrito"; en fin, un tal "Ortelli y Gasset" se mofa de las pretensiones españolas en una mezcla de criollismos, italianismos y lunfardo[7]. Es obvio que la voluntad de Arlt de escribir según el habla del pueblo corresponde al ambiente de la época, aunque es cierto que él lo hizo de una manera muy particular. Menciono como ejemplos sacados de sus textos literarios y periodísticos las transcripciones fonéticas como el ceceo y las aspiraciones del zapatero andaluz en *El juguete rabioso*; las corrupciones consonánticas y gramaticales del "bobre durgo" que juega en la lotería para "bolber Turquía" (1973: 90-91) recuerdan al sainete *Mustafá* (1921), de Armando

---

[6]   Una descripción de los trabajadores de aquellos países se encuentra en *Los lanzallamas* (2000: 446); sobre Baroja y Arlt, véase R. Gnutzmann (1995) 2004: 85 ss.

[7]   El artículo de De Torre apareció en *La Gaceta Literaria* (Madrid) el 15 de abril de 1927; las respuestas se sucedieron a lo largo de todo el año. C. Alemany Bay (1998) estudió y recopiló todos los textos; las anteriores citas están tomadas de esta edición, pp. 68, 71, 125, 73ss. Bajo el nombre de "Ortelli y Gasset" se escondía la autoría de Borges y Carlos Mastronardi, como este confesó en sus *Memorias de un provinciano* (1967). Agradezco este dato a Oscar Conde.

Discépolo. Otra peculiaridad lingüística apuntada es la "e" protética del vasco para préstamos que comienzan con la consonante "r", aunque Arlt la convierte en "a": "arregular" por "regular" (1985: 199) y la transcripción fonética de la afirmación y negación "bai/ez", convertidas por él en "bayest" (1993: 75).

Dada su numerosa presencia en la vida argentina, los italianos están representados ya en la primera novela arltiana por el criado Miguel, apodado "Dio Fetente" (pestilente), y por los dueños de la covacha de libros, Don Gaetano y Doña María, que se insultan como "strunsso" (*stronzo*, 'pedazo de mierda') y "bagazza" (*bagascia*, 'prostituta' en genovés), aunque también utilizan el español "puerco". Situado en un nivel económico y cultural más alto, el empresario Monti intercala algún "diávolo" y "gentile" en su conversación; el primero, sin comillas e hispanizado mediante acento; el segundo, entrecomillado. El acomodado arquitecto Vitri no emplea ningún italianismo, pero resulta ocioso querer fijar la razón de esta ausencia, puesto que pueden ser varias: su integración social, una ascendencia italiana remota o, de tipo poético, por el tono admirativo de la segunda entrevista con el traidor Silvio. También *Los lanzallamas* ofrece personajes italianos, como el capo de burdeles Carmelo con su divisa: "La vita e denaro, strunsso" y el pobre niño verdulero cuya madre solía cantar "O Mamri [...] Fammi durmi una notte abbracciattu cuté" ('Oh María, déjame dormir una noche abrazado contigo'), canción que desempeña el papel de la magdalena proustiana en la memoria del agonizante Haffner (2000: 400). Los judíos, relacionados con los bajos oficios, son envidiosos y avaros, como la señora Naidath; alguno, como el peletero que alquila la oficina a Monti, es un ser sucio; pero otros han entrado también en el negocio de la prostitución, como en el cuento "Las fieras" (1968: 113), y la célebre organización mafiosa Zwi Migdal, a la que Haffner quisiera eliminar en *Los lanzallamas* por tratarse de competidores. Sin embargo, excepto en alguna aguafuerte como "Comerciantes de Libertad, Cerrito y Talcahuano", no se les atribuye ninguna expresión hebrea o *yiddish*, ya que la mayoría de ellos parece ser de origen polaco, como los Naidath y la Zwi Migdal[8]. En la mencionada aguafuerte, se describe la pobreza y el trajín en el barrio de los comerciantes judíos de telas y paños, cuyo colorido resulta más cercano a un bazar exótico de *Las mil y una noches* que, por ejemplo, al *ghetto* de Praga o Varsovia. Para la ambientación se intercalan tres vocablos *yiddish*: "goin" (*goyim*, 'gentiles'), "knut" ('látigo') y "schemil" (*shlemiel*, 'tonto', 1975: 10 ss.). Los

---

[8]   Información detallada sobre la Zwi Migdal se encuentra en J. L. Scarsi (2007) y en su recopilación para la Defensoría del Pueblo de la Ciudad de Buenos Aires: <http://www.la-floresta.com.ar/documentos/deprostíbulos.doc> (diciembre 2010).

errores cometidos en la escritura parecen indicar que Arlt no estaba interesado en la corrección de los diferentes idiomas, sino que al reproducir fonética-
mente palabras y oraciones escuchadas intenta crear un ambiente adecuado.
Para ello usa ciertos rasgos o "marcadores", sobre todo fonéticos y gramaticales, que pretenden dar el sabor del idioma en cuestión.

Analicemos, a continuación, algunos ejemplos que giran en torno a personajes franceses, presentes sobre todo en el ámbito de la prostitución, tal
como en la realidad ocurría hasta 1930, cuando, con el golpe del general
Uriburu, se clausuraron los burdeles (J. J. Sebreli 1966: cap. IV). Pero no olvidemos tampoco el mito de Francia como país de "l'amour" y su versión
degradada, ya reflejada en la prostituta redimida, Loulou, en *Música sentimental*, de su compatriota Cambaceres (1884). Los ejemplos del idioma
francés que llaman la atención son, sobre todo, la conversación de la cortesana con su criada Fanny en *El juguete rabioso* y las palabras citadas y re-
memoradas por Haffner en *Los siete locos* y *Los lanzallamas*. El diálogo entre cortesana y criada se inserta con naturalidad, ya que ambas parecen ser
francesas, aunque también es cierto que el narrador se toma una licencia literaria al poner en su boca dos frases en castellano que se refieren al pago de
los libros que ha traído Silvio, para volver al francés con la orden: "Donne
le pourboire au garçon" y en la graciosa provocación: "Et tu ne reçois pas
ceci?" (1985: 154) con que la *cocotte* acompaña su beso. Antes de buscar la
explicación del episodio y del idioma en razones sociológicas, me parece
que hay que verlo desde *el efecto* que tiene sobre el adolescente aquella misma noche. El apartamento lujoso, descrito con mucho detalle, la belleza de
la cortesana y las chinelas entrevistas (que obviamente cubren unos pies que
fascinaban tanto a Flaubert, autor admirado por Arlt) suscitan en Silvio un
fuerte deseo sexual la misma noche, aunque en este caso no aplacado, y la
amarga reflexión sobre su pobreza y la imposibilidad de disfrutar de una
mujer tan lujosa. La detallada descripción del miserable y vulgar Dío Fetente cuyos pies "encalcetados de groseras medias rojas" se oponen a las chinelas "blanco y oro" de la cortesana, proporciona el acostumbrado contraste
de las novelas arltianas de tipo sordidez/belleza, anhelo de pureza/vulgari-
dad, religiosidad/bellaquería, lenguaje lírico/lenguaje vulgar... El segundo
ejemplo francés elegido se relaciona con el chulo Haffner, quien, en su paseo con Erdosain, describe a este el mundo rufianesco y reproduce las frases
pronunciadas por alguna prostituta francesa. Frases como "Encore avec
mon cu je peu [sic] soutenir un homme" (2000: 46) están a la par con el ambiente que describe Haffner y con su propio lenguaje y opinión sobre estas

"perras", a las que hay que tratar a "palos" y que "revienten" cuando sea el
momento. Usa, además, los nombres franceses para su propia profesión,
aunque en forma castellanizada: "marlu" (*marlou*) y "macró" (*maquereau*),
aparte de "cafish(i)o" y "fioca" (deformación de *cafiolo*). En *Los lanzallamas*, el mismo Haffner evoca en su agonía escenas del pasado en las que se
cuela el espectro de aquella Lulú que le arrojó la injuria "atroz" (adjetivo
muy arltiano): "Nom de Dieu, va t'en faire enculer" (*id.*: 397). Este insulto,
igual que el supuesto proverbio francés "Gucese seule ne peu pas mener son
cu", nos lleva a un doble problema: ¿cómo escribía Arlt un idioma que no
conocía y cómo le corregían sus editores? No existe "gucese", pero sí "gon-
zesse" ('mujer vulgar, no necesariamente prostituta') y "gueuse" ('pícara,
prostituta'); tampoco parece probable la abreviación "cu" y se suele decir
"va te faire enculer"; igualmente, *ella* debería usar "Je peux *entretenir* un
homme", ya que él es el "souteneur". Por último, ¿a quién atribuir el lapsus
de Barsut que se mofa de Ergueta diciendo "J'ai m'enfiche"? (*id.*: 555). Sin
duda, el efecto de "cross a la mandíbula" que Arlt prometía dar al público
lo consiguió en parte gracias a estas escenas y a este tipo de lenguaje, fuera
correcto o no. Pero, aparte de los muy probables errores del propio autor,
como filólogos también debemos preguntarnos por la fidelidad de sus textos, que no fue perfecta. Estos capítulos en torno a Haffner muestran mejor
que ningún otro la negligencia de las ediciones en cuanto a las famosas comillas que marcan las palabras lunfardas y que han llevado a David Viñas
(1967) a la teoría de que su autor se distanciaba de ellas de esta manera[9].
Con exclusión de los posibles equívocos editoriales en la agonía de Haffner
se observa una clara incongruencia con respecto a los lunfardismos, puesto
que algunos aparecen entrecomillados ("tiras", "escolazo"...) y otros no
("batí", "reducidores", "batidores"...); incluso podríamos preguntarnos
qué hacen las comillas en "merza" dentro de la corriente de conciencia de
Haffner (2000: 395) o si la mala traducción de "vermisseaux" por "gitanos"
del poema de Baudelaire "Je t'adore", en *El juguete rabioso*, no diría "gusanos" en el original (1985: 117). También debe mencionarse aquí el extraño,
aunque sugerente, adjetivo "fúrico" (*id.*: 204) que se coló en casi todas las
ediciones conocidas de *El juguete rabioso*, mientras que en la edición de
Claridad se leía aún correctamente "feérico"[10], es decir, Silvio sueña con

---

[9]   Algunas palabras incluso merecen una traducción en nota a pie de página; véanse los
       ejemplos y las explicaciones en mi edición de *El juguete rabioso* (1985: 56-57).
[10]   Dato recibido del malogrado profesor Paul Verdevoye con ocasión de mi edición del
       libro en Cátedra. Fue precisamente este investigador el primero en dedicar un estudio

ciudades de cuentos de hadas y no, supongamos, con furiosas, sulfúricas o parecidas urbes[11].

Pero volvamos al segundo tipo de lenguaje, el lunfardo, jerga de los ladrones que no constituye una lengua propia, sino que sustituye determinadas palabras por otras secretas, tomadas principalmente de las lenguas aportadas por los inmigrantes a lo largo del siglo xx, principalmente del francés y de los dialectos italianos (J. Gobello 1998). A Arlt le atraía mucho la compañía y el lenguaje de este ambiente, según explica su hija: "Socialmente me interesa más el trato de los canallas y los charlatanes que el de las personas decentes" (Arlt/Borré 1985: 219). Incluso dedicó algunas aguafuertes al origen de determinadas palabras, como "furbo", "fiaca/fiacún", "otario", "gil", etc. (1973: 37ss.; 1995: 172ss.). En las novelas, lógicamente, este vocabulario se relaciona con los personajes de los bajos fondos, como el Rengo en *El juguete rabioso*, las "fieras" del mismo cuento y Haffner en *Los siete locos* y su continuación. Es cierto que también los policías brutales usan el mismo lenguaje en el interrogatorio, nada extraño dado el contacto entre ambas partes o incluso por la procedencia de alguno de ellos, por ejemplo, el famoso Vidocq, ladrón y estafador, convertido en jefe de la Sûreté francesa[12]. Como ya hemos visto, el uso del francés por parte de las prostitutas competía al mismo nivel con el lenguaje del chulo, futuro patriarca de todos los prostíbulos de la nueva sociedad del Astrólogo. Pero más interesantes resultan los ejemplos que ofrece el lenguaje del místico lector de la Biblia, Ergueta, que obtiene revelaciones del mismísimo Jesús, a la vez que busca el sentido de la vida en los burdeles y pretende redimir a una prostituta. De él es la expresión "Rajá, turrito, rajá" ('Lárgate, sinvergüenza', aunque, según F. H. Casullo, el adjetivo también significa 'tonto') que ha hecho las delicias de los lectores porteños. Ergueta despide a Erdosain con esta grosería cuando este intenta desesperadamente conseguir dinero para reponer el que ha sustraído de su empresa y así evitar ir a la cárcel. La profunda reacción que causa el insulto en Erdosain que se pone "rojo de vergüenza" subraya la vulgari-

---

serio al "lenguaje porteño" de Arlt en el que observa la "anarquía" del entrecomillado y muestra el error de Viñas al acusar a Arlt de "pequeño burgués" sin explicar ni hacer constar en su propia antología esta falta de coherencia (P. Verdevoye 1980: 142-143).

[11] Incluso el nombre de la empresa donde trabajó Erdosain, la "Limited Azucarer Company" (2000: 30), parece haber sufrido algún error; pero no solo en los idiomas extranjeros se observan discrepancias, sino también en la escritura española: el mismo pibe Repoyo se escribe una vez con "y" y otra con "ll" (2000: 400, 348). Para más ejemplos, véase R. Gnutzmann (1984: 187, nota 1).

[12] En Buenos Aires, uno de los primeros en recopilar términos del hampa fue precisamente Benigno Lugones (1857-1884), expolicía dedicado al periodismo. Para el vocabulario lunfardo se han consultado los diccionarios de Casullo (1976) y Gobello (1990).

dad de su interlocutor (2000: 22). Es, sin embargo, durante su estancia en Temperley, previo paso por el manicomio, donde Ergueta realmente exhibe su lenguaje vulgar y lunfardo. No puede sorprender esta contradicción a un lector versado en la obra arltiana; Ergueta se ve como un nuevo apóstol Pablo, pero su animalización, es decir, su jeta de "gavilán" contradice su pretendido espiritualismo; la escena rebosa, además, de elementos de humor, no tan frecuente en la narrativa del autor, como el croar de las ranas que acompaña el fervor religioso del profeta y la conversación entre él y Bromberg, que debería centrarse en el grave futuro de la humanidad pero versa sobre los cerdos y gallinas que el último piensa llevar a la vida ermitaña... Entre estas contradicciones se integra perfectamente la de querer predicar la palabra divina en los burdeles; este espacio elegido justifica, hasta cierto punto, el lenguaje vulgar para su sorprendente prédica religiosa:

> [Jesús vino] a salvar a los turros [viles, estafadores], a las grelas [prostitutas], a los chorros [ladrones], a los fiocas [chulos]. El vino porque tuvo lástima de toda esa 'merza' [chusma] [...]. ¿Saben ustedes quién era el profeta Pablo? Un tira [policía] [...]. Me gusta como chamuyan [hablan] los pobres, los humildes, los que yugan [trabajan]. A Jesús también le daban lástima las reas [mujer sucia, puta de ínfima categoría]. ¿Quién era Magdalena? Una yiranta [prostituta] (2000: 543 s.).

Como se ve, igual que en el tango aparecen los profesionales del hurto, el chulo y su querida (explotada) y se hace alusión al espacio del vicio de calidad, la calle Corrientes, y el de la pobretería, el "Barrio de las Ranas" (Parque Patricios), puesto que Ergueta se refiere al lunfardo como "idioma ranero"[13].

4.

Paso ahora a la descripción de la ciudad desde la visión del personaje ficticio que la recorre a pie o en uno de los modernos vehículos de transporte, como el

---

[13]   Aparte de la caracterización social, el lunfardo puede tener función humorística y provocativa, sobre todo en las aguafuertes. El diálogo de dos pequeños ladrones en "Dos millones de pesos" (1975: 51 ss.) contra los peces gordos, que disfrutan sin ser molestados, debe de haber arrancado carcajadas del lector que desayunaba con el diario. En "Persianas metálicas y chapas de doctor" (1973: 113 ss.) el escritor se mofa abiertamente de la burguesía bien-hablante (y pretenciosa); afirma: "Me porto bien, porque no uso términos en lunfardo" y, acto seguido, habla de los "giles" para disculparse irónicamente con otro término lunfardo: "(¡ya me bandié!)" y para 'recaer' en el siguiente párrafo con "otario" y "reo"; siguen algunos lunfardismos más, pero estos ya integrados con toda 'naturalidad'.

subterráneo y el tren. Aun cuando la precisión de nombres propios de calles y plazas o edificios conocidos puedan dar la sensación de "realidad" (mero "effet de réel", como ya explicó Roland Barthes)[14], se trata de una percepción distorsionada por la situación psíquica del personaje. Para este aspecto, sin duda, se prestan sobre todo las dos novelas que giran en torno a Erdosain y su "angustia". Es cierto que el joven Silvio de *El juguete rabioso* sufre momentos de desesperación, pero su visión es aún esperanzadora, como se deduce claramente de las pocas metáforas que surten *El juguete rabioso*, aun cuando el "rencor cóncavo" y la pesadilla de "cubos de portland" con un brazo amarillo amenazante y un rostro siniestro parecen anticipar el díptico posterior; sin embargo, el relato termina con un canto a la vida y la imagen sinestésica del "nervio azul del alma" que "galvaniza" al protagonista (1985: 157, 181, 205). A su vez, en *El amor brujo*, centrado en la denuncia de la pequeña burguesía, la visión de Buenos Aires es la más realista de las cuatro novelas arltianas y las imágenes quedan casi relegadas a fantasías como el "País de las Posibilidades".

En *Los siete locos* y *Los lanzallamas* existen descripciones que se aproximan a lo que pueden considerarse objetivas (por ejemplo, la estación de Remedios de Escalada); sin embargo, incluso estas son hiperbolizadas mediante adjetivos como "siniestro, monstruoso, raquítico, intoxicado" (2000: 127). La mayoría de las veces se puede hablar de verdaderos "paisajes psíquicos", tal como se deduce de la aguafuerte que acompaña la publicación de *Los lanzallamas*, en la que Arlt explica que solo le interesa la "vida interior dislocada, intensa, angustiosa" y donde relaciona el paisaje con el "estado subjetivo del personaje" (*ibid.*: 725). Incluso se pueden desglosar estos paisajes en dos ámbitos: el *interior* de Erdosain, que se anuncia ya con títulos de capítulos como "Estados de conciencia" o "Capas de oscuridad", y el *exterior*, el paisaje urbano que aquí nos interesa. En ambos relatos, la angustia del protagonista es la causante de estos paisajes "anímicos", angustia que atormenta a Erdosain desde la infancia por culpa del padre y se profundizó en la escuela, en el lugar del trabajo y, finalmente, en las relaciones físicas con su mujer Elsa. La "angustia" se con-

---

[14] Cierto hiperrealismo con respecto a la concreción geográfica se observa en *El juguete rabioso*: los capítulos I y IV (los robos y los recorridos como vendedor) abarcan Flores y Caballito; el III, el centro alrededor de Lavalle-Pellegrini y Callao. Hasta los nombres de calles y números de casas se mencionan: el zapatero vive en la calle Rivadavia, entre Sud América y Bolivia; la *cocotte*, en Charcas 1600; Rengo, en Condarco 1375; Silvio, al final, en Caracas 824; la librería de don Gaetano está en el 800 de Lavalle y él mismo vive en la calle Esmeralda; su cuñada, en el cruce de Viamonte con Callao...

vierte en metáfora al creer el protagonista que camina sobre ella como sobre una alfombra o se hace espacio físico dentro de la ciudad, esta "zona de la angustia", "a dos metros de altura" que tendría aspecto de salinas o desiertos y que "guillotina" las gargantas de los hombres, dejando un "regusto de sollozo" (*ibid.*: 10, 22). Incluso un espacio ubicable en el mapa urbano como Ramos Mejía, donde habitan los Espila, se convierte en algo fantasmagórico cuando Erdosain lo cruza lleno de pensamientos criminales, tal como en el mencionado cuento londinense de Poe; naturalmente el tiempo se fija en una hora nocturna y una neblina densa cubre las calles fangosas (*ibid.*: 206s.). En otros momentos el paisaje entrevisto desde un tren o en un paseo nocturno tiene función de subrayar el sufrimiento o bien el aislamiento del protagonista (cf. su "S.O.S" en el capítulo "Bajo la cúpula de cemento"). A veces el personaje busca de forma casi masoquista espacios degradados, como el café "Ambos Mundos" o prostíbulos, y se instala en la pensión hedionda donde antes vivía Barsut. También sus fantasías están ocupadas por espacios opresores, por ejemplo, al imaginarse a su esposa que está a punto de abandonarlo con otro hombre: "Veía a su desdichada esposa en los tumultos monstruosos de las ciudades de portland y de hierro, cruzando diagonales oscuras a la oblicua sombra de los rascacielos, bajo una amenazadora red de negros cables de alta tensión" (*ibid.*: 65). No sorprende que este tipo de descripciones, llenas de imágenes técnicas y geométricas, haya llamado la atención de los críticos: Noé Jitrik (1976: 111) resume su impresión de esta forma: "Hay un 'ver' bajo formas geométricas generalmente metálicas: cubos, rombos, líneas, ángulos, cuadrados, convexidad, cristales (por un lado) y metales, acero, bronce, Pórtland, vidrio, esmeril (por otro) [...]. Ante todo, crea un clima de abstraccionismo", que el crítico relaciona con la tendencia del ultraísmo literario argentino. Otros críticos han seguido sus pautas, pero es sobre todo Beatriz Sarlo la que se ha dedicado al estudio de las fuentes arltianas y su imaginería tomada de "los saberes del pobre" en *La imaginación técnica* (1992). Efectivamente, el Arlt fanático de la química y los inventos exhibe sus conocimientos ampliamente en sus textos literarios, no solo con las fórmulas químicas y el plano de la fábrica de gas. La ciudad es vista bajo formas de tetragramas, pentagramas, paralelepípedos, rectángulos, triángulos, cubos y pirámides; Erdosain considera su presente un "siglo de máquinas de extraer raíces cúbicas" y su dolor estalla en un "poliedro irregular". Una vez más, la fantasía, estimulada por el sufrimiento más fuerte, evoca la imagen más terrible de la vida del hombre en las grandes ciudades que resultan "prisiones de cemento, hierro y cristal, más cargadas que condensadores de cargas eléctricas" (2000: 524), imagen inspirada en el cine o la fotografía norteamericana, como denuncian los dólares y jazzbands que aserruchan los nervios. Aunque se haya comprobado definitivamente la exhibición de la película *Metrópolis* en Buenos Aires, no solo es anterior *Manhatta*, de Strand y Sheeler, sino también sus fotos de Wall Street en 1915 y Broadway con 40th Street; las máquinas y vistas aéreas, etc. y los rascacielos de Alfred Stieglitz se parecen a visiones evocadas en los textos de Arlt. En otra ocasión el "cromo de un almanaque" atrae la atención de Erdosain; la descripción recuerda nuevamente imágenes de Nueva York: "Una ciclópea viga de acero doble 'T', suspendida en una cadena negra entre cielo y tierra. Atrás un crepúsculo morado, caído en una profundidad de fábricas, entre obeliscos de chimeneas y angulares brazos de guinches" (*ibid.*: 311 s.). Cito un último ejemplo, la visión de un "puerto distantísimo" de una futura civilización:

> una ciudad negra y distante, con graneros cilíndricos de cemento armado, vitrinas de cristales gruesos [...] una supercivilización espantosa: ciudades tremendas en cuyas terrazas cae el polvo de las estrellas, y en cuyos subsuelos, triples redes de ferrocarriles subterráneos superpuestos arrastran una humanidad pálida hacia un infinito progreso de mecanismos inútiles (*ibid.*: 313).

Resulta exagerada la afirmación de Sarlo (1992: 52, 53) de que Arlt en "su imaginación sólo es sensible a la iconografía de la modernidad" y como "argentino sin raíces [...] ve el futuro sin pasado", opinión, dicho sea de paso, totalmente opuesta a la de Jaime Rest (1982: 57 ss.). Aquí solo quiero mencionar la aguafuerte "¿Para qué sirve el progreso?" (1975: 14 ss.), publicada el mismo año de *Los siete locos*, que muestra una actitud muy crítica con el futuro y el "progreso" (palabra fetiche de la segunda mitad del siglo XIX). No hace falta oponer la nostalgia y la añoranza del pasado (J. Rest) a las descripciones urbanas desmesuradas porque del anterior análisis se desprende claramente una función crítica hacia el futuro del hombre en las grandes ciudades, estos "cánceres del mundo", cita que sirve de epígrafe a este estudio. Ello se hace aún más nítido si nos fijamos en las imágenes y metáforas acerca del cuerpo humano enchalecado y encadenado, fragmentado y torturado que recorren los dos textos. Alguna vez Erdosain ve su propio cuerpo "clavado por los pies", sin cabeza y en el cuello "empotrado un engranaje [que] soporta una rueda de molino, cuyo pistón llena y vacía los ventrículos de su corazón", siente un "badajo en el triángulo de vacío de su pecho" y fantasea con la posibilidad de hacer un mapa del dolor que recorre su cuerpo (2000: 333-334). Unas veces, una "lámina metálica" aprieta sus muñecas o un fantasma le aprieta los brazos "de refajos de acero"; otras, "un cilindro de acero [entra] en la masa de su cráneo" o "fuerzas oscuras" le suben desde las uñas hasta las orejas "como el simún" (*ibid*.: 465, 207). También se siente reducido a la condición animal de un caracol o una lamprea, un cerdo empalizado o aplastado como los sapos por una carreta o ve al hombre como "simio blanco meditando con ojo triste" (*ibid*.: 467). En fin, la imagen más clara del sufrimiento corporal se resume en la serie de gritos, desgranados uno tras otro: el grito de la boca sucia del hombre, el del vientre, el de la pobre garganta y el de "todo el cuerpo del gran dolor de toda la superficie, que es como una chapa arqueada sobre la médula espinal engrampada por los dos extremos humanos" (*ibid*.: 463). Es natural pensar en el célebre cuadro *El grito* (1893), de Edvard Munch, que intenta expresar la misma sensación de máximo dolor y "angustia", término empleado tanto por el pintor como por el escritor. Los textos arltianos, además, destacan por su extraordinaria visualidad[15] y se acercan a la pintura expresionista al sugerir sentimientos y emociones a través de colores como los rojos y amarillos chillones. Kirchner, Dix y Grosz, pintores de colores vivos y puros, fueron, además, pintores de la gran urbe, en este caso el "Moloch", Berlín. Una de las imágenes más frecuentes en los relatos en torno a Erdosain es precisamente la del sol siniestro, amarillo o naranja que angustia al protagonista (R. Gnutzmann 2004: 106). Aunque Arlt no parece haber mencionado a los expresionistas en su obra, sí alude a pinturas cubistas y futuristas (1968: 63; 1993: 100; 2000: 31), tal vez en referencia a Xul Solar y Pettoruti. El último, de vuelta de Europa, promovía, además, a los jóvenes pintores italianos en varios artículos de la prensa porteña. El texto que más claramente parece inspirarse en la pintura es el cuento "La luna roja".

Por otro lado, también se ha hablado de la influencia del cine expresionista alemán por sus ambientes, "los indiscretos buceos introspectivos" que se parecen a primeros planos cinematográficos, "la estilizada delineación de los personajes, su exacerbada actuación, la distorsión del decorado urbano" (M. Renaud 2000: 697). Una vez más, sería difícil comprobar que Arlt haya tenido presente este modelo, puesto que no parece haberse referido a él, aunque sí menciona con cierta frecuencia su preferencia por el cine negro norteamericano, influencia que se hace patente en muchas aguafuertes de la serie "Al margen del cable", por ejemplo, la titulada "Lawrence: 500.000 dólares. ¿Y Rafael de Nogales?" (*El Mundo* 15-11-1937). Sin perder de vista lo que se acaba de apuntar, podemos preguntarnos qué tienen en común el cine mudo alemán de los años veinte y las dos novelas de Arlt. Sobre todo habría que pensar en las películas *El gabinete del Dr. Caligari* y *Raskolnikow* (1920,

---

[15]   Hasta los sentimientos y pensamientos reciben colores: el jorobadito percibe "el rojo del odio y el verde del amor" y una de las fieras siente el "placer rojo" de aplastarle la cara a una mujer (1968: 21, 124).

1923), de Wiene, *Dr. Mabuse, el jugador* y *Metrópolis* (1922, 1926), de Lang, y *Nosferatu* y *El último hombre* (1922, 1924), de Murnau, todas ellas anteriores a *Los siete locos*. Una de las primeras interpretaciones del cine alemán es de Siegfried Kracauer, *Von Caligari zu Hitler* (1947); enfoca las películas como reflejo de la mentalidad alemana después de la Gran Guerra y, como anuncia el título, como comienzo de tendencias fascistas por su vaivén entre miedo, agresividad y deseo de destrucción, línea que sigue un crítico como José Amícola (1984) para la obra arltiana. Efectivamente, algunos temas y motivos se repiten en el cine expresionista, como la relación entre poder y sumisión, el peso del pasado, el peligro de la sexualidad femenina para el deseo masculino y los peligros de la ciudad moderna (L. Eisner 1980; S. Hake 2004: 64). Para el primer punto, las películas más representativas son precisamente las de Wiene: *El gabinete del Dr. Caligari, Raskolnikow* y *Las manos de Orlac*, todas ellas sobre asesinos (como también el *Dr. Mabuse*, de Lang[16]), y *Genuine*, sobre una vampiresa, inducidos a menudo por fuerzas externas a su voluntad, es decir, no responsables de sus actos. Sin embargo, más interesante que la temática resulta la comparación del tratamiento del espacio en el cine y en Arlt. En vez de un paisaje realista, el cine expresionista disuelve y *subjetiviza* el escenario, es decir, se trata de una puesta en escena simbólica, conseguida mediante una nueva concepción del espacio (la mayoría de las veces filmado en los estudios con decorados de cartón pintado) como exteriorización de obsesiones, angustias, deseos secretos, locura y pesadillas, es decir, de estados psíquicos y psicóticos. La arquitectura fílmica, en parte influida por el expresionismo y simbolismo pictóricos, distorsiona las perspectivas, diluye la geometría, recarga los ángulos, estrecha las perspectivas y exagera el *chiaroscuro*. Como se ha visto, la "psicologización" del espacio también se encuentra en el díptico arltiano, igual que la presencia de visiones y pesadillas y los contrastes violentos de luz y sombras; no en vano Dostoievski era el modelo tanto de Arlt como de Wiene[17] en su *Raskolnikow*, con la impactante

---

[16] No olvidemos que Lang siguió con el mismo tema del poder y el mal en sus películas negras filmadas en América, pero con un enfoque crítico de las relaciones económico-políticas concretas.

[17] Arlt no parece mencionar a este director en sus aguafuertes, aunque es cierto que a menudo no indica los directores de las películas, ni siquiera cuando se trata de alguien tan eminente como Vsevolod Pudovkin, célebre por sus teorías sobre el montaje, al referirse a su película *La madre* (1926) en la aguafuerte "La madre en la vida y en la novela" (R. Arlt 1973: 146 ss.). En un artículo, "Roberto Arlt y el cine" (R. Gnutzmann 2003: 71-81), intenté mostrar, basándome en sus reseñas cinematográficas, que el autor se suele quedar en la *fábula* sin interesarse por el *lenguaje fílmico*, a pesar de que ya se habían publicado los excelentes estudios de Eijenbaum ("Literatura y cinema", 1926), Pudovkin, Eisenstein y Alexandrov, por ejemplo, el famoso "Manifiesto del sonido" (1928).

escena del espectro de la vieja asesinada que tortura al protagonista. Si antes se dijo que los textos de Arlt tienen una extraordinaria calidad visual, lo mismo es cierto para el cine expresionista que infravalora elementos como la caracterización y la narración/acción y subraya efectos de horror y angustia, por ejemplo, mediante siluetas encorvadas, sombras inmensas, contrastes de luz bruscos, la expansión a misteriosos espacios contiguos mediante escaleras, etc. Como bien ha visto César Aira (1993: 69), el espacio tal vez más expresionista en la obra de Arlt es el creado por el jorobadito (cuento del mismo título), perseguido por su doble, tardío reflejo de la novela gótica y romántica también en el cine expresionista.

Pero para terminar quisiera llamar la atención sobre otro texto, el ensayo de Georg Simmel, "Las grandes urbes y la vida del espíritu" de 1903, que estudia la interrelación del poder del dinero, la deshumanización del hombre y la vida febril con su neurastenia en las grandes ciudades. Para Simmel, la acumulación de imágenes cambiantes, la racionalidad de la vida urbana, la exclusión de una vida instintiva y sentimental, junto a las relaciones meramente económicas que se basan en el cálculo y el rendimiento más la constante presión del tiempo, llevan al "urbanita" a la indolencia y al embotamiento o a una actitud de indiferencia, si no antipatía, hacia el otro para preservarse cierta medida de libertad personal. Ello, a su vez, genera una sensación de abandono y soledad. Aunque también prevé el caso de un acrecentamiento de la individualidad y de la sensibilidad hacia la diferencia y las extravagancias, la conclusión final es "la atrofia de la cultura individual por la hipertrofia de la cultura objetiva" (1986: 260). Este ensayo tuvo mucha influencia sobre los pintores alemanes del "expresionismo urbano" mencionados más arriba (J. Maderuelo 2000: 54) y tal vez también en el cine. Aunque Arlt no lo conociera, su problemática visión de las relaciones humanas en la ciudad, la masificación y mecanización del hombre y su sumisión al dictado del trabajo y del dinero, el acrecentamiento de la *vida nerviosa* —en una aguafuerte sobre los rascacielos neoyorquinos habla de sus "neurasténicos" habitantes y, en otra, de los "nerviosos escritores [...] de las epilépticas civilizaciones de Londres, Leningrado, Berlín o París" (1993: 117; 1971: 161s.)[18]—, la incesante movilidad de sus protagonistas que usan y se en-

---

[18] Desde 1931 Arlt se refiere elogiosamente a *Manhattan Transfer* (aguafuerte "Me ofrecen un perro", en D. Scroggins 1981: 51) y en la nota "La tintorería de las palabras" (1994: 225 ss.) considera ejemplar el lenguaje de Dos Passos: "El estilo eléctrico de *Manhattan* Transfer no está desligado del frenesí brutal que bailotea en las piernas del ciudadano de Nueva York" (*ibid.*: 227). En la misma nota de 1940 exclama acto seguido: "¿Cómo expresar hoy, con nuestras palabras bañadas en la vieja tintorería de las expresiones [...] el horror de este momento catastrófico? [...]. Para

cuentran constantemente en trenes y subterráneos, la fuerte presencia de la tecnología, las nuevas formas de incitación al consumo como escaparates y anuncios de neón (más frecuentes en *El amor brujo*), la prensa sensacionalista, el cine hollywoodiano en el que terminará Barsut, pero también el ojo y el oído puestos en la multiplicidad étnica y lingüística de su época, todo ello muestra su sensibilidad hacia la vida moderna en la gran ciudad.

Bibliografía

Aira, César (1993): "La genealogía del monstruo", en: *Paradoxa* 7, 55-71.

Alemany Bay, Carmen (1998): *La polémica del Meridiano Intelectual de Hispanoamérica (1927). Estudio y textos.* Alicante: Universidad de Alicante.

Amícola, José (1984): *Astrología y fascismo en la obra de Arlt.* Buenos Aires: Weimar Ediciones.

Arlt, Mirta/Borré, Omar (1985): *Para leer a Roberto Arlt.* Buenos Aires: Torres Agüero Editor.

Arlt, Roberto (1968): *El jorobadito.* Buenos Aires: Fabril Editora.

— (1971): *Aguafuertes españolas.* Buenos Aires: Fabril Editora.

— (^{2}1972): *El amor brujo.* Buenos Aires: Fabril Editora.

— (^{2}1973): *Aguafuertes porteñas.* Buenos Aires: Losada.

— (1975): *Nuevas aguafuertes.* Buenos Aires: Losada.

— (1985): *El juguete rabioso*, ed. de R. Gnutzmann. Madrid: Cátedra.

— (1993): *Aguafuertes porteñas. Buenos Aires, vida cotidiana*, ed. de S. Saítta. Buenos Aires: Alianza.

— (1994): *Aguafuertes porteñas: cultura y política*, ed. de S. Saítta. Buenos Aires: Losada.

— (1995): *Aguafuertes porteñas*, ed. de R. Gnutzmann. Buenos Aires: Corregidor.

— (2000): *Los siete locos. Los lanzallamas*, edición crítica de Mario Goloboff (coord.). Madrid: ALLCA XX.

Barthes, Roland (1968): "L'Effet de Réel", en: *Communications* 11, 84-89.

Casullo, Fernando Hugo (1976): *Diccionario de voces lunfardas y vulgares.* Buenos Aires: Plus Ultra.

---

este momento de vida que ya no es vida, sino agonía ¿qué estilo, qué palabra, qué matiz, qué elocuencia, qué facundia, qué inspiración dará el ajustado color?" (*ibid.*: 227-228). Esta nota deja claro que no solo le interesaba el habla cotidiana, aquí estudiada, sino igualmente un estilo adecuado a los tiempos.

CORTÁZAR, Julio (1972): *Relatos*. Buenos Aires: Sudamericana.

DISCÉPOLO, Armando (1921): *Mustafá*, en: *La Escena. Revista Teatral* 8, 351.

EISNER, Lotte (1980): *Die dämonische Leinwand*. Frankfurt: Fischer Taschenbuch Verlag.

GNUTZMANN, Rita (1984): *Roberto Arlt o el arte del calidoscopio*. Bilbao: Universidad del País Vasco.

— (2003): "Roberto Arlt y el cine", en: *Anales de Literatura Hispanoamericana* 32, 71-81.

— (2004): *Roberto Arlt: Innovación y compromiso. La obra narrativa y periodística*. Lleida: AEELH/Universitat de Lleida.

GOBELLO, José (1990): *Nuevo diccionario lunfardo*. Buenos Aires: Corregidor.

— (1998): *Aproximación al lunfardo*. Buenos Aires: Educa.

GONZÁLEZ TUÑÓN, Enrique (2002): *Antología*. Buenos Aires: Desde la Gente Edics.

GORELIK, Adrián (1998): *La grilla y el parque. Espacio público y cultura urbana en Buenos Aires, 1887-1936*. Buenos Aires: Universidad Nacional de Quilmes.

HAKE, Sabine (2004): *Film in Deutschland. Geschichte und Geschichten seit 1895*. Reinbek: Rowohlt.

JITRIK, Noé (1976): "Entre el dinero y el ser", en: *Dispositio* 2, 100-133.

MADERUELO, Javier (2000): "Del escenario de la ciudad al paisaje urbano", en: Maderuelo, Javier (dir.): *Desde la ciudad. Arte y naturaleza*. Huesca: Diputación Provincial de Huesca, 33-56.

MAFUD, Julio (1966): *Sociología del tango*. Buenos Aires: Ed. Américalee.

PASCARELLA, Luis (1917): *El conventillo (Costumbres bonaerenses)*. Buenos Aires: Talleres Gráficos "La Lectura".

PIGLIA, Ricardo (1981): "Roberto Arlt: la lección del maestro", en: *Clarín* (Buenos Aires), suplemento "Cultura y Nación" (23 de julio de 1981).

POE, Edgar Allan (2006): *The Portable Edgar Allan Poe*, ed. de J. Gerald Kennedy. New York: Penguin.

RAMA, Ángel (1977): "Origen de un novelista y de una generación literaria", en: Onetti, J. C.: *El pozo*. Montevideo: Ed. Arca, 53-107.

RENAUD, Maryse (2000): "*Los siete locos* y *Los lanzallamas*: audacia y candor del expresionismo", en: Arlt, Roberto: *Los siete locos. Los lanzallamas*, edición crítica de Mario Goloboff (coord.). Madrid: ALLCA XX, 687-709.

REST, Jaime (1982): "Roberto Arlt y el descubrimiento de la ciudad", en: *El cuarto en el recoveco*. Buenos Aires: CEAL.

RIVERA, Jorge B. (1994): "Textos sobre Roberto Arlt y la ciudad rabiosa", en: Pizarro, Ana (ed.): *América Latina. Palavra, Literatura e Cultura*, v. II. Campinas: Universidade Estadual, 787-803.

ROMERO, José Luis/ROMERO, Luis Alberto (2000): *Buenos Aires. Historia de cuatro siglos, t. 1. Desde la conquista hasta la ciudad Patricia*. Buenos Aires: Altamira.

SARLO, Beatriz (1992): *La imaginación técnica. Sueños modernos de la cultura argentina*. Buenos Aires: Nueva Visión.

SCARSI, José Luis (sept. 2007): "Cómo y por qué se formó la Zwi Migdal", en: *Todo es Historia*. Buenos Aires, 482.

SCOBIE, James R. (1977): *Buenos Aires, del centro a los barrios. 1870-1910*. Buenos Aires: Solar/Hachette.

SCROGGINS, Daniel C. (1981): *Las* Aguafuertes porteñas *de Roberto Arlt. Recopilación, estudio y bibliografía*. Buenos Aires: Ediciones Culturales Argentinas.

SEBRELI, Juan José (1966): *Buenos Aires, vida cotidiana y alienación*. Buenos Aires: Siglo Veinte.

SIMMEL, Georg (1986): *El individuo y la libertad. Ensayos de crítica de la cultura*. Barcelona: Ediciones Península.

VERDEVOYE, Paul (1980): "Aproximación al Lenguaje Porteño de Roberto Arlt", en: Sicard, Alain (dir.): *Seminario sobre Roberto Arlt*. Poitiers: Université de Poitiers/CRLA, 133-185.

VIÑAS, David (1967): "Prólogo", a Roberto Arlt: *Antología*. La Habana: Casa de las Américas.

Estilo y lenguaje en las novelas de Roberto Arlt: obscenidades, extranjerismos y lunfardismos

VOLKER JAECKEL

RESUMEN

En este texto se aborda el tema de la novela urbana y la repercusión de cambios sociales ocurridos en Buenos Aires en estilo y lenguaje de Roberto Arlt, quien está siendo analizado dentro de las tradiciones literarias argentinas hispánicas. Lo grotesco y lo obsceno desempeñan un papel importante en la obra novelesca de Roberto Arlt para retratar el ambiente del hampa y de la prostitución. El propio autor admite que, para ser entendido, prefiere escribir "mal" para un público masivo, en vez de escribir "bien" para pocos. De esta forma encontramos en el lenguaje de las novelas de Arlt elementos de una oralidad escrita del lunfardo, mezclados y condensados como expresión de voces polifónicas, a veces en la misma frase.

LA NOVELA URBANA

La novela de las grandes ciudades experimenta su apogeo con la modernidad en los años veinte del siglo pasado. Volker Klotz intenta comprobar una afinidad entre la novela y la ciudad, en la medida en que la primera es el género más adecuado para plasmar y retratar la complejidad de la gran ciudad. Muchos lectores se han formado su imagen de alguna metrópolis a partir de las descripciones literarias, pero Klotz termina su escrutinio de las novelas en los años veinte del siglo pasado considerando grave el problema de la narrabilidad.

Dieter Ingenschay hace algunas observaciones importantes acerca de la gran urbe y distingue tres miradas periféricas sobre la ciudad en la literatura.

Las novelas de Roberto Arlt pueden ser atribuidas a la tercera categoría que el profesor alemán llama "la venganza de los marginados y la intención incipiente de desmaterializar el espacio urbano" (Ingenschay 2000: 12). También llama a Arlt el "marco cero" de la literatura urbana porteña, como Döblin para Berlín y Dos Passos para Nueva York. En los años veinte del siglo pasado surge en Argentina un paradigma diferente del discurso urbano. Este es el resultado de la conciencia de una identidad propia y periférica, como expresión de la alteridad. Mientras Jorge Luis Borges intenta imitar enfáticamente en su lírica los tradicionales discursos topológicos sobre Madrid, Roma, París o Londres, aparecen nuevas estéticas de literatura metropolitana, cuyo representante más innovador es Roberto Arlt.

Debido a los rápidos cambios socioculturales, económicos y tecnológicos, la ciudad ejerce una fascinación especial sobre los artistas y los intelectuales. Llega a ser la representación de lo moderno y de la modernidad. Según Beatriz Sarlo:

> [...] modernidad, modernización y ciudad aparecen entremezcladas con nociones descriptivas, como valores, como espacios físicos y procesos materiales e ideológicos. En la medida en que Buenos Aires se altera, ante los ojos de sus habitantes, con una aceleración que pertenece al ritmo de las nuevas tecnologías de producción y transporte, la ciudad es pensada como condensación simbólica y material del cambio[1].

La cuestión que va a ser abordada aquí se teje en torno a los modos de la repercusión de los cambios ocurridos en el lenguaje literario y en el estilo de Roberto Arlt.

ARLT EN EL CONTEXTO DE LA LITERATURA ARGENTINA E HISPÁNICA

Arlt presenta otra forma de literatura inmigratoria: la del lenguaje popular porteño y lunfardo. De este modo se distingue de Manuel T. Podestá, hijo de genoveses que no hace ninguna tentativa de abrir la prosa al lenguaje popular porque Podestá quiere ser admitido en el seno de la alta literatura argentina, donde se habla un español culto y literario. Con su lenguaje pulido adhiere a la línea mayor del naturalismo argentino.

---

[1]   Sarlo *ap.* Ta (2007: 113). Véase también Sarlo sobre la modernidad de Buenos Aires (1988: 13-29).

Cambaceres, otra voz literaria importante, nieto de inmigrantes franceses, suele introducir términos populares en sus novelas, pero no para identificarse con los hijos de inmigrantes, sino para dar a su prosa matices de costumbrismo (Pollmann 1999: 247).

Fray Mocho, en sus *Cuadros de la ciudad*, de fines del siglo XIX, reproduce libremente el lenguaje de inmigrantes y criollos, y puede hacerlo sin revolucionar el género y el cuento costumbrista.

Por supuesto, Arlt no escribe a partir de cero, tiene sus modelos en Dostoievski y en el teatro criollo en el que se habla también mucho de ensueños y frustraciones, en conversaciones con palabras y giros de la variedad popular porteña. Sin embargo, lo mueve una ética de verdad literaria más radical y ambiciosa que la que aparece en los modelos (Pollmann 1999: 252). Arlt escribe en nombre del dolor que se siente en el cuerpo como realidad íntimamente social. Y la oralidad es mucho más cuerpo que la escrita, "cuerpo" y ser social: se trata de una vida social defectuosa que no tiene ni sentido ni perspectiva.

Como afirma Goštautas, "[…] ningún escritor puede evitar escribir en su estilo, cualquiera que sea su valor estético, sin que niegue su capacidad de escritor" (Goštautas 1977: 139). En el caso de Roberto Arlt, aunque admita no tener estilo y reconozca sus defectos gramaticales y ortográficos, estos rasgos forman parte de su estilo, que apuntaba a la destrucción del lenguaje literario hasta entonces vigente.

Arlt también era un asiduo lector de Pío Baroja (entre otros autores españoles que marcaron su escritura, como Francisco Quevedo o Mariano José de Larra). Si bien también a él se le ha negado un estilo propio —en relación con sus contemporáneos de la generación del 98 tampoco lo tenía—, hoy en día nadie le negaría un estilo a Baroja, quien siempre pretendía escribir en una forma directa, escueta y sencilla. Algunos rasgos de esta expresión sin bordados ni rodeos los encontramos también en la obra narrativa de Arlt (Goštautas 1977: 139).

La producción de Arlt puede ser considerada completamente híbrida, ya que reúne elementos de la literatura trivial, de la novela picaresca, del cuadro de costumbres, del sainete, de la novela policial, del decadentismo, del realismo, del modernismo, de la novela de formación, del esperpento, de la literatura fantástica y de la crítica social. Esta hibridación de estilos, tendencias, géneros literarios y movimientos refleja hasta cierto punto la situación de Buenos Aires en el inicio del siglo XX, cuando es el punto de llegada de innumerosos inmigrantes de diversos países del mundo y es donde tiene lugar el gran mestizaje entre culturas, creencias, lenguas y costumbres de las más diferentes partes del mundo.

LO GROTESCO Y LO OBSCENO EN LA OBRA DE ARLT

Lo grotesco es uno de los recursos para lograr un efecto cuasicómico o semitrágico que el autor alcanza, especialmente en *Los siete locos*, y es entendido como un conjunto de procedimentos que movilizan el sentido, lo modifican y proponen cierta polisemia, y de esta forma resaltan la importancia del carácter ridículo, loco, desproporcionado de personajes y situaciones (Zubieta 1987: 99). La locura es uno de los recursos frecuentes en lo grotesco. Lo bajo también es constitutivo de lo grotesco y está presente en las novelas de Arlt. En *Los siete locos* hay episodios de gran claridad que ilustran la abundante mezcla entre horror y comicidad (Zubieta 1987: 104). Arlt es el primero en darle forma grotesca a un universo novelesco, lo que indica una importante relación entre su producción y ese modo particular del teatro argentino. Un ejemplo en este sentido lo encontramos en *Los lanzallamas* cuando Erdosain asesina a la Bizca y después de su muerte habla con ella.

Lo grotesco transforma un suceso grave, violento y criminal en un hecho cómico y ridículo; vulgariza y trivializa, como se puede ver en esta escena:

> ¿Viste lo que te pasa por andar con la mano en la bragueta de los hombres? Estas son las conseguencias de la mala conducta. Perdiste la virginidad. ¿No te da vergüenza? Y ahora Dios te castigó. Sí Dios, por no hacer caso de los consejos que te daban tus maestras (Arlt 2000: 291).

El "escribir mal" de Roberto Arlt puede ser considerado como una condición previa para provocar el efecto de lo grotesco en el lector o, por lo menos, está estrechamente ligado, ya que la "supuesta 'mala escritura' es la manifestación de lo grotesco a nivel esencial: el síntoma de la crisis [de un código] debida al proceso inmigratorio" (Carbone 2006: 171).

El autor porteño escribe en contra del concepto de un estilo literario, y, por lo tanto, contra lo que se enseña tanto en la escuela como en la universidad sobre cómo escribir bien o el lenguaje culto:

> A partir de ese escribir en contra, ese acto crea un nuevo [en el sentido de renovado y diverso] estilo literario. Estilo que tratándose del eco de lo grotesco que resuena en el lenguaje, o sea, de lo grotesco a nivel lingüístico, se presenta como infracción del 'equilibrio' de una regla oficial (Carbone 2006: 172).

Esta escritura de lo grotesco pretende por un lado desestabilizar la confianza ciega e ilimitada del lector en el idioma con la finalidad, también, de mostrar los límites de la imagen del mundo representado lingüísticamente por las palabras consideradas cultas.

El lunfardo es una de las expresiones lingüísticas más evidentes de lo grotesco en *Los siete locos*, cuando se trata de connotaciones vinculadas con el mundo de la prostitución y del hampa. Una de las peculiaridades fundamentales del habla de Arlt es la fusión de ingredientes de procedencia distinta que confluyen en un conjunto compuesto por el lunfardo, el lenguaje técnico con vocabulario de la metalurgia, de la geometría, de la física, de la química que tienden a otorgar a la narración un efecto científico. A esto también se suman palabras extranjeras, generalmente relacionadas con el mundo del crimen, de la prostitución y de los maleantes (Carbone 2006: 169). Aquí se trata de representaciones de la superposición de diferentes componentes étnicos y culturales que convivían en Buenos Aires en una época de gran afluencia de inmigrantes de todo el mundo, aunque preferentemente de España e Italia, y de los más diversos estratos sociales.

Roberto Arlt sobre su propio estilo

A partir de la conciencia de sus posiciones culturales y de los usos lingüísticos que practica, Arlt opta por formas de escritura que resultan inadmisibles para los valores y cánones dominantes. Así lo manifiesta en una aguafuerte:

> Y yo tengo esta debilidad: la de creer que el idioma de nuestras calles, el idioma que conversamos usted y yo en el café, en la oficina, en nuestro trato íntimo es el verdadero. ¿Qué yo hablando de cosas elevadas no debía emplear estos términos? ¿Y por qué no compañero? Si yo no soy ningún académico. Yo soy un hombre de la calle, de barrio, como usted y como tantos que andan por ahí[2].

Roberto Arlt parte del principio de que él habla el mismo idioma que sus lectores y pretende distanciarse de los detractores de las formas lingüísticas populares como modo de expresión literaria. El autor practica su propio estilo como una oposición contra la llamada cultura oficial y para provocar una polémica. Prefiere escribir "mal" antes que escribir para un público que escribe "bien" aunque, ciertamente, resulta en su perspectiva un público inexistente[3].

---

[2]   Roberto Arlt, "¿Cómo quieren que les escriba?", *Aguafuertes porteñas* (Arlt 1997: 370).
[3]   "Se dice de mí que escribo mal. Es posible. De cualquier manera, no tendría dificultad en citar a numerosa gente que escribe bien y a quienes únicamente leen correctos miembros de sus familias". Prólogo a *Los lanzallamas* (Arlt 2000: 285).

Según sus propias afirmaciones, la sonoridad y la flexibilidad de un idioma comprensible para todos, por ser vivo, actual y nervioso, supera a las formas rígidas por el acatamiento de las normas. El autor de *Los siete locos* crea un estilo literario construido en gran medida a partir de las formas coloquiales y populares del español hablado y de expresiones provenientes de otros idiomas que fueron introducidos por los inmigrantes que arribaron masivamente a la Argentina desde las últimas décadas del siglo xix. La incorporación de innúmeras voces extranjeras evidencia que Roberto Arlt se presenta como un observador atento a los cambios de la vida del lenguaje. Por eso se define también como alguien que practica una filología lunfarda[4].

El uso literario que Arlt ejerce sobre el lenguaje popular se aleja de todo tipo de costumbrismo y se opone al apego a los vestigios lingüísticos y culturales propios del gaucho que para Arlt no es más que mito carnavalesco.

El lenguaje porteño en la obra narrativa

Roberto Arlt utiliza en sus textos narrativos un lenguaje similar al hablado en Buenos Aires en los años veinte, que recoge en las calles y esquinas de los barrios de boca de los inmigrantes españoles, italianos, franceses, rusos, alemanes, etc.

Goštautas afirma que con Arlt y otros "el lunfardo se impuso como lenguaje propio de la ciudad de Buenos Aires, y que esta es la razón de la popularidad de las obras de Arlt" (Goštautas 1977: 144).

El léxico elaborado por Paul Verdevoye incluye 255 voces en las *Aguafuertes porteñas*, no solo procedentes de los lunfardismos propiamente dichos, sino también de vocablos o giros que poseen en las obras de Arlt una significación distinta de la conocida en España (Verdevoye 1980: 134-35).

En las novelas y los cuentos se inscriben menos palabras populares, no obstante ganan más importancia, ya que "su introducción fue, en aquel entonces, una especie de asalto a la alta literatura, una invasión de la oralidad en un dominio por antonomasia escritural" (Pollmann 1999: 248).

Arlt tiene el mérito de haber introducido tales voces por primera vez en una novela argentina. Así explica la elección del lenguaje en sus textos literarios a través de la voz de uno de los protagonistas de su novela:

---

[4]   Véase Arlt en las aguafuertes "El Furbo" (Arlt 1997: 63-65) o "El origen de algunas palabras de nuestro léxico popular".

Si yo les hablo a ustedes en este idioma ranero es porque me gusta… Me gusta cómo chamuyan los pobres, los humildes. A Jesús también le daban lástima las reas. ¿Quién era María Magdalena? Una yiranta. Nada más (Arlt 2000: 543-544).

Arlt retoma el mismo problema en el cuento *El jorobadito*, intentando explicar la creación de una literatura para las masas del pueblo:

Los de abajo, la masa opaca, elástica y terrible que a través de todas las edades vivía forcejeando en la terrible lucha de clases, no existía para esos genios. Y nosotros escritores democráticos, raídos por cien mil convencionalismos en todas las direcciones, éramos totalmente incapaces de escribir nada que removiera la conciencia social empotrada en un tedioso dejar estar (Arlt 1993: 90).

El escritor se ve en clara oposición a los escritores argentinos, consagrados precisamente por usar el lenguaje popular en sus novelas como un modo de luchar contra la supremacía intelectual de la oligarquía, según lo que afirma Leo Pollmann (1999: 248-249), pero aquí caben algunas dudas sobre las intenciones políticas reales de Arlt. El autor bonaerense tiene espíritu revolucionario, pero en sus novelas prevalecen las consideraciones existenciales.

Las palabras porteñas en el caso de las novelas sirven para dar autenticidad a la acción que se desarrolla en un ambiente donde este tipo de lenguaje es común, mientras que en las *Aguafuertes porteñas*, sobre todo, proveen un matiz irónico-humorístico al retrato de figuras auténticas de la vida cotidiana de Buenos Aires, con un cierto color local que las aproxima a los cuadros de costumbres del siglo xix español (Verdevoye 1980: 140). El uso de las voces del lunfardo en las novelas contribuye a recrear los ambientes populares, por los cuales Arlt transitaba constantemente, y posibilita al lector, de esta forma, identificar a los personajes que circulan por su narrativa.

Es muy curioso observar cómo Arlt utiliza algunos términos del lenguaje popular y los coloca entre comillas como si se distanciase de estas expresiones marcando que no pertenecen a su propio vocabulario; sin embargo, no existen reglas fijas para este fenómeno: así, en *El juguete rabioso* aparecen sin comillas "vento", "bacanes", "batir", "bagayito", "amurar", pero en "cana" y "rana" es más errático su uso. Hasta en *El Jorobadito* (1933) permanece el mismo caos de las novelas, no hay reglas para su uso y la misma palabra puede aparecer con y sin comillas. Si hoy cualquier porteño puede entender la mayoría de las palabras que aparecen en los textos ficcionales de Arlt, podemos suponer que en la época de su redacción no fue exactamente así (Verdevoye 1980: 140).

Arlt participa de la preocupación que comparten muchos argentinos desde 1838, cuando surgió el debate en torno a un artículo publicado por Juan Bautista Alberdi en *La Moda* sobre el uso de la lengua española modificada por el pueblo porteño. Esta discusión tiene su correspondencia en Brasil con la polémica iniciada en 1843 con un artículo publicado por Santiago Nunes Ribeiro en la revista *Minerva Brasiliense*, en el cual defiende la existencia de una lengua nacional brasileña (Jaeckel/Kailuweit 2002: 90-91).

Roberto Arlt confiesa la deficiencia de estilo en el prólogo de *Los lanzallamas* y lo explica por la falta de tiempo y de condiciones favorables a su trabajo:

> Para hacer estilo son necesarias comodidades, rentas, vida holgada. Pero, por lo general, la gente que disfruta de tales beneficios se evita siempre la molestia de la literatura. O la encara como un excelente procedimiento para singularizarse en los salones de la sociedad (Arlt 2000: 285).

Al contrario de estos escritores de los salones de la alta sociedad, él pretende escribir "en orgullosa soledad libros que encierran la violencia de un 'cross a la mandíbula'" (Arlt 2000: 286). Por lo tanto, en este prefacio de contenido casi programático se pueden percibir dos notas interesantes: en primer término, la consciencia de Arlt de sus errores sintácticos, ya que confiesa que nunca tuvo tiempo para pulir su estilo porque siempre tenía prisa para realizar su trabajo y publicarlo con el fin de ganarse el pan de cada día con sus artículos periodísticos, aunque cabe suponer que los deslices muchas veces eran intencionales, pues él mismo dice en "El idioma de los argentinos" que es absurdo "pretender enchalecar en una gramática canónica, las ideas siempre cambiantes y nuevas de los pueblos" (Arlt 1997: 163); en segundo lugar, la fuerte presencia del tema de la violencia en sus novelas.

Roberto Arlt es un defensor del lenguaje popular y de las peculiaridades del habla local sin precedentes en la literatura argentina. Lo emplea tanto en sus artículos como en las novelas, da voz a los integrantes de la clase media y popular, y desde este ambiente tipificado por el lenguaje lleva a cabo sus protestas contra la sociedad moderna capitalista que agobia al individuo (Verdevoye 1980: 149).

Para explicar la manera de escribir de Arlt, sus rebeliones contra las normas, su falta de respeto hacia ellas, Goloboff interpreta a Arlt como una "máquina literaria" que tenía que producir continuamente. El autor porteño escoge la literatura, la palabra escrita no solamente como su arma de combate, sino también como el medio que le permitirá realizar una carrera extraordinaria y la búsqueda de admiración de muchas personas. Arlt pretendía atacar dos frentes: por un lado, a la sociedad que vivía inmensas transformaciones sociales y, por el otro, a una literatura que no las cuestionaba. Para este ataque, introduce en la escritura expresiones y formas de la lengua hablada, incluidos obscenidades, palabrotas y lunfardismos (Goloboff 2002: 109).

En muchas interpretaciones de la obra de Arlt y en las primeras biografías, como en la de Raúl Larra de 1951, prevalece la imagen del autor torturado, de una persona sin acceso a la enseñanza y a la alta cultura, que repercute fatalmente sobre su escritura, su estilo y lenguaje:

> No creo, entonces, exagerado atribuirle a Arlt (contra una mitología de marginación muy difundida) la asunción consciente de una carrera literaria. Y ello en los dos sentidos de la palabra. Primero, en lo que respecta al horizonte perseguido, los objetivos fijados, la comparación constante que establece con sus contemporáneos más famosos, y hasta la puntualidad con la que abordó la práctica y la consumación alternativa de los géneros: ensayo, novela, cuento y teatro... (Goloboff 2002: 110).

Para el asalto a la literatura convencional utiliza un lenguaje oral que llama la atención en la presencia de voces vulgares, de palabras de origen extranjero y de expresiones del lunfardo mezclados con argentinismos. Rita Gnutzmann confirma así la hipótesis de Goloboff con respecto a la intencionalidad y el éxito de mala escritura de Arlt:

> Lo que antaño se vio como un error por parte del autor (la falta de artículos o pronombres relativos, el exceso de complementos para un mismo sujeto o una frase principal) error que se achacaba a la falta de formación escolar y la mala influencia de las traducciones baratas, hoy día es elogiado como "contra-estilo" y rebeldía contra las normas oficiales del bien escribir (Gnutzmann 2004: 56).

Es un lenguaje que entra en choque con un vocabulario técnico y lírico que emana de la fascinación del autor por los inventos, por la química y la física. Al mismo tiempo podemos confirmar que el estilo de Arlt (igual al de Alfred Döblin en *Berlín Alexanderplatz*) acompaña el objeto presentado en la novela: la ciudad moderna y las consecuencias evidentes de la irrupción de la modernidad sobre la sociedad porteña con un acentuado cambio de los parámetros vigentes, pues se incorporan nuevos grupos sociales en la obra y el espacio de la acción se traslada a los barrios de los inmigrantes de la clase media y las zonas industriales suburbanas. Chulos, prostitutas, criminales, locos de los estratos bajos de la sociedad substituyen a los héroes nobles de la novela gauchesca.

En su tesis doctoral Markus Klaus Schäffauer evalúa estos dos supuestos deslices idiomáticos, la oralidad en los textos narrativos de Arlt y su escribir mal, hasta qué punto eran voluntarios. Al analizar el llamado "escribir mal" en los niveles lingüístico, narrativo y discursivo, desmiente algunas evaluaciones difundidas sobre el origen y los motivos de este conocido fenómeno de Arlt.

Atacando la creación y difusión de una leyenda negra en torno a la falta de dominio de la lengua castellana por parte de Arlt, menciona la soberbia de Julio Cortázar, que en "Apuntes de relectura" dice: "Y en todo caso yo me siento injustamente afortunado por haber vivido todo ese tiempo que le faltó a Arlt, sin hablar de tantas cosas que también le faltaron" (Cortázar 2004: 251). Así, Cortázar le niega a Arlt la competencia para usar la pluralidad de los discursos de diferentes clases intencionalmente y como artificio de estilo literario porque las considera formas viciadas.

Schäffauer destaca también el uso aleatorio de las comillas como el rasgo más polémico del "escribir mal" porque se trata de las palabras, consideradas en la época de Arlt, sucias, primitivas o antiliterarias que no obedecen a ninguna regla visible (Schäffauer 1998: 256).

En *El juguete rabioso* Arlt se preocupa por traducir cuatro lunfardismos en las notas para asegurar la comprensión del lector: "jetra" en el lugar de 'traje'; un llamado "vesre", 'yuta para policía'; el brasileñismo "bondi" para 'tranvía' y "cana" para 'agente de policía'. En cambio, deja las obscenidades "masturbarse", "joder", "hijo de puta" sin comillas. Schäffauer interpreta las notas explicativas de Arlt como una señal de su competencia lingüística en lo que se refiere a la diversidad del discurso. El autor no se somete a las limitaciones de las normas vigentes de un discurso único.

También, en cuanto al nivel narrativo y al nivel discursivo, el hecho de escribir mal provoca algunas consideraciones esenciales: la diversidad narratológica no se limita solamente a los diálogos, en los cuales aparecen con frecuencia italianismos, expresiones del *yiddish*, lunfardismos y extranjerismos, sino que llega al nivel del narrador, en el que encontramos una mezcla de estilos que rompe con la tradición realista y naturalista de una expresión única y consistente (Schäffauer 1998: 259).

EL JUGUETE RABIOSO

La novela comienza con la descripción del zapatero andaluz que inicia a Silvio Astier en la literatura bandoleresca y continúa con las aventuras de un grupo de jóvenes ladrones, cuyos delitos culminan en el robo de una biblioteca y el intento de incendiar la librería, donde el propio protagonista trabaja. Después del fracaso de Astier como inventor, en el último capítulo el lector se encuentra con las peripecias de Silvio como vendedor de papel. La novela finaliza con la traición, en tanto el protagonista se abstiene de participar en el planeado robo de la casa de un ingeniero, pero prefiere la delación.

En esta primera novela de Arlt encontramos la impugnación de los valores, de las normas del mundo literario y de las leyes vigentes en aquella época. En lo que se refiere al contenido, podemos observar que Astier ataca en varias ocasiones la propiedad de los otros y después también la vida ajena. De este modo promueve la demolición del mundo literario dominante con el robo de la biblioteca y con el fallido incendio de la librería.

En esta novela, de rasgos autobiográficos, picarescos y policiales, abundan las transgresiones a las formas académicas sancionadas: aparecen frases aisladas, oraciones con desorden de sus complementos, gerundios en exceso que evitan la construcción de frases subordinadas, omisión de artículos, pronombres relativos... Todo su estilo muestra un afán de ser directo y breve, de comunicar al lector un mensaje rápido y de fácil entendimiento. El lenguaje contiene un gran número de obscenidades, extranjerismos y lunfardismos, pero también introduce la metáfora tecnológica para describir paisajes de la modernidad (Goloboff 1980:8):

> — ¡Si me acuerdo! Yo era un pibe. Siempre estaban en la esquina de Méndez de Andés y Bella Vista, recostados en la vidriera del almacén de un gallego. El gallego era un 'gil'. La mujer dormía con otros y tenía dos hijas en la vida. ¡Si me acuerdo! Siempre estaban allí, tomando el sol y jodiendo a los que pasaban. Pasaba alguno de rancho no faltaba quien gritara:
> — ¿Quién se comió la pata e'chancho?
> — El del rancho —contestaba el otro—. ¡Si eran unos 'grelunes'! En cuanto te 'retobabas', te fajaban. Me acuerdo. Era la una. Venía un turco. Yo estaba con un matungo en la herrería de un francés que había frente al boliche. Fue en un abrir y cerrar de ojos. El rancho del turco voló al medio de la calle, quiso sacar el revólver, y zás el inglés de un castañazo lo volteó. Arévalo 'cachó' la canasta y Cabecita de Ajo el cajón. Cuando vino el 'cana' sólo estaba el rancho y el turco que lloraba con la nariz revirada (Arlt 1995: 189-190).

Arlt no usa siempre un estilo tan cargado de lunfardismos, pero aquí lo hace para recrear el tono del lenguaje de Rengo. Se trata de la imitación del personaje a través de su vocabulario y de su sintaxis. El autor no parece proponerse renovar el lenguaje o la novela, pero consigue dar un nuevo aspecto a la novela latinoamericana del siglo xx, creando un estilo nuevo, cuya característica más importante es la ruptura con las formas expresivas tradicionales que, según interpretaciones más recientes, no quiso imitar o poseer en ningún momento.

El ataque de esta novela a las normas de la sociedad se da en dos planos. En el plano de la ficción se impugna el discurso literario tradicional vigente a través de un nuevo lenguaje, cuya introducción no es explicitada, ya que no es una sumatoria de aquellas invenciones de armas mencionadas por Arlt, sino que es una de ellas (Goloboff 1980: 25). El lenguaje expresa su posición frente a un "edificio que se desmorona inevitablemente" como consecuencia de las injusticias sociales provocadas por el proceso de la modernización de una sociedad en proceso de industrialización.

Para Arlt delitos e inventos pueden tener cualidades estéticas parecidas. En el principio de los delitos y de los inventos está la literatura. El capítulo IV cierra el ciclo de los delitos y de los inventos, Silvio Astier ha dejado de delinquir y de fantasear, ha escogido un trabajo honrado: vende papel, pero después comete el delito de traicionar a su compañero.

LOS SIETE LOCOS/LOS LANZALLAMAS

En esta novela de dos títulos encontramos la continuación del proyecto de estilo de Arlt y también más incorrecciones que tienen su origen en el lenguaje hablado y que muestran lo siguiente: el aprendizaje del español de Arlt tuvo lugar en la calle, ya que en su casa se hablaba alemán y, como fue expulsado de la escuela muy joven, su única escuela fueron las calles con sus ventajas, inconvenientes, particularidades y limitaciones. Una de las consecuencias de esta educación de Arlt es el dominio del tema sobre la forma. Para él fue mucho más importante tener algo que decir que buscar la mejor forma para decirlo (Goštautas 1977: 146).

La novela, con su oralidad excesiva y con las teorías locas del Astrólogo, abre, sin embargo, perspectivas que van más allá de estos destinos, ya que contiene esperanzas que se concretizan simbólicamente en el desenlace.

En esta novela encontramos una tendencia todavía más grande de entrelazamiento de las dimensiones sociológicas y metafísicas. El malestar del héroe Erdosain en Los siete locos es el producto de una inadecuación entre el mundo urbano deshumanizado y su espíritu creativo de inventor, que está delante de la imposibilidad de la integración social. Esta falta de integración provoca en él un sentimiento de culpa que al mismo tiempo le causa angustia y, como última consecuencia, una disociación interior que se manifiesta en los monólogos interiores y en los diálogos ficticios. La última salida es la toma de decisión entre la evasión y la integración al grupo con un desencadenamiento de la violencia (Renaud 1980: 34).

El texto está escrito en gran parte en tercera persona, pero no se trata de un discurso convencional, ya que el narrador de las dos novelas pretende ser esencialmente un cronista que reúne los hechos según sus fuentes de información, la principal de las cuales son las confesiones de Erdosain antes de suicidarse.

El contacto de Erdosain con el llamado "bajo fondo" le provoca un sentimiento de amenaza angustiosa. El encuentro con el otro de los de abajo agudiza el dolor y el sufrimiento (Komi 2009: 98-99): "El negro de cuello palomita había terminado de espulgarse y ahora los tres macrós se repartían fajos de dinero bajo la ávida mirada de los choferes que, desde la otra mesa, soslayaban con el vértice del ojo" (Arlt 2000: 28).

Los miembros del proletariado lumpen no hablan y son solamente percibidos a través de los cristales, participan de escenas mudas, articulan gestos y se mueven en silencio. La obscenidad de estos gestos funciona como un estándar reconocible para el lector:

> ¿Saben a qué vino Jesús a la tierra? A salvar a los turros, a las grelas, a los chorros, a los fiocas. Él vino porque tuvo lástima de toda esta merza que perdía su alma entre copetín y copetín. ¿Saben ustedes quien era el profeta Pablo? Un tira, un perro, como son los de Orden Social. (Arlt 2000: 543-544).

La aguafuerte "Ahí viene la cana" (Arlt 1997: 717) presenta su versión del origen de la palabra "cana", que significa 'policía' o 'comisario'. Se dice que había un comisario de apellido Racana que fue muy conocido por sus razias contra los pequeños "malandras". Las personas utilizaban "Ahí viene Racana" para informar de la llegada de la policía, pero a través del tiempo, la *r* y la *a* se fusionaron en "la" formando "la cana".

Una escena clave para el análisis del lenguaje literario, muy comentada por los lunfardismos usados, es cuando Erdosain quiere dinero prestado del farmacéutico y se entabla el siguiente diálogo:

> —Pero, decime, ¿vos no podés prestarme esos seiscientos pesos?
> El otro movió lentamente la cabeza:
> —¿Te pensás que porque leo la Biblia soy un otario?
> Erdosian lo miró desesperado:
> —Te juro que los debo.
> De pronto ocurrió algo inesperado.
> El farmacéutico se levantó, extendió el brazo y haciendo chasquear la yema de los dedos, exclamó ante el mozo del café que miraba asombrado la escena:
> Rajá, turrito, rajá. (Arlt 2000: 22).

El tono y la actitud del farmacéutico no son propios de un delincuente, habituado a hablar en un lenguaje profesional. Él es un buen porteño y como tal se hace el "piola" ('pretende pasarse por listo', Conde: 2004), se muestra expectante y de vuelta de todo para que nada lo sorprenda, ni el "manguero" Erdosain. El farmacéutico manifiesta que ha aprendido la picardía de una ciudad como Buenos Aires llena de malandras, donde ser inocente representa una desventaja. "Turrear" es lo mismo que 'holgazanear', un verbo que aparece en una de las *Aguafuertes* de 1933 ("... la media docena de vagos que turrean en la esquina") (Arlt 1997: 89-90). El adjetivo "turro", 'incapaz o inepto' —aunque en su forma femenina se refiere a la mujer "que se entrega con facilidad" (Conde 2004)—, alude, sin intención de ofender, a alguien que hace buenos negocios, que tiene suerte en el amor. "Rajar" significa 'correr' o 'escapar' y de esta forma se trata de un insulto profundamente ambivalente que descalifica a Erdosain.

En una breve cita podemos ver diversas variantes para la palabra *proxeneta*, aunque faltan otras como "fioca", que procede de la inversión de "cafiolo":

> Entrarán al café Ambos Mundos. Ruedas de 'Canflinfleros' rodeaban las mesas. Jugaban al naipe, a los dados o al billar. Ergueta miró en redor, y luego escupiendo, dijo en voz alta:
> Todos cafisios. Habría que ahorcarlos sin mirarles las caras.
> Nadie se dio por aludido.
> Erdosain, sin quererlo, se quedó cavilando en algunas palabras del otro.
> 'Buscaba el amor divino'. Entonces Ergueta llevaba una vida frenética, sensual. Pasaba las noches y los días en los garitos y en los prostíbulos, bailando, embriagándose, trabándose en espantosas peleas con malevos y macros (Arlt 2000: 201).

En *Los lanzallamas* (1931) la orientación hacia una oralidad desencadenada alcanza su punto más alto. Se trata de una novela literalmente hablada, de muchos diálogos y monólogos interiores. Según Leo Pollmann, en el primer capítulo solo el 15% del texto es de la voz del narrador, que es Erdosain, como se sabe al final (Pollmann 1999: 250).

Verdevoye (1980: 140) señala en total 90 voces populares en *El juguete rabioso* y *Los siete locos* juntos y 100 solamente en *Los lanzallamas*, lo que demuestra cómo la invasión de la oralidad gana terreno con el tiempo en la obra arltiana. Sin duda alguna, Arlt tiene el mérito de haber introducido por primera vez tales voces en una novela y no lo hace inconscientemente o por falta de instrucción. El autor muestra simpatía hacia los pobres y los humildes, lo que le empuja a introducir este idioma de la clase baja en sus obras. Las palabras en sí mismas no le interesan, le interesa su contenido, "su alma triste", su expresividad dentro de un determinado ambiente (Pollmann 1999: 248).

CONCLUSIONES

Como ningún otro escritor argentino, Arlt fue criticado durante décadas por sus particularidades lingüísticas que se interpretaban como propias de un semianalfabeto y autodidacta. Se afirmaba que Arlt era un semiculto, que tenía un conocimiento insuficiente de la cultura escrita y que poseía solamente una cultura de segunda mano o de la calle basada en la lectura de las malas traducciones y de literatura trivial, una imagen en cuya construcción participó el propio autor. Desde hace algún tiempo y a partir de teorías lingüísticas más recientes, de estudios del lunfardo y de la oralidad en la literatura argentina contemporánea, sabemos que este juicio carece de un fundamento sólido (véase Conde 2011: 102-103). Arlt es el primer escritor argentino que retrata fielmente en una obra el lenguaje de las clases bajas urbanas y de los marginados. Al mismo tiempo reflexiona sobre el uso de las palabras en sus *Aguafuertes porteñas*, en prólogos o a través de los monólogos interiores de las figuras.

La "mala escritura" de Roberto Arlt, que mezcla y condensa registros, con voces polifónicas que se articulan muchas veces en la misma frase, no puede ser considerada de manera peyorativa, sino que es más bien un elemento inherente al discurso arltiano, que se muestra como instrumento eficaz y pertinente para representar en sus mínimos detalles un universo de personas al margen de la sociedad, que tienden a estar enredadas muchas veces en situaciones y circunstancias con características absurdas o grotescas.

BIBLIOGRAFÍA

ARLT, Roberto (1993): *El jorobadito*. Buenos Aires: Espacio Editorial.
— (1995): *El juguete rabioso*. Buenos Aires: Losada.
— (1997): *Obras*, vol. II. *Aguafuertes*, ed. de David Viñas. Buenos Aires: Losada.
— (2000): *Los siete locos. Los lanzallamas*. Ed. crítica de Mario Goloboff. Madrid *et al.*: ALLCA XX.
CARBONE, Rocco (2006): *El imperio de las obsesiones*. Los siete locos *de Roberto Arlt: Un grotexto*. Zürich: Universidad de Zürich, Facultad de Filosofía y Letras (Tesis doctoral).
CONDE, Oscar (2004): *Diccionario etimológico del lunfardo*. Buenos Aires: Taurus.
— (2011): *Lunfardo. Un estudio sobre el habla popular de los argentinos*. Buenos Aires: Taurus.

CORTÁZAR, Julio (2004): *Obras completas. Novelas II*, vol. III. Barcelona: Galaxia Gutenberg.

GNUTZMANN, Rita (2004): *Roberto Arlt: innovación y compromiso. La obra narrativa y periodística*. Lleida: AEELH/Universitat de Lleida.

GOLOBOFF, Mario (1980): "La primera novela de Roberto Arlt: el asalto a la literatura", en: *Seminario sobre Roberto Arlt*. Poitiers: Centre de Recherches Latino-Américaines de L'Université de Poitiers, 3-26.

— (2002): "Roberto Arlt: la máquina literaria", en: *Revista de Literaturas Modernas*, n.º 32, 107-115.

GOŠTAUTAS, Stasys (1977): *Buenos Aires y Roberto Arlt (Dostoievsky, Martínez Estrada y Escalabrini Ortiz)*. Madrid: Ínsula.

INGENSCHAY, Dieter (2000). "Großstadtaneignung in der Perspektive des 'peripheren Blicks'", en: Buschmann, Albrecht/Ingenschay, Dieter (eds.): *Die andere Stadt. Großstadtbilder in der Perspektive des peripheren Blicks*. Würzburg: Königshausen & Neumann, 7-19.

JAECKEL, Volker/KAILUWEIT, Rolf (2002): "Lingüística leiga no Brasil", en: Kemmler, Rolf/Schäfer-Prieß, Barbara/Schönberger, Axel (eds.): *Estudos de história da gramaticografia e lexicografia portuguesas*. Frankfurt am Main: DEE, 85-104.

KLOTZ, Volker (1969): *Die erzählte Stadt. Ein Sujet von Lesage bis Döblin*. München: Hanser.

KOMI, Christina (2009): *Recorridos urbanos: la Buenos Aires de Roberto Arlt y Juan Carlos Onetti*. Madrid/Frankfurt am Main: Iberoamericana/Vervuert.

LARRA, Raúl (1951): *Arlt, el torturado*. Buenos Aires: Editorial Futuro.

POLLMANN, Leo (1999): "Oralidad en textos de 'hijos de emigrantes'", en: Berg, Walter Bruno/Schäffauer, Markus Klaus (eds.): *Discursos de oralidad en la literatura rioplatense del siglo XIX al XX*. Tübingen: Narr, 242-266.

RENAUD, Maryse (1980): "Una ambigüedad fecunda", en: *Seminario sobre Roberto Arlt*. Poitiers: Centre de Recherches Latino-Américaines de L'Université de Poitiers, 33-48.

SARLO, Beatriz (1988): *Una modernidad periférica. Buenos Aires, 1920 y 1930*. Buenos Aires: Nueva Visión.

SCHÄFFAUER, Markus Klaus (1998): *ScriptOralität in der argentinischen Literatur. Funktionswandel der literarischen Oralität in Realismus, Avantgarde und Post-Avantgarde (1890-1960)*. Frankfurt am Main: Vervuert.

TA, Beatrix (2007): *Von den Städten des Realen zu Städten des Imaginären: Entwicklungstendenzen im hispanoamerikanischen Stadtroman des 20. Jahrhunderts*. München: Meidenbauer.

Verdevoye, Paul (1980): "Aproximación al Lenguaje Porteño de Roberto Arlt", en: *Seminario sobre Roberto Arlt*. Poitiers: Centre de Recherches Latino-Américaines de L'Université de Poitiers, 133-185.

Zubieta, Ana María (1987): *El discurso narrativo arltiano: intertextualidad, grotesco y utopía*. Buenos Aires: Hachette.

Realidad, teatralidad y lenguaje en el teatro de Roberto Arlt

Jobst Welge

Resumen

En este trabajo se pretende mostrar que las obras teatrales de Roberto Arlt (*Trescientos millones; Saverio el Cruel*) emplean el lenguaje como fuerza modeladora y manipuladora de la relación entre ficción y realidad. La función de los recursos metadramáticos es precisamente la de dramatizar personajes "plebeyos" (una sirvienta, un mantequero) susceptibles de estereotipos literarios e ideológicos, transmitidos a través de formas de lenguaje. Típicamente, para Arlt, el deseo "bovarystico" se revela simultáneamente como (auto)engaño y legítima tentativa de liberación.

El período de la década de 1920 y principios de 1930 se caracteriza, entre otras cosas, por una propensión a la teatralidad. Con esto quiero aludir no solo a la tan comentada "teatralización de la sociedad", sino también al fenómeno del drama metateatral de la dramaturgia contemporánea, para la cual la obra del dramaturgo italiano Luigi Pirandello es quizás el ejemplo más claro e influyente, pero también abarca los casos de Ramón del Valle-Inclán en España, Oswald de Andrade en Brasil, entre otros. Por otra parte, lo que todos estos escritores tienen en común con Roberto Arlt es el hecho de una reorientación de la producción literaria de la novela y otras formas de narración en el teatro.

La obra de Roberto Arlt parece ejemplificar este fenómeno. Después de haber escrito una serie de novelas, que son reconocidas -si no en el momento de su primera publicación, sin duda hoy en día- como puntos de referencia de la novela en Argentina y en América Latina (*Los siete locos* [1929], *Los lanzallamas* [1931]), Arlt pasó abruptamente de la prosa al teatro durante la década de 1930, pero sus obras teatrales son mucho menos conocidas que las narrativas.

Los estudiosos se han planteado repetidamente por qué razón Arlt ha abandonado la prosa por el drama; sin embargo, yo considero que la afinidad entre la prosa y el teatro es una de las claves más importantes para la comprensión de su obra porque todos los protagonistas de sus novelas son menos personajes individualizados que sujetos que encarnizan un cierto papel[1].

Las imágenes de la alineación moderna se evocan en el drama metateatral de Arlt en forma menos abstracta que, por ejemplo, en el teatro filosófico de Pirandello. En la mayoría de las obras teatrales de Arlt, como también en sus novelas, esas imágenes están vinculadas al contexto de una modernidad urbana. Normalmente, el antihéroe de Arlt es un oficinista que busca huir de su entorno inmediato a través de sueños y de la imaginación. El personaje teatral "soñador" y sustituto del autor imagina un mundo nuevo y un papel nuevo para sí mismo. Esta transfiguración de la realidad se produce por medio del lenguaje, y el poder de las palabras está en el centro del cosmos literario de Arlt, un cosmos de falsificación en que todo, el dinero, la personalidad, el amor, el lenguaje mismo, es enmascarado y falsificado. Si la obra literaria de Arlt está en general unificada por la idea de la teatralidad, sus obras teatrales más significativas desarrollan esta idea en la dirección de la metateatralidad.

I. TEATRO, LENGUAJE, PRESENCIA

Para lograr una identidad propia, los oprimidos antihéroes de Arlt luchan, apropiándose de diferentes formas literarias, tanto de la literatura alta como de la literatura baja, para compensar su privación cultural, como ha observado Beatriz Sarlo: "El folletín, las traducciones españolas de los autores rusos, la novela sentimental, Ponson du Terrail, Dostoievski y Andréiev entraban en ese proceso gigantesco de canibalización y deformación, de perfeccionamiento y de parodia que es la escritura arltiana" (Sarlo 1988: 53). Estos autores fueron leídos por Arlt en la traducción española y fueron muy importantes por su apropiación de esta lengua, puesto que era hijo de inmigrantes europeos[2]. En este sentido, el lenguaje literario se convierte en una forma privilegiada de apropiación del mundo. Por ejemplo, en la primera novela de Arlt, *El juguete rabioso*

---

[1] Como escribe Paul Jordan: "Although characters are present in the sense that names are associated with attributes, there are in this novel no characters in the sense of discrete representations of individual beings" (2000: 43). Oscar Masotta habla del "carácter poco novelístico de los personajes" (1982: 18). Cf. Capdevila 1993.

[2] Acerca de las lecturas de Arlt, cf. Hayes 1981: 882; Tassi 2007.

(1926), la adopción de una sucesión de diferentes máscaras sociales por parte del protagonista Silvio Astier lo lleva a preguntarse sobre su verdadera identidad, ahondada como resultado de la teatralización y la fragmentación de su vida. Si bien la narración de episodios de su vida puede haberse inspirado en su lectura entusiasta de las obras de Ponson du Terrail, sin embargo, la autoafirmación de los personajes no se realiza en el campo de la cultura tradicional, sino por medio de un saber técnico y práctico y también a través de las promesas imaginativas de la literatura folletinesca[3].

Es precisamente la dimensión de una proyección fantástica que promete una especie de liberación de la sombría realidad de la vida de los personajes. También en *Los siete locos* los personajes se muestran "imitadores" en la línea de modelos literarios, aunque aquí la realidad se muestra menos maravillosa. Esta perspectiva utópica podría considerarse como la contrapartida de la angustia urbana de Erdosain, el terreno inestable de su identidad, la ausencia de sentido y la contingencia de la ciudad. La idea de la representación de la "revolución" es la expresión más compleja de la teatralidad en la novela. La metáfora teatral se concibe como un comentario acerca de la arbitrariedad en el contexto de la movilización política y, al mismo tiempo, acerca del carácter teatral de la política en general: "Este no fue nada más que un ensayo [...] ya que representaremos la comedia en serio algún día" (Arlt, R. 2000: 140).

El hecho de la reorientación literaria de Arlt, de la novela al teatro, es decir, de la novela teatral al drama novelesco, no puede ciertamente ser reducido a la cuestión del éxito económico. De hecho, el Teatro del Pueblo, dirigido por Leónidas Barletta, fue concebido para promover un teatro decididamente anticomercial, una moderada vanguardia teatral, un objetivo que quedó reforzado por la aparición del cine en medio de una crisis económica —del nuevo medio del cine, que acaba ocupando la función del teatro y de la literatura popular[4]—. Además, en esa época el género popular del radio-teatro fue un proveedor de ficciones melodramáticas, seguidas especialmente por el público femenino. En esa nueva constelación mediática, Arlt, aunque influido en cierta medida por el cine expresionista, se aproximó al teatro por la posibilidad de evitar toda mediación a favor de una relación más directa con el público[5]. Es sabido que Arlt

---

3   Arlt 2001; cf. Sarlo 1988: 58-59.
4   Nelle 2001. Sobre la relación entre literatura y cine en Arlt, cf. Bongers 2004.
5   Goloboff (1989: 87) señala: "Un desenvolvimiento interno casi obligado lo alienta, muy probablemente, a encontrar en la escena el marco adecuado para la extraversión y el tratamiento de sus temas fundamentales. Agréganse, pensamos, razones que podríamos llamar de sociología literaria, y que también nos resultan fuertemente deci-

modificaba sus textos teatrales hasta el momento de la actuación y así podemos hablar de una aproximación ideal de imaginación y representación, invención y presencia (Castagnino 1964: 19). El contacto inicial de Arlt con el teatro de Barletta consistió en la propuesta de este último de dramatizar un episodio de *Los siete locos* (con el título "El humillado") (Castagnino 1964: 24). En ese sentido, se podría decir que Arlt, como sus propios protagonistas, quiere convertir las imágenes mentales en seres corporales, para representarlos sobre el escenario. Este doble proceso de hacer presente es, de hecho, fundamental para la estructura de sus obras teatrales más significativas y el deseo "teatral" de presencia distingue a casi todos los protagonistas de Arlt (Matzat 2008; Russi 1990)[6]. Sin embargo, solo en el teatro se puede mostrar directamente esa relación dialéctica entre presencia corporal y estado de sueño, de irrealidad.

Paso a continuación a analizar brevemente dos de las obras teatrales más conocidas de Arlt, *Trescientos millones* y *Saverio el Cruel*. En ambos casos, y en la obra de Arlt en general, es la figura del inmigrante europeo la que llega a encarnar el problema de la desorientación y de la alienación urbana. Sin embargo, y un poco en contraste con sus novelas, las obras teatrales no se caracterizan por la heteroglosia lingüística, que incorpora el lunfardo o las inflexiones dialectales, sino que emplean el lenguaje en su forma estándar como fuerza modeladora de la ficción y de la realidad. En este sentido, quiero plantear aquí cómo los textos teatrales de Arlt usan el lenguaje para conjurar y hacer presente mundos alternativos, y cómo el autor se refiere a ciertos discursos preexistentes.

II. Trescientos millones

En su primera obra de teatro, *Trescientos millones*, la protagonista, una pobre sirvienta española, quiere escapar de su modesta realidad, enfrentándose con figuras fantásticas que pueden ser vistas como representaciones corporales de su propia imaginación[7]. La idea de esta obra llegó a Arlt en 1927 a través de su ac-

---

sivas en nuestro autor: una preocupación muy grande por mantener contactos más estrechos, directos, inmediatos, con el público". Cf. también Nelle 2001: 132.

[6] Nelle (2001: 131) observa: "Como medio, el teatro parece realizar lo que los protagonistas de Arlt andan buscando: presencia, ya que las piezas de Arlt así como sus novelas ponen en tela de juicio el problema de la autenticidad". Cf. Gumbrecht 2004; 2005.

[7] Un paralelo muy interesante con *Los siete locos* es una escena con Hipólita (la mujer de Ergueta): "Su cuarto de sirvienta se repoblaba de fantasmas insinuantes [...]" (Arlt, R. 2000: 293).

tividad como reportero policial del diario *Crítica*, cuando le tocó investigar el suicidio de la mujer y visitar su humilde alojamiento, donde había pasado sus últimas horas antes de arrojarse bajo un tranvía que pasaba delante de su lugar de trabajo:

> Un *examen ocular* de la cama de la criada permitió establecer que la sirvienta no se había acostado, suponiéndose con todo fundamento que ella pasó la noche sentada en su baúl de inmigrante (hacía un año que había llegado de España). Al salir la criada a la calle para arrojarse bajo el tranvía se olvidó de apagar la luz. / La suma de estos detalles me produjo una impresión profunda. Durante meses y meses caminé teniendo *ante los ojos el espectáculo* de una pobre muchacha triste... que sentada a la orilla de un baúl, en un cuartujo de paredes encaladas, piensa en su destino sin esperanza, al amarillo resplandor de una lámpara de veinticinco bujías (Arlt 1968: 51-52; el subrayado es mío).

Esta narración anecdótica sobre el origen de la obra teatral de Arlt es muy significativa, yo creo, en relación con el teatro de Arlt en general; de hecho, muchas de las piezas periodísticas de Arlt, especialmente las famosas *Aguafuertes porteñas*, se distinguen por una fuerte dosis de teatralidad[8]. El punto de origen se encuentra en la investigación local del periodista, que pasa del cuerpo muerto bajo el tranvía a la habitación vacía, que conserva, aunque solo sea de manera negativa, las huellas del cuerpo ausente. Este cuerpo ausente, entonces, se hace presente a través del "espectáculo" que aparece "ante los ojos" interiores del observador/espectador Arlt-reportero y, finalmente, a través de esta misma narración, ante los ojos del propio lector. Como dramaturgo, Arlt da cuerpo a la presencia de esta figura que a su vez se define a través de su producción mental de cuerpos irreales. En otras palabras, el teatro de Arlt se nutre de un movimiento de ausencia-presencia que está, a pesar de su carácter fantasmagórico, basado, en última instancia, en una experiencia (imaginada) de la realidad urbana. Sin embargo, este origen de la obra en la "realidad" no excluye el hecho de que la premisa básica de la noción de "soñar despierto" sea un *topos* literario (ya conocido en Cervantes y otros) que Arlt emplea aquí para sus propios fines, del mismo

---

8   Mavridis (2006: 7): "Otro procedimento de índole teatral fueron los diálogos desarollados tanto en sus cuentos como en sus novelas y aguafuertes. Los personajes dialogan entre sí utilizando ritmos dramatúrgicos, prácticamente escénicos. [...] A menudo la composición textual elegida por Arlt indica esta asociación, puesto que utiliza los nombres de los personajes asignándolos su turno de palabra como en un guión o dividiendo sus textos en pequeños cuadros".

modo que en general toma la idea del sueño como constitutivo para la identidad personal[9].

Como ya indica el título de la obra, *Trescientos millones*, la imaginación de los inmigrantes gira alrededor del poder simbólico del dinero, es decir, el medio que les permite imitar los gustos culturales de las clases ricas. La idea del deseo mediatizado es, por supuesto, ya conocida en obras clásicas de la literatura, como *Don Quijote* y *Madame Bovary*. Como una especie de Madame Bovary de las clases bajas, la Sirvienta ha leído solo los cuarenta volúmenes de la serie de Rocambole, de Ponson du Terrail, pero no es solo la lectora, sino en cierta manera también "la autora", la espectadora y la directora de las figuras materializadas y surgidas de su imaginación. Sin embargo, su función de autoría se reduce por haberse nutrido de clichés, estereotipos melodramáticos y románticos. Este punto queda dramatizado por el hecho de que los personajes imaginados conservan su propia autonomía, como representaciones eternas de un estereotipo literario-teatral, con el que entran en conflicto. Por ejemplo, cuando la figura del amante romántico (el Galán) no se presenta como imaginado por la Sirvienta, esta le propone cambiar los papeles y le muestra cómo actuar correctamente (Arlt 1968: 75). Además, los personajes imaginados acusan a la Sirvienta de tener una "imaginación plebeya" (Arlt 1968: 87). De hecho, esa autonomía teatral de los personajes que hablan con su propia "autora" se ha asociado con la revolución teatral de Luigi Pirandello, que visitó dos veces la Argentina (1927, 1933) y al que se le reconoce una enorme influencia en el desarrollo del teatro argentino. Aunque el mismo Arlt negó cualquier influencia directa[10], la similitud de su teatro con el de Pirandello incluye, además del conflicto entre el personaje y el autor, los límites inciertos entre la realidad y la ilusión, y la relatividad de la locura y la cordura.

III. *SAVERIO EL CRUEL*

La influencia de Pirandello es especialmente obvia en la obra teatral más completa y celebrada de Arlt, *Saverio el Cruel* (1936); como *Los siete locos*, y aún

---

[9]   Cf. Castagnino 1964: 25-26.
[10] Cf. Mirta Arlt, "Prólogo" (2000: 825): "Este personaje [Erdosain-Arlt] es profundamente argentino, y dentro de la Argentina ciudadano, y, como ciudadano específicamente porteño. Y sin embargo este hombre tan nuestro se vincula por su actitud hacia lo divino y lo social con el hombre de otras latitudes pero de la misma época [...] los seis personajes de pirandelianos anticipan en pocos años la temática de *Los siete locos*". Cf. Troiano 1974; Millet 1987; Pelletieri 1997.

más que *Enrique IV*, de Pirandello, es una exploración de la relatividad de la locura y de la realidad. Un grupo de jóvenes de la burguesía porteña se burla de Saverio, inmigrante italiano, mantequero de profesión, haciéndole creer que su amiga Susana está loca y se piensa a sí misma como una reina destronada. Supuestamente, según sugerencia de su amigo Pedro, que pretende ser un médico psiquiátrico, el único remedio para curar su locura consiste en degollar al coronel, que la perseguía en el mundo de su demencia. La clave dramática de la pieza teatral consiste en el hecho de que Saverio se va identificando progresivamente con el coronel, el papel del dictador moderno: el mundo del sueño se convierte en su propia "realidad" —frente a la perplejidad de los otros personajes, especialmente cuando erige una "verdadera" guillotina en su cuarto y hace planos para importar armas militares—. Las extrañas fantasías autoritarias de Saverio recuerdan una escena de *Los siete locos*, en la que Erdosain, caminando en dirección a casa del Astrólogo, tiene ciertas fantasías de ser un fuerte "jefe de industrias" que despedirá a sus empleados si se niegan a trabajar y "voluptuosamente" repite un dicho de Lenin: "¡Qué diablo de revolución es ésta si no fusilamos a nadie!" (Arlt, R. 2000: 198-99). En ambos casos, entonces, Arlt se muestra interesado en la violencia dictatorial y autoritaria principalmente como un fenómeno que ofrece al marginado social una posibilidad fantasmagórica de autotransformación o "apropiación del mundo"[11].

La ficción del drama dentro del drama consiste en que Susana, supuestamente enloquecida, puede ser curada a través de la confrontación con una versión simulada del reino de fábula, que ella se imagina habitar, como resultado de su "exceso de lecturas... una gran anemia cerebral" (1968: 53). La representación dramática de este reino de la fábula está claramente diferenciada en términos lingüísticos y, por lo tanto, se hace eco, aun en un registro diferente, de la oposición cómica entre los diferentes registros lingüísticos en el género del *grotesco criollo*, tal como lo practicaba el dramaturgo Armando Discépolo. Si bien la figura de Saverio (el nombre aparece ya en el drama *El organito*, 1925, colaboración de Armando y Enrique Santos Discépolo) no aparece marcado lingüísticamente como inmigrante italiano, su apariencia física estereotipada recuerda a un público contemporáneo el legado de este personaje en la tradición del *grotesco criollo* y, por lo tanto, refuerza el contraste social con los otros personajes, los hijos e hijas de la burguesía porteña. Este contraste social implícito es obviamente reforzado por el hecho de que Saverio es un humilde comerciante de manteca. Sin embargo, este oficio no solo marca el estatus social de Save-

---

11   Gumbrecht 2004: 87; cf. Gumbrecht 2005.

rio: cuando los jóvenes tratan de incluir a Saverio para su representación, este destaca que la manteca constituye el fondo de su realidad —en oposición a una noción de la lengua mucho más resbaladiza: "La manteca es una realidad, mientras que lo otro son palabras", "Me confunden sus palabras, señorita" (Arlt 1968: 56)—. En su conversación con Simona, la empleada de su casa, que ya lo ve en el camino hacia la locura, Saverio critica su incompetencia política ("tu absoluta falta de sentido político"), mientras que Simona entiende su salida del comercio de la manteca por la política como "dejar lo seguro por lo dudoso" (Arlt 1968: 60). Como muchos de los otros antihéroes de Arlt, Saverio expresa el deseo de una transformación rápida y maravillosa de su existencia, y su transformación en un dictador todopoderoso. Tal transformación se produce en primer lugar por medio del lenguaje: "Hablo como un director de pueblos" (Arlt 1968: 61). En contraste con la imitación literaria de Susana, Saverio encarna el papel del dictador en conformidad con un significado cultural que comenzó a circular ampliamente durante los años veinte. En julio de 1936 Arlt estaba de vuelta de una visita en España, donde observó eventos que acabaron causando la guerra civil. Al regresar a la Argentina, no ignora las simpatías por Hitler y Mussolini entre los representantes del sector militar (Salzman 2000: 79).

Tanto Susana como Saverio, en sus respectivos modos de representación metateatral, utilizan un lenguaje que se distingue en algo de la norma argentina; así, en lugar de los marcadores gramaticales típicos del porteño común (*vos*), utilizan las formas *tú* y *vosotros* y sus respectivas formas verbales. En el caso de Susana, que "está caracterizada a lo protagonista de tragedia antigua" (Arlt 1968: 75), en su lenguaje se reconoce la influencia de la retórica de la literatura melodramática, folletinesca y pastoral: "¿A qué pruebas pretendes someter a una tímida jovencita? Pernocto indefensa en panoramas hostiles" (Arlt 1968: 80). En el caso de Saverio, es el lenguaje retórico, ceremonial y maquiavélico del poder político absoluto: "Simona, no seas irrespetuosa con un hijo de Marte" (Arlt 1968: 72).

Es precisamente esta yuxtaposición paralela de registros lingüísticos diferentes lo que revela el potencial ficticio y teatral del discurso político. Cuando, hacia el final de la obra, Saverio descubre que ha sido víctima de una farsa ("burla"), se enfrenta a Susana (quien ahora paradójicamente muestra huellas de locura verdadera), ya que él ahora comprende la ilusión engañosa del lenguaje. Saverio cree que adivina las intenciones manipuladoras de Susana, que ella es solo "una sombra cargada de palabras" (Arlt 1968: 83): "Comprenderá entonces que no puedo tomar en serio las estupideces que está usted diciendo. (Al escuchar estas palabras, todos retroceden como si recibieran bofetadas)".

La abdicación por parte de Saverio al trono imaginario, después de haberse identificado momentáneamente con la figura del tirano, conduce al descubrimiento de lo que él mismo llama su "drama" ("¿Comprende mi drama?," Arlt 1968: 83). Su verdadero "drama" consiste no solamente en el hecho de que la fantasía se revela como una mentira ("He descubierto que cien fantasmas no valen un hombre", Arlt 1968: 83), sino también en la diferencia irreconciliable entre su realidad social y la "realidad violenta" representada por su actuación. La "crueldad" (de la cual acusa Susana a Saverio) consiste en el hecho de que Saverio no puede simplemente volver a ser un comerciante de manteca y ser ingenuo: "Mi drama es haber comprendido […] El decorado ya no me puede engañar" (Arlt 1968: 84). Mientras que para Susana y los otros personajes el juego no era más que "un capricho", para Saverio esto significa un momento de descubrimiento, a saber, su nueva capacidad de ver a través de las falsas palabras del discurso político. Por lo tanto, *Saverio el Cruel* puede ser comparado con *Los siete locos*, donde, como Fernando Rosenberg (2006) ha señalado, Arlt se dedica a poner al descubierto los cimientos dramáticos y espectaculares de la política. En *Los siete locos*, por ejemplo, el "mayor" describe su propio papel ambiguo con la afirmación de que el parlamentarismo en la América Latina equivale a "la comedia más grotesca" (Arlt 2000: 224). Menos convincentemente, el final del drama enfatiza también el desengaño de Saverio, quien, por haber representado a un dictador, ahora está supuestamente protegido contra la tentación del poder (Arlt 1968: 84). Al final del drama, Susana, quien ahora se muestra loca *de verdad*, mata a Saverio acusándolo de que es *en verdad* un dictador disfrazado de mantequero. Como en el teatro de Pirandello, donde los elementos trágicos irrumpen en el mundo de la farsa, *Saverio el Cruel* también pasa de la farsa a la tragedia y sutura en esta manera el divorcio entre ficción y realidad, con la presencia indudable de un cuerpo físico sobre el palco, un cuerpo "muerto", que es, por supuesto, representado por un actor vivo.

Como dijimos, el núcleo de *Saverio el Cruel* consiste en el hecho de que el protagonista se va identificando cada vez más con su papel de coronel, el papel del dictador moderno, y que el sueño se convierte en su propia realidad, causando la perplejidad de los otros personajes. De nuevo, como en *Trescientos millones*, tenemos aquí una tensión entre la ficción-como-liberación y el problema de la "comedia" social que nos confina a un "imperio de la mentira". Sin embargo, en última instancia, el impulso de fusionar lo artificial y lo auténtico como "vida" no puede ocultar que el teatro de Arlt contiene una importante diferencia con respecto a otras tentativas de imaginar un teatro antinaturalista, en particular el teatro de Pirandello y Artaud, con sus utopías de crear un teatro no como la reproducción, sino como el "doble" de la vida (Donati 1993: 215-20; Berg 2001; Matzat 2008: 180). En Arlt, el impulso romántico-utópico se encuentra en el nivel del protagonista y no en el nivel del autor, quien, por el contrario, está empeñado en mostrar cómo el deseo de presencia es el resultado de las convenciones sociales y culturales, conformado por diferentes idiomas y medios de comunicación. Sin embargo, esa dimensión crítica no debe interpretarse como una denuncia de la "imaginación plebeya". Los antihéroes de Arlt no tienen otro remedio que el de fabricar e "inventar" sus identidades a través de la adopción —o el robo— del lenguaje literario y, de esta manera, de transformar sus vidas (Unruh 1994: 183). Los personajes de Arlt oscilan entre el deseo de liberación y el fracaso.

BIBLIOGRAFÍA

ARLT, Roberto (1968): *Teatro completo*, vol. 1-2, presentación por Mirta Arlt. Buenos Aires: Schapire.

— (1992): *Los siete locos*, ed. Flora Guzmán. Madrid: Cátedra.

— (2000): *Los siete locos. Los lanzallamas*, ed. Mario Goloboff. Madrid *et al.*: ALLCA XX: Colección Archivos.

— (2001): *El juguete rabioso*. Madrid: Cátedra.

ARLT, Mirta (2000): "La locura de la realidad en la ficción de Arlt", en: Pelletieri, Osvaldo (ed.): *Roberto Arlt: dramaturgia y teatro independiente*. Buenos Aires: Galerna, 13-24.

BERG, Walter Bruno (2001): "Roberto Arlt: ¿autor de un teatro de crueldad?", en: Morales Saravia, José/Schuchard, Barbara (eds.): *Roberto Arlt. Una modernidad argentina*. Madrid/Frankfurt am Main: Iberoamericana/Vervuert, 139-156.

BONGERS, Wolfgang (2004): "'El oro que no lo es: La Rosa de Cobre' — Großstadt, Technik und Kino als intermediale Parameter in den Texten von Roberto Arlt", en: Felten, Uta/Roloff, Volker (eds.): *Spielformen der Intermedialität im spanischen und lateinamerikanischen Surrealismus*. Bielefeld: transcript, 177-198.

CAPDEVILA, Analía (1993): "Sobre la teatralidad en la narrativa de Arlt", en: *Cuadernos Hispanoamericanos: los complementarios* 11, 53-57.

CASTAGNINO, Raúl (1964): *El teatro de Roberto Arlt*. La Plata: Universidad Nacional de la Plata.

DONATI, Corrado (1993): *Il sogno e la ragione. Saggi pirandelliani*. Napoli: Edizioni Scientifiche Italiane.

GOLOBOFF, Gerardo Mario (1989): *Genio y figura de Roberto Arlt*. Buenos Aires: Eudeba.

GUMBRECHT, Hans Ulrich (2004): *The Production of Presence*. Stanford: Stanford University Press.

— (2005): "Producción de futuro — y de presencia: una nueva aproximación a las vanguardias españolas de los años 1920", en: Albert, Mechthild (ed.): *Vanguardia española e intermedialidad. Artes escénicas, cine y radio*. Madrid/Frankfurt am Main: Iberoamericana/Vervuert, 19-36.

HAYES, Aden W. (1981): *Roberto Arlt: La estrategia de su ficción*. London: Tamesis Books.

JORDAN, Paul (2000): *Roberto Arlt: A Narrative Journey*. London: King's College London, Department of Spanish & Spanish-American Studies.

MASOTTA, Oscar (1982): *Sexo y traición en Roberto Arlt*. Buenos Aires: Jorge Álvarez.

MATZAT, Wolfgang (2008): "Funciones de metateatralidad en los dramas de Roberto Arlt", en: Nitsch, Wolfram/Chihaia, Matei/Torres, Alejandra (eds.): *Ficciones de los medios en la periferia. Técnicas de comunicación en la literatura hispanoamericana moderna*. Köln: Universitäts- und Stadtbibliothek, [Kölner elektronische Schriftenreihe, 1], 171-182.

MAVRIDIS, Spyridon (2006): "Roberto Arlt: fundador del teatro independiente", en: *Espéculo. Revista de estudios literarios*. Universidad Complutense de Madrid, <http://www.ucm.es/info/especulo/numero33/teatarlt.html>.

MILLET, Gabriel Cacho (1987): *Pirandello in Argentina*. Palermo: Novecento.

NELLE, Florian (2001): "Roberto Arlt y el gesto del teatro", en: Morales Saravia, José/Schuchard, Barbara (eds.): *Arlt, Roberto. Una modernidad argentina*. Madrid/Frankfurt am Main: Iberoamericana/Vervuert, 125-138.

PELLETIERI, Osvaldo (ed.) (1997): *Pirandello y el teatro argentino (1920-1990)*. Buenos Aires: Galerna.

ROSENBERG, Fernando J. (2006): *The Avantgarde and Geopolitics in Latin America*. Pittsburgh: University of Pittsburgh Press.

RUSSI, David P. (1990): "Metatheatre: Roberto Arlt's Vehicle toward the Public's Awareness of an Art Form", en: *Latin American Theatre Review* 24.1, 66-75.

SALZMAN, Isidro (2000): "Una lectura de la obra dramática de Roberto Arlt en el contexto de la década del 30", en: Pelletieri, Osvaldo (ed.): *Roberto Arlt: dramaturgia y teatro independiente*. Buenos Aires: Galerna, 69-83.

SARLO, Beatriz (1988): *Una modernidad periférica: Buenos Aires 1920 y 1930*. Buenos Aires: Nueva Visión.

TASSI, Loris (2007): *Variazioni sul tema della letteratura. L'opera di Roberto Arlt*. Roma: Aracne.

TRASTOY, Beatriz (1997): "Pirandello en la Argentina de los años '30. Clima Cultural: Juicios y Prejuicios", en: Pelletieri, Osvaldo (ed.): *Pirandello y el teatro argentino (1920-1990)*. Buenos Aires: Galerna, 49-56.

TROIANO, James (1974): "Pirandellism in the Theatre of Roberto Arlt", en: *Latin American Theatre Review* 8.1, 37-44.

UNRUH, Vicky (1994): *Latin American Vanguards. The Art of Contentious Encounters*. Berkeley: University of California Press.

Desvíos de "la lengua de la calle" "Palabras lustrosas", periodismo internacional, estilización y ciudades reescritas en Roberto Arlt

Laura Juárez

> ...el periodismo es siempre una teoría del lenguaje.
> (Piglia 2009: 11).

> ...y el terciopelo de esas palabras inusitadas, lustrosas, afelpadas como bemoles, continuaba poniendo conmoción a sus sensorios.
> (Roberto Arlt, "Al borde del gran misterio", 2009: 305).

> ...a veces un concierto de tenues palabras refleja una realidad tremenda.
> (Roberto Arlt, "Termina un año terrible, ¿y el que viene?", 2009: 353).

RESUMEN

Dos ideas inscriptas de modo más o menos solapado en el rutilante y agónico prólogo de Roberto Arlt a *Los lanzallamas*, su admiración por el estilo de Flaubert y su atracción enfática y "ardiente" por la "belleza", pueden ser repensadas si se enfocan sus textos de los años treinta; ideas eclipsadas por las imágenes fuertes del "escritor torturado", que escribía mal, el "artista fracasado" e incomprendido y ocupado por "la sociedad que se desmorona". El artículo inda-

ga algunas de las formas peculiares de lo que puede considerarse un desvío lingüístico en ese Arlt de los años treinta. Esto puede leerse de diferentes formas
en las notas periodísticas que publica en sus columnas "Tiempos presentes" y
"Al margen del cable" (1937-1942), pues en esas crónicas se hace patente un pasaje más o menos concreto y claro entre lo que se ha denominado la "lengua
plebeya" de las *Aguafuertes porteñas* (y también de las novelas) y lo que podría
designarse como un tono reposado, de mezcla cultural (y lingüística), de ciudades (muchas internacionales) reescritas; menos transgresivo, más estilizado y
menos agónico y confrontador. Las crónicas consideradas ponen de manifiesto,
de modo contundente, ciertos cambios en la literatura de Arlt y de qué modo el
registro y el repertorio lingüístico de sus primeras obras, vinculado muy estrechamente al referente urbano porteño, se distancia de diferentes modos y resignifica los moldes previos.

Desde los últimos tiempos, buena parte de los estudios sobre Roberto Arlt
tienden a deslocalizarse del análisis particularizado de su novelística y de cierta tendencia de la crítica, más habitual en años anteriores, concentrada en las
formas del "cross a la mandíbula" social de Arlt. También se ha desplazado
con suficiente contundencia esa mirada bastante inicial en los enfoques sobre
su literatura, signada en desmontar las imágenes y las marcas del escritor "fracasado" e "incomprendido", antagonista polémico e "iletrado". Reaparecen
así, más recientemente, con insistencia y mayor visibilidad, otras zonas de su
escritura (las crónicas, el teatro, los cuentos) que convergen en diferentes focos de análisis cuyos efectos, a la vez que descentran el lugar de la novela como
la materia textual principal y única (o bastante excluyente en el análisis de "lo
arltiano"), contribuyen a reconsiderar su obra en diversos sentidos en relación
con los contextos culturales particulares y complejos de su inserción y producción.

Este trabajo se inscribe en esta línea para reflexionar acerca del modo en que
ciertas zonas de su textualidad, bastante eclipsadas durante muchos años por la
solvencia y profusión de lecturas críticas sobre el denominado "primer Arlt"[1],

---

[1]   Adolfo Prieto, muy tempranamente, enmarca la producción de Arlt en dos ciclos. El
       primero de ellos correspondería a la etapa realista, "dominad[a] [...] por la concep-
       ción de una literatura 'con la violencia de un cross a la mandíbula'", y el segundo, ca-
       racterizado por un abandono de la voluntad realista, por una búsqueda expresiva de
       lo imaginario por sí mismo e interés en expresar estados de conciencia individual, y
       por un impulso estilístico de parte de Arlt tendiente a atenuar las críticas que había

permiten repensar muchos de los lugares comúnmente asignados a su producción: las fuertes imágenes del "escritor torturado", desinteresado por el estilo, que escribía mal, confinado lector de malas traducciones y de español "dudoso", del "artista fracasado" e incomprendido, agobiado por "la sociedad que se desmorona" y antagonista pertinaz. Estas representaciones, tópicos y definiciones sobre la literatura de Arlt y sobre su figura (certeras, sin duda, en muchos casos, pero también imprecisas o dudosamente insuficientes si se sale de sus novelas y aguafuertes) pueden ser reconsiderados y evaluados en su complejidad si se enfocan sus textos de los años treinta.

Efectivamente, en el transcurso de diez años que se inicia en 1932 se abre un nuevo período en su literatura marcado por el teatro, la cuentística y un nuevo modelo de intervención periodística asociado a los viajes, al registro del presente y a los cables de noticias. En lo genérico, por lo fantástico y lo maravilloso, el relato de aventuras, el policial y las narraciones de espionaje. Estos textos permiten indagar cómo cambia su obra en los años treinta y las distintas maneras en que puede verse un intento de jerarquización en los relatos, crónicas y obras teatrales de esta época. En este tramo de una década aparece "otro Arlt", diferente del "escritor antagonista" siempre opuesto a lo establecido que se define polémica y elocuentemente en las "Palabras Preliminares" de *Los lanzallamas*, en las aguafuertes y en muchas de sus intervenciones como escritor y periodista[2].

_____

recibido acerca de su estilo (Prieto 1978: 27. Véase, también, Prieto 1963).

[2]   Este trabajo retoma una de las hipótesis que trabajé en mi libro sobre Arlt y avanza sobre un punto que no desarrollé allí para indagar sobre el tema que convocó, en diciembre de 2010, la reflexión del coloquio en Freiburg: la lengua de Arlt y los espacios urbanos. Esa tesis tiene que ver con la propuesta de que la literatura de Arlt cambia y se redefine en la década del treinta y que sus textos, aunque mantienen algunos de sus rasgos, también se reestructuran en estos años, ensayan diferentes formas de legitimación, se aproximan a posiciones prestigiosas (o que Arlt percibe como prestigiosas, como el modernismo y cierto cuidado del estilo) y se acercan, a su vez, a los sectores que en ese tiempo promovían las tendencias estéticas que en la década siguiente obtendrían la primacía en el campo de las letras. En ese movimiento, sus obras conservan algunas de sus normas y preocupaciones anteriores (la búsqueda de un público amplio, por ejemplo), pero estas entran en una tensión que las reubica o transforma. En este período de una década (1932-1942), cabe aclarar que el año 1932 resulta el punto clave del cambio, pues constituye el momento en el que Arlt cierra el ciclo novelístico —*El amor brujo* (1932) es su última novela publicada— y ese mismo año es también el de su ingreso a la producción dramática con una adaptación de "El humillado", fragmento de *Los siete locos*. Desde 1932 y hasta 1942 escribe y representa, principalmente, obras de teatro, publica una serie muy varia-

En el conjunto de estos desplazamientos puede decirse que muchos de sus escritos se "estilizan" (en el sentido de incorporar una búsqueda estética y rasgos que lo acerquen a cierto lugar de reconocimiento más alto) a la vez que se alejan y neutralizan —aunque no anulan, sino que resignifican— algunas de las formas del "estilo de Arlt" o aquello que ha fundado de modo cabal y descrito su peculiaridad; lo que le ha conferido, ciertamente, una caracterización destacada y tópica en la literatura argentina: una propuesta escrituraria caracterizada por la excentricidad y la mezcla (de lo alto y de lo bajo, como por ejemplo el lunfardo y el diccionario de filología); por los usos de un lenguaje técnico, geométrico, expresionista; la apelación al coloquialismo, a la oralidad callejera, delictiva y carcelaria, inmigrante y lunfarda; una voz frenética y violenta, de oposición a las formas hegemónicas, desafectada en su confesión de la despreocupación por el estilo, plagada de impacto, disconformidad y desconfianza hacia los parámetros establecidos. Literatura delincuente (por lo rupturista en los temas y en la lengua), de quiebres y "cross a la mandíbula", la de Arlt; así se define en los años veinte.

Para estudiar algunas de las formas peculiares de ese desplazamiento en los treinta interesa focalizar en lo que puede considerarse también *un desvío lingüístico en Arlt*. Esto se lee de diferentes formas (aunque no solamente allí) en las notas periodísticas que publica en sus columnas "Tiempos presentes" y "Al margen del cable" (1937-1942), pues en esas crónicas se hace patente un pasaje más o menos concreto y claro entre lo que se ha denominado la "lengua plebeya" de las *Aguafuertes porteñas* (y también de las novelas) y lo que podría designarse como un tono reposado, de mezcla cultural (y lingüística), de ciudades (muchas internacionales) reescritas, menos transgresivo, más estilizado y me-

---

da de relatos que aparecen en su mayoría en revistas de la época (y de los cuales solamente edita en libro un grupo menor en *El jorobadito*, de 1933, y en *El criador de gorilas*, de 1941) y continúa su colaboración en el diario *El Mundo* con las notas que desde 1928 imprimen un sello peculiar a su columna periodística. En este tramo, a su vez, sus obras se modifican y aparecen nuevos modos de representación que si bien en muchos casos están en germen en los textos previos, se distancian de los que Arlt había impulsado y promovido a partir de los años veinte con "Las ciencias ocultas en la ciudad de Buenos Aires" (1920), *El juguete rabioso* (1926) y *Los siete locos-Los lanzallamas* (1929-1931). Lo fantástico, lo maravilloso, el relato de viajes y aventuras, el policial y las narraciones de espionaje son algunos de esos modos. Por lo tanto, en esta segunda etapa de su producción, la literatura de Arlt presenta una textualidad que problematiza su literatura previa y que cuestiona algunos de los tópicos de la crítica cuyas certezas se sostienen al soslayar este período en sus análisis. Véase: *Roberto Arlt en los años treinta* (Juárez 2010).

nos agónico y confrontador. Las crónicas consideradas ponen de manifiesto, de modo contundente, ciertos cambios en la literatura de Arlt y de qué forma el registro y el repertorio lingüístico de sus primeras obras, vinculado muy estrechamente al referente urbano porteño, se distancia de diferentes modos y resignifica los moldes previos.

Como es sabido, desde los años veinte uno de los focos polémicos que atraviesan la propuesta escrituraria de Arlt, que se define básica y concretamente en *El juguete rabioso*, las *Aguafuertes porteñas* y el prólogo a *Los lanzallamas*, se relaciona con la incorporación en la literatura y el periodismo de modos de expresión del español relacionados con lo que Arlt denomina la "lengua de la calle" o "el idioma de los argentinos" (que se sabe que no es el que Borges así designa por esos años). Al lenguaje expresionista, geométrico y técnico de Arlt (o saturado de saber tecnológico) que se hace patente en muchos pasajes de sus novelas y a la lengua que "delata" sus lecturas en malas traducciones del español -que, como dice Ricardo Piglia, dejan sus marcas, por ejemplo, en el "estilo sobreactuado" de algunos pasajes de *El juguete rabioso* (Piglia 1993: 13)-, se suman en los años veinte los usos del voseo y el coloquialismo y un tipo de textos que insiste en expresiones de la oralidad popular, porteña y callejera, con gran apelación al vocabulario lunfardo: "jetra" ('traje'), "trompa" ('patrón'), "javie" ('vieja, madre'), "yuta" ('policía'), "bondi" ('tranvía'), "cana" ('la policía, la cárcel'), "bacán" ('persona adinerada'), "andar seco" ('andar sin dinero'), "batí" ('decí'), "biaba" ('paliza'), "bulín" ('cuarto'), "cachar" ('sorprender') insisten en las páginas de Arlt. Una aguafuerte que condensa muchas expresiones de este tipo es "El facineroso", texto en el que la enunciación del cronista se mimetiza con el lenguaje del mundo del delito que refiere y se confunde con los modos de expresión del sujeto-objeto del enunciado y de la reflexión de la nota, el habla del facineroso:

> La trabajó de prepotente hasta hace unos años por los barrios de extramuros, pero en las comisarías del deslinde le zurraron tantas veces la badana, que optó por emigrar. [...]
> Porra panzuda en la nuca [...] fue [...] un peón de playa, alguna vez y después se esgunfió. Desde entonces no trabaja. El robo le gusta poco, y a un trabajo de escalo con fractura, prefiere el alevoso golpe de furca y la puñalada trapera...[...]
> Estuvo algunos meses en Encauzados, aporreó a un guardián [...] En el escolazo se olvidó de la calle y de la libertad; salió, volvió a entrar por darle dos bifes a un gil; [...] salió, lo trincaron sin que hiciera nada y por no hacer nada lo raparon, le dieron unos lonjazos y lo pasaron a Contraventores. [...]

Un día lo procesaron por encubridor. Salió; le metieron la mula los tiras, y sin comerlo y sin beberlo, le cargaron un hurto con prueba, y volvió a entrar... (Arlt, "El facineroso" [2000: 17-18]).

También es muy significativa por la acumulación léxica y gramatical de "la lengua de la calle" la aguafuerte "Los reos y el fantasma":

Todos los reos de La Paternal están de gloria. Tienen ya un motivo para no acostarse antes de las cinco de la madrugada, con el grave pretexto de vicharlo al fantasma que apareció en la calle Maturín y San Blas y que le pegó un susto de órdago a un canchero que todavía sigue enfermo de la impresión. [...]
Al lado, un potrero, con barandal de madreselva. En el bardal un buraco. Por ese agujero el fantasma sacó un cuchillo. Y al ver el cuchillo, el cancherro [...] recibió tal jabón que casi se muere... [...]
No sé quién me pasa el chisme:
—El trompa quiere que se muera la mujer para quedarse solo con la casa.
Otro [...] se deschava [...]:
—Bueno... aquí los vigilantes están asustados con el fantasma. [...]
—Salta un vigilante más flaco y espiritado que un doble astral y que, por lo visto, es amigo de estos fiacas. Dice, medio retobado:
—Che... no todos los vigilantes somos "cartones" como ese payuca ¿sabés? [...]
—En esa casa hay una que labura de "espiritista". A mí no me engrupen (Arlt 2000: 74-75).

Lenguaje "delincuente" y canalla, usos del "che", del voseo y del vocabulario lunfardo, callejero y popular, esta incorporación efectiva en los textos, muy saturada en estos dos ejemplos, se complementa con la operación realizada en las notas periodísticas de los primeros años en las que Arlt, con un fuerte discurso polémico, defiende "el hermoso idioma popular" por considerarlo "verdadero", "vivo", "coloreado por matices extraños" y "comprensible para todos" (Arlt 1994: 32). Entabla allí, además, una discusión con quienes lo acusan de "rebajar" sus artículos "al cieno de la calle" (Arlt 1994: 31) y se opone a "los académicos" y a los "valores" literarios a quienes nadie lee "de tan aburridos que son": "Cuando un malandrín que le va a dar una puñalada en el pecho a un consorcio, le dice: 'te voy a dar un puntazo en la persiana' -argumenta el cronista- es mucho más elocuente que si dijera: 'voy a ubicar mi daga en su esternón'" (Arlt 1996: 141-143). Estos dichos se refuerzan por el tono provocativo de Arlt e irrespetuoso de los lugares establecidos, como por ejemplo cuando en medio de un discurso "acorde a la gramática" aparece un paréntesis en el que se aclara: "Me estoy portando bien, no uso términos del lunfardo ni meto la pata hasta el garrón" (Arlt 1996: 113). Efectivamente, en aguafuertes publicadas en

El Mundo tales como "La crónica N° 231" (diciembre de 1928), "Cómo quieren que les escriba" (septiembre de 1929), "Cómo se escribe una novela" (octubre de 1931), "El idioma de los argentinos" (enero de 1930), para mencionar algunas de las más significativas, entre otras, organiza una imagen de escritor y, tal como afirma Elsa Drucaroff, también arma un personaje sobre sí mismo. En esta imagen, que complementa y es frecuentemente reiterada en otras intervenciones —como en el prólogo a *Los lanzallamas*—, se describe y también justifica —aunque por el modo provocativo en que esto es enunciado parecería lo contrario— un "autor instintivo", un improvisado en la literatura. Es decir, Arlt en este punto aparece no solo como quien escribe "así nomás" (Arlt 1994: 31) y es un "pur sang" (pura sangre) (Arlt 1981: 143), sino además como quien aborrece cualquier método de trabajo, al modo de Dostoievsky, y, por lo tanto, es sustancialmente diferente de un Flaubert[3]. Por otra parte, hay aquí, claramente, una despreocupación deliberada por el estilo, pues la voluntad que prevalece es la de comunicarse con el público: "Converso así con ustedes [...] yo no soy ningún académico. Yo soy un hombre de la calle, de barrio, como usted y como tantos otros que andan por ahí", declara a sus lectores (Arlt 1994: 31), y también los aconseja: "Si Ud. tiene algo que decir, trate de hacerlo de modo que todos lo entiendan: desde el carrero hasta el estudioso" (Arlt 1994: 33).

En el transcurso entre las primeras aguafuertes y las últimas notas, y en un proceso que es índice de los cambios en las concepciones y en el estilo de Arlt en la última década de su producción, este tono polémico y confrontador sobre la lengua progresivamente se deja de lado y se efectúa de diferentes formas una atenuación y un borramiento de las marcas lingüísticas de lo que el escritor llamaba "el idioma de los argentinos"; las crónicas empiezan a suprimir, a su vez,

---

[3] En "Cómo se escribe una novela", y bajo el subtítulo "Modos de escribir una novela", sostiene el cronista: "Hay autores que trazan un plan estricto y no se apartan de él ni por broma.
    Ejemplo: Flaubert. Otros nunca pueden establecer si su novela terminará en una carnicería o en un casamiento. Ejemplo: Pirandello. Unos son tan ordenados que, fijan en su plan datos de esta categoría:
    'El personaje estornudará en la página 92, renglón 7'; y otros ignoran todo lo que harán. Es lo que le pasó a Dostoievski, cuya novela *El crimen y el castigo* fue en principio un cuento para una revista. Insensiblemente el cuento se transformó en una novela [...] El novelista 'pur sang' aborrece cordialmente el método (aunque lo acepte), los planes y todo aquello que signifique sujeción a una determinada conducta. Escribe de cualquier manera lo que lleva dentro [...].
    En el novelista instintivo, los personajes proporcionan sorpresas [...] A mí me pasó un caso curioso en *Los lanzallamas*" (Arlt 1981: 142-143).

las expresiones de la lengua "de la calle", de la lengua popular, mientras incrementan la incorporación de términos extranjeros e insisten en una sumatoria de recursos orientados a una ficcionalización y a una cierta estilización del discurso periodístico. Estos procesos desarticulan, a su vez, las imágenes de escritor ("improvisado", "pura sangre", "así nomás") antes comentadas.

En una de las primeras notas de la columna de 1937 "Tiempos Presentes", "El subsuelo del diablo", puede verse, como en muchas otras del período, un tipo de enunciación literaturizada. El texto, aparecido en abril de 1937, una época en la que Arlt ya comienza a señalar, con insistencia, cómo puede leerse en los avatares de ese presente la cercanía de otra posible devastadora y próxima guerra mundial, se inicia con una representación enumerativa y estilizada del espacio del puerto de Buenos Aires en un momento en que los barcos cargaban trigo para el extranjero:

> Dique 4, dique 3, dique 2...
> Barcos panzudos, sucios. Oficiales con cara de forajidos. En los entrepuertos, grumetes de rapada cabeza y sorprendida mirada. Cargan trigo.
> Barcos de proa alta, afilada, la pintura arrugada, como la concha de un galápago, en el casco.
> Hélices que aun conservan el fango de la rada. Cargan trigo.
> Lanchones, al pie de los gigantes, descargan trigo. Son grúas. Cargan trigo... […]
> Camino a lo largo de los diques del puerto. A lo largo de los elevadores. Algunos son redondos, en ladrillo rojo. Tienen la forma de órganos medievales. […]
> El maíz rojo se acumula junto a los rieles como una nieve dorada. Zumban las poleas en clave de fa. Silban las grúas de los vapores que horadan el espacio con clave de sol (Arlt 2009: 72).

Con un tono que ensaya el ritmo poético, y se distancia de una clase de sintaxis objetiva sobre lo real (la de muchos de los textos despojados del subjetivismo —del yo— que prevalecen en el registro del diario *El Mundo* en referencia a las noticias en esos años), aparece una descripción poetizante del espacio portuario, que apela al ritmo de la enumeración y de la anáfora y que presenta un tipo de enunciación disímil de los modos predominantes en las aguafuertes previas publicadas en ese mismo diario por Arlt, o cuyo énfasis lingüístico o intensidad se coloca en otro lado. No se trata de la incorporación de una lengua cercana a lo que el escritor llamaba el "caló" local, sino de la sumatoria insistente en formas expresivas más próximas a ciertas otras zonas de la ficción de Arlt. Elevadores del puerto que parecen "órganos medievales" y que disparan, en una apelación a la sinestesia, sonidos musicales ("zumban las poleas en clave de fa"); de esta manera, el periodismo de Arlt en las notas de "Tiempos presentes"

y "Al margen del cable" se distancia de algunos de los rasgos que caracteriza-
ban el estilo provocador en sus crónicas porteñas: "la lengua de la calle", "la filología lunfarda", la escritura descuidada del artista "pura sangre".

En otros textos se describen "ciudades hermosas" de Europa a punto de ser
devastadas por el efecto sangriento y mortífero de conflagración mundial. La
lengua estilizada y literaria ("las palabras lustrosas y afelpadas como bemoles")
con que el cronista se refiere y representa estas urbes del Viejo Continente hace
que se expliciten de modo más elocuente los efectos destructivos y la "amenaza" de los bombardeos que anuncian los tiempos. Así, por ejemplo, la nota "Y
entonces ¿qué les digo a mis muchachos?" se abre con un paisaje urbano cercano a la tarjeta postal que la crónica introduce en las primeras líneas (y en el que
retoma la mirada del viajero que, como escritor periodista, Arlt había delimita-
do muy claramente en su recorrido por España):

> Brienz, la patria de la talla de madera en Suiza, es un burgo esquinado entre pro-
> cesiones de pinos que descienden por las faldas del monte Axalp y las cascadas de
> florecillas y nieve que ruedan por las vertientes del monte Rothorn. Frente a los te-
> jados de piedra de Brienz, extiende un lago su llanura de topacio. Los hoteles, vistos
> desde la cresta de las montañas, parecen casas de muñecas (Arlt 2009: 470).

La mirada descriptiva y paisajística que Arlt inaugura en el viaje a España
—que es "la mirada del exiliado [...]" y "es siempre una mirada estética",
como dicen Silvestri y Aliata (2001: 10)— reaparece aquí en un cuadro característico y pintoresco donde predomina cierto tono costumbrista que apela a
la pose y tipicidad viajera y al color local o a la tarjeta postal. Esta representación de Brienz, que se detiene en cascadas, pinos, topacio, tejados y en hoteles
que vistos desde lejos "parecen casas de muñecas" —perspectiva visual que en
otras notas encuentra, además, mármol, granito, oro, plata, metales y texturas
nobles que se oponen a los materiales "violentos" y "expresivos" de las novelas y las *Aguafuertes porteñas* de Arlt (cemento de Pórtland, vidrio, acero, cables de alta tensión) y sus espacios de "contrastes expresionistas" (Renaud 2000:
73)—, es interrumpida por una escena teatral donde los personajes, que son artistas talladores, aseguran que hay que escapar de Europa: "—Diles que se escapen
de Europa. Que se olviden de que son artistas" (Arlt 2009: 471). De este modo,
enfática y elocuentemente el texto declara en su estilización de lo bello europeo la
muerte próxima del paisaje y del arte por la guerra que se avecina.

Ciertamente, el estilo y la lengua de Arlt se redefinen en sus textos finales y
muy precisamente en estas crónicas periodísticas que publicó desde 1937, luego
de su viaje por España y África. Como se sabe, se trata de textos en los que, de

modo predominante, Arlt glosa, expande y ficcionaliza la información de los cables de noticias (sobre todo, las noticias internacionales) y aquello que lee en distintos medios de prensa. Si las *Aguafuertes porteñas* se focalizaban en la tipicidad, estas notas, por lo contrario, convergen en lo excepcional y en los temas de la guerra y curiosidades del mundo que le permiten a Arlt seguir siendo cronista de viajes. Ahora bien, cuando Arlt escribe textos cuyos temas son ajenos al ámbito local, introduce una lengua cosmopolita, extrañada, alejada no solamente en el referente discursivo del espacio porteño, sino también casi deslocalizada de la tipicidad enunciativa del escritor periodista de las aguafuertes y de las formas expresivas del habla rioplatense (el lunfardo y el caló porteño, lo que el escritor llamaba "la lengua de la calle"): una lengua que introduce, transcribe, traduce, se toca y se funde con reiteradas y múltiples expresiones extranjeras. Abundan los pasajes y reaparecen así en diferentes notas, bastante reiteradamente, vocablos como: "bluff", "waiter", "sweet home", "stop", "okey", "Monsieur", "Madame", "manager", "team", "matches", "fields", "unexplored", "steamer", "robe de chambre", "Intelligence service", "Foreing office", "Pudding", "herr", "farmers", "maître", "mon cher", "bâtonnier", "mon ami", "pogroms", "news", "weekend", "gambler", "sex appeal", "brevet", "ralé", "putsch", "fellahs", "fierce rain", etc. Son muy frecuentes, a su vez, los términos que refieren o se utilizan para describir aspectos del delito norteamericano como "pick-pocket" (en vez de 'ladrón'), "ambulance-chasers" ('cazadores de ambulancias'), "claims rackets", "speakesies", "racketeers". Igualmente, las expresiones que completan un fraseo en español: "Los capitalistas de las *insurances*" (Arlt 2009: 53), "*Bureau* de Accidentes fraudulentos" (Arlt 2009: 51), "el almacén [que] tiene algo de *meeting corner*" (Arlt 2009: 70), "los *babies* del mundo", "hijos en manos de la *nurse*" (Arlt 2009: 94), "especie de *globetrotter*" (Arlt 2009: 87), "recuerdos amarillentos de tarjetas postales *fin de siècle*" (Arlt 2009: 103), "dos *coolies* piojosos" (Arlt 2009: 123), "columna vertebral de los *racketeers* de Nueva York" (Arlt 2009: 195), "*Sei un asino*" (Arlt 2009: 234), "bandido que ha llevado su coquetería al extremo de aparecer en *rotogravure* en malla de baño" (Arlt 2009: 249), "isla que tiene la forma de un *superdreadnought*" (Arlt 2009: 258), "caballero de *jacket*", "Feneció Schreck que en nuestro hermoso idioma quiere decir terror" (Arlt 2009: 326), "Ojos bizcos de *chantecler*"(Arlt 2009: 82), entre otros ejemplos.

En efecto, a la vez que se abandona el registro porteño, términos de este tipo proliferan en las notas, sobre todo los del inglés porque como se sabe, Arlt lo estaba estudiando, y modifican, con su irrupción notoria, la lengua de Arlt. Aunque no solamente los anglicismos; también abundan, de este modo, los galicismos y expresiones provenientes de todos los puntos del planeta (además de las topográficas y toponímicas) cuya enunciación se confunde (se funde, se mezcla) con el lenguaje que sugieren los espacios enunciados (o los sujetos referenciados). Como lo expresa en "No nos riamos de Luigi Gabbi", uno de los textos: "¡Ah! Ésta es una historia que habría que narrarla en el *piu bello dei dialetti de Italia*, el dialecto lombardo, porque allí ocurrió" (Arlt 2009: 159). La toponimia y la topografía de todo el mundo entra en los artículos, así como diversas formas de expresión que convocan esos espacios, y el discurso de la crónica se ve extrañado por esa acumulación léxica en relación con las aguafuertes anteriores. Se incorpora, así, un cierto tono cosmopolita (en su carácter de nivelación cultural) y extranjerizante en las notas de Arlt del todo nuevo en su literatura, pero de alguna manera afín a lo que puede leerse como una marca muy fuerte del diario *El Mundo* por esos días. Las noticias internacionales sobre la guerra son centrales, desde las portadas a las primeras páginas, como en los artículos de política exterior, y *El Mundo* y muchos de los periódicos de la época empiezan a saturarse de una lengua extranjera que el cronista comparte con el lector. Expresiones de los tiempos que corren se intercalan, así, también insistentemente, en las crónicas.

Beatriz Sarlo en un ensayo sobre la literatura y la oralidad en los años veinte y primeros treinta señala, para el caso de Arlt, "la exclusión" lingüística de quien no posee lenguas extranjeras prestigiosas y está condenado a leer traducciones. Esto marca y define, para Sarlo, "el tono de resentimiento del prólogo a *Los lanzallamas*, donde la fama local de Joyce es evaluada como consecuencia de que su gran novela todavía no ha sido traducida al castellano" (Sarlo 1996: 195):

> Condenado a leer traducciones, herido por la depresión simbólica y crispado por las diferencias sociales, Arlt se mira y observa el campo intelectual desde la problemática de quien sólo puede escribir una lengua. Así, ese conflicto de los años veinte se juega en los términos de traducir o leer traducciones. [...]
> Monolingüismo y polilingüismo configuran rasgos profundos de la cultura intelectual argentina de esos años (Sarlo 1996: 196).

De este modo, si la particularidad de Arlt y los motivos de su indignación social y literaria (o de su resentimiento, como dice Sarlo) son los del escritor que solamente poseía una única lengua (o el monolingüismo que se opone al polilingüismo de figuras como Victoria Ocampo), en las crónicas de "Tiempos presentes" y "Al margen del cable" los espacios convocados en las notas activan justamente y potencian la aparición de "locuciones" extranjeras polilingües y enunciados del todo ajenos a su lugar de origen: "otros lenguajes" en su obra. Los artículos del diario a la vez que se estilizan y se acercan a ciertas formas de una crónica más literaria, elaborada y ficcional (en tanto Arlt narrativiza, como se sabe, los cables de noticias)[4], también empiezan a dejar de lado diferentes modulaciones previas. Sin abandonar del todo, por cierto, su estilo de mezcla cultural, pero refuncionalizándolo (dándole una nueva carga simbólica a ese estilo de mezcla), estos textos construyen así una especie de cronista "culto" (en el sentido que "sabe" aquello que se presume que sus lectores ignoran) y "traductor" (que también tiene un saber sobre la lengua extranjera) que le provee al público del diario dispositivos para asimilar "lo otro": la alteridad y la extranjería tan presentes en esos años a la que invita trágicamente el presente, esto es, otra/s lenguas, otra/s culturas; Europa, Asia, América del Norte, China Japón, el resto del mundo. Esta imagen de cronista difiere, con claridad, de la figura del escritor-periodista perfilada en las aguafuertes que incorporaba e intervenía, con empatía, sobre ese conocimiento visceral de la lengua compartido con sus lectores.

Algunas de las notas que Arlt publica en 1937 sobre el crimen en Estados Unidos, como "El chantaje en los restaurantes norteamericanos" y "Cazadores de ambulancias", resultan significativas para reflexionar en torno de esta figura del cronista-traductor que se constituye en los textos. Allí, además de elegir para sus "historias sabrosas" la narración de diferentes "aspectos del delito en la Unión", incorpora las expresiones de los diarios donde lee las noticias que glosa, y aclara, traduce y, en tanto lector competente y conocedor, explica esos anglicismos para facilitar el entendimiento y la asimilación de su público lector[5]:

---

[4]　Véanse los trabajos de Sylvia Saítta, Rose Corral y Rita Gnutzmann.

[5]　Un texto un tanto intermedio en este pasaje lo constituye "El final de 'Montaña de Gorgonzola'" porque aquí aparece todavía un cierto tono coloquial y "callejero" y, a su vez, una lengua que introduce lo "otro", el léxico foráneo y extranjero. No se trata, ciertamente, del espacio de mezcla lingüística del mundo porteño de los años veinte (la "extranjería" y "jerigonza" inmigrante de *El juguete rabioso*), sino de una miscelánea local con la lengua del que traduce e incorpora también fuertemente lo ajeno: "El gigante, ubicado en una pequeña bicicleta, cruza el *field*, sonriendo, con las rodillas a la altura del estómago. [...] ...el 11 de noviembre del año 1934, el gigante, a quien algunos llaman la 'Montaña de Gogonzola' visita el diario *El Mundo*. [...] Hace dos años ha ganado un millón de dólares. Sus zapatos se exhiben en las vitrinas de Nueva York. Los *babbits* innumerables se detienen y contemplan las descomunales canoas que podría calzar Goliat y piensan innumerables cosas. [...] A fines de 1928, el albañil ha abandonado la sala Wagram de París, donde lo aplauden *midinet-*

Es prácticamente imposible que en país alguno del planeta la industria del crimen y derivados alcance la redonda perfección que tan geométricamente se acusa en Estados Unidos.

Entre los especialísimos derivados que acusan las actividades delictuosas, encontramos una fauna rozagante y reciente [...] que se compone de chantajistas de restaurantes y de hoteles, a quienes los americanos han denominado claims rackets.

Racket, cuyo significado clásico es "causar desesperación, bulla", es un neologismo nacido de las situaciones que provocan las originales formas de la actividad criminal en el Norte. Asociado al término jurídico de claims, cuya acepción es "demandar", "reclamar", forma un concepto de traducción casi imposible: "El que causa desesperación y reclama legalmente" (Arlt 2009: 47).

Igual que en las aguafuertes, a "originales formas de actividad criminal" o nuevos delitos le atañen, para Arlt, expresiones de un lenguaje que los pueda constatar; se trata, si se quiere, de un nuevo vocabulario que pueda dar cuenta de esos vaivenes, de esa productividad y de esa evolución, cuyo modo de manifestarse en este caso se vincula con una cultura diferente y voces del habla extranjeras. Aunque los términos que el periodista incorpora llegan a ser bien diferentes a los de las primeras aguafuertes y sus efectos textuales también, se trasunta aquí una concepción similar sobre la lengua que la que aparecía en "El idioma de los argentinos", a saber: a nuevas realidades, nuevas "lenguas", nuevos vocablos y formas de expresión, *para no seguir hablando en el idioma de las cavernas*. La diferencia se da, sin embargo, en que en las notas de 1937 y posteriores, ese *saber* lingüístico extra que los textos anexan resulta, en muchos casos, el conocimiento de un escribiente-traductor, el gesto del periodista que investiga, transcribe, comenta y traduce lo que es ajeno y presumiblemente ignora su público. Ya no se trata de compartir con el lector una experiencia de la lengua, sino de impostar lo desconocido y ajeno en lo familiar, una pose escrituraria que se construye en torno de una figura cercana a la de un cronista-copista-traductor.

---

tes, aspirantes a carteristas, apaches, ladrones, exiliados políticos, espías y un cierto porcentaje de gente honrada. Pero... sigan leyendo. [...] Cuatro años después ha ganado un millón de dólares. También es cierto que no tiene escrúpulos. En Atlantic City lo vemos boxeando con un... canguro [...] Por otra parte, tiene que cuidarse. [...] Una *miss,* mejor dicho, una *ragazza,* Emilia Torsini, lo demanda... [...] Lo retratarán entre *girls* [...] lo retratarán abrazando a una *contadina* dichosa de restregarse contra el héroe. [...] Los sujetos, de expresión más bestial o de peligrosidad más notoria, aparecen siempre a su lado, sonriendo optimistas, mientras su abogado, 'el *onorevole* del Giudicio', presta fe jurídica a que no ocurre nada ilegal. [...] Después de esto, el silencio. El silencio en el cerebro de un hombre que ha quedado idiota de tantos golpes. El silencio del hombre que ha quedado 'gagá'" (Arlt 2009: 257-259).

Estos procedimientos del "Arlt traductor" se intensifican, a su vez, cuando en muchas oportunidades luego de una locución extranjera los textos introducen una sucinta aclaración o transcripción entre paréntesis o, asimismo, diferentes maneras de la glosa y la explicación. Como por ejemplo, cuando el cronista consigna "'Happy New Year" y agrega, a continuación, "¡Feliz año nuevo!", o cuando anota "En su inglés seco cuenta Gulliver que 'los cruceros no tenían ocupación' en Apia. 'Had no business in Apia'" o cuando aclara que "Dago" es "gringo en América del Norte". Del mismo modo, cuando las notas reelaboran el discurso ajeno (el lenguaje del otro), aunque no terminen de incorporar un léxico decididamente extranjero, como sucede en "¿De qué lado se pondría el profeta?", un texto que parte del conflicto bélico internacional —el enfrentamiento entre dos líderes del mundo musulmán—, y es la excusa para describir y mostrar lo exótico y lo otro, y detenerse en la representación y la puesta en escena para el lector del mundo, de un ambiente oriental. Desde una enunciación que pretende confundirse con los modos de expresión del mundo figurado —"¡Por Alá! que os juro que preferiríais encontraros con el mismo Diablo, antes que tropezar con su moralla de mercenarios fanáticos [...] que a bordo de los camellos sarnosos conquistaron Ar Riyadh" (Arlt 2001: 152)— ingresa otro lenguaje en estas notas que se distancia sobremanera y nuevamente del habla de las *Aguafuertes porteñas* y se acerca al de las ficciones africanas de Arlt de los tardíos años treinta. Así, la crónica construye un narrador cercano que no solo narra, sino que también, desde la mención del nombre y la acumulación léxica allí planteada —"Abdul Azis Abdur Raman Faisal Turki Abdulah Mohamed Ibn Saud" (Arlt 2001: 152)—, satura de exótico lo representado. De esta manera, el marco de la guerra que da pie al relato-crónica de Arlt sobre los dos líderes del mundo árabe, resulta, en este caso, casi una excusa para contar y lexicalizar lo otro, proveer un lenguaje de mediación a la alteridad que sea asimilable para el público del diario.

En otros casos se va más allá y el escritor periodista hace alarde de su lengua de traductor. En los artículos se organiza y se insiste en esa imagen que puede asimilarse y confundirse muchas veces con el trabajo de un intérprete y de un comentador y, a su vez, con las tareas del que sigue la búsqueda y exposición de documentos a semejanza de un historiador o de un periodista-investigador (figura que aparece en la literatura argentina de modo fuerte con Walsh, pero que aquí pareciera delimitarse e inscribirse en sus primeras líneas); tal como puede verse en la nota "Ocurrió en Samoa, bajo la lluvia". Allí, testimonios del pasado le permiten al cronista interpretar el presente que comenta: "Hay que leerse estas dos tupidas columnas de inglés náutico y atravesado, del delicioso comodoro Gulliver (retirado) —afirma— para hacerse una idea de lo que significó esta catástrofe"

(Arlt 2009: 404). La nota esboza así una ficción de investigación que, ejercitada desde la lengua extranjera (porque es el inglés náutico y tupido el que hay que ser capaz de leer), permite desentrañar las causas históricas "de la catástrofe". En tanto un cronista que "educa" de este modo a sus lectores y que se constituye reiteradamente en una especie de "mediador cultural", en muchas oportunidades, como en "El continente seductor", Arlt también reseña textos extranjeros que se acaban de publicar, como el de Dimitri Merejkowsky sobre la Atlántida, y sus artículos retoman y describen a la vez (en un gesto que bien podría equipararse al de las reseñas de Borges en la revista *El Hogar*) una tradición culta que se remonta a Platón. Es la interpretación reseñada y mediada del cronista la que busca facilitar, así, la comprensión del lector del diario a quien va dirigida la nota.

Puede decirse, entonces, que la traducción (entre dos culturas, dos lenguas, dos realidades, y su consiguiente homologación y diferenciación), que ya aparece en el viaje de Arlt (sobre todo en su recorrido por Marruecos), se continúa en estas notas. De esta manera, la figura del traductor y del escritor-periodista que transcribe lo "otro" y lo adapta a los fines del interés de sus conciudadanos porteños se retoma de modo contundente en estos artículos y le da forma a su literatura en los treinta. En esa textualidad extrañada de las crónicas finales (extrañada en cuanto a los primeros textos de Arlt y también en cuanto al lenguaje que se introduce en su columna de *El Mundo*), la incorporación de una-otra lengua extranjera introduce un cambio rotundo en el periodismo de Arlt y acerca sus artículos a una tradición diferente en la literatura argentina, donde las posiciones y polémicas lingüísticas no inscriben ostentosamente al escritor en una situación de clase (como cuando Arlt defendía, con orgullo, "el hermoso idioma popular"), sino que la disimulan en la acumulación léxica y extranjerizante de los vocablos invocados. De este modo, muy enfáticamente, puede detectarse en la intención lingüística de este desplazamiento una diferente intención política, literaria y comunicativa por parte del escritor y de alguna manera podría pensarse que Arlt, a la vez que educa a su público cotidiano, apela al reconocimiento de un lector más culto, otro tipo de intérprete e interlocutor[6].

---

[6] Si bien la mayoría de las crónicas de "Tiempos presentes" y "Al margen del cable" se circunscriben casi exclusivamente a asuntos internacionales y se alejan de la representación de los espacios porteños o argentinos medulares en las aguafuertes anteriores, es importante focalizar también en algunas zonas donde Arlt se explaya sobre temas locales. En la sección "Cosas nuestras", por ejemplo, Arlt comenta lo que lee en diarios de interior y de esa manera también funda una lengua de segunda mano, la lengua del copista y del traductor. Un escritor que ya no es el paseante de la ciudad,

Escritura literaria, estilización, desvíos de "la lengua de la calle" y vocablos extranjeros, los textos de Arlt en este período, sus crónicas periodísticas, pero también sus cuentos y su teatro, desafían al lector y a la crítica a repensar su lugar en la literatura argentina y las nuevas modalidades que se ponen de manifiesto en estos años en su producción. Había dicho Arlt en las palabras preliminares de su rutilante y agónico prólogo a *Los lanzallamas*: "Me atrae ardientemente la belleza. ¡Cuántas veces he deseado trabajar una novela que, como las de Flaubert, se compusiera de panorámicos lienzos!" y, efectivamente, estas dos ideas, la admiración de Arlt por el estilo de Flaubert y su atracción enfática y "ardiente" por la belleza, pueden ser repensadas si se enfocan sus crónicas de *El Mundo* de los años treinta.

Bibliografía

Arlt, Roberto (1981): *Las aguafuertes porteñas de Roberto Arlt*. Selección y prólogo de Daniel Scroggins. Buenos Aires: ECA.
— (1994): *Aguafuertes porteñas: cultura y política*. Selección y prólogo de Sylvia Saítta. Buenos Aires: Losada.
— (1996): *Aguafuertes porteñas*. Buenos Aires: Losada.
— (2000): *Escuela de la delincuencia*. Selección y prólogo de Sylvia Saítta. Montevideo: Ediciones de la Banda Oriental.
— (2001): *Al margen del cable. Crónicas publicadas en El Nacional, Méjico, 1937, 1941*. Recopilación, introducción y notas de Rose Corral. Buenos Aires: Losada.
— (2009): *El paisaje en las nubes. Crónicas en* El Mundo. *1937-1942*. Prólogo de Ricardo Piglia. Edición e introducción de Rose Corral. Buenos Aires: FCE.

---

como en las aguafuertes, sino el que *traduce*, investiga y revela al lector (el investigador está presente en estas notas, como se ve, más de una vez) "lo inusitado" y "sorprendente" que no llega (sino por la mano de Arlt, "periodista estrella") al "rotativo más informado". Como lo expresa concretamente en una de las notas, "Allá también necesitan balnearios": "Para conocer inusitados o sorprendentes aspectos del país, uno debe leerse los periódicos del interior. En estas hojas, el patético problema del interior cobra cuerpo real, [...] y adquiere un verídico tono de realismo que inútilmente intentaría imitar el rotativo más informado". Y en otra nota agrega: "En el remoto norte Argentino ocurre, cotidianamente, atrocidades que guardan estrecha relación con las aventuras de viajes en el corazón de África. [...] De estos sucesos apenas ni nos enteramos aquí. [...] ... en un diario tropiezo con otra noticia..." (Arlt 2009: 383).

Corral, Rose (2001): "Introducción", en: Arlt, Roberto: *Al margen del cable. Crónicas publicadas en El Nacional, Méjico, 1937, 1941*. Recopilación, introducción y notas de Rose Corral. Buenos Aires: Losada.

— (2009): "Prólogo", en: Arlt, Roberto: *El paisaje en las nubes. Crónicas en El Mundo. 1937-1942.* Prólogo de Ricardo Piglia. Edición e introducción de Rose Corral. Buenos Aires: FCE.

Drucaroff, Elsa (1998): *Arlt. Profeta del miedo.* Buenos Aires: Catálogos.

Gnutzmann, Rita (2004): *Roberto Arlt. Innovación y compromiso. La obra narrativa y periodística.* Lleida: AEELH/Universitat de Lleida.

Juárez, Laura (2010): *Roberto Arlt en los años treinta.* Buenos Aires: Simurg.

Piglia, Ricardo (1993): "Introducción", en: Arlt, Roberto: *El juguete rabioso.* Buenos Aires: Espasa Calpe.

— (2009): "Prólogo", en: Arlt, Roberto: *El paisaje en las nubes. Crónicas en El Mundo. 1937-1942.* Edición e introducción de Rose Corral. Buenos Aires: FCE.

Prieto, Adolfo (1963): "La fantasía y lo fantástico en Roberto Arlt", en: *Boletín de literaturas hispánicas.* Instituto de Letras de la Facultad de Filosofía y Letras de la Universidad del Litoral, Rosario.

— (1978): "Roberto Arlt. Los siete locos. Los lanzallamas", en: Arlt, Roberto: *Los siete locos, Los lanzallamas.* Caracas: Biblioteca Ayacucho.

Renaud, Marise (2000): "*Los siete locos y Los lanzallamas:* audacia y candor del expresionismo", en: Arlt, Roberto: *Los siete locos. Los lanzallamas.* Edición crítica de Mario Goloboff. Madrid *et al.*: ALLCA XX.

Saítta, Sylvia (2000): *El escritor en el bosque de ladrillos. Una biografía de Roberto Arlt.* Buenos Aires: Sudamericana.

Sarlo, Beatriz (1996): "Oralidad y lenguas extranjeras. El conflicto en la literatura argentina durante el primer tercio del siglo xx", en: *Orbis Tertius* 1.

— (2000): "Roberto Arlt, excéntrico", en: Arlt, Roberto: *Los siete locos. Los Lanzallamas.* Edición crítica de Mario Goloboff, Madrid *et al.*: ALLCA XX.

Silvestri, Graciela/Aliata, Fernando (2001): *El paisaje como cifra de armonía.* Buenos Aires: Nueva Visión.

Voces de inmigrantes
La literaricidad potenciada de Roberto Arlt

Rolf Kailuweit

Resumen

La presente contribución hace hincapié en la transformación literaria de la cotidianidad lingüística porteña en la novela *El juguete rabioso*. El estilo de Arlt dista mucho del lenguaje sainetero en que abundan las interferencias italianas (cocoliche). En lugar de conseguir una "mímesis del habla" de los inmigrantes, como pretende Ulla (1990: 76), la escritura de Arlt eleva las recurrencias muy selectivas del cocoliche (algunos pocos marcadores fonéticos, sintácticos, léxicos y semánticos) a un nivel estético superior. Las voces de los inmigrantes se incluyen en una literaricidad potenciada. Mostramos que la presentación de las voces de inmigrantes en *El juguete rabioso* niega la "realidad lingüística" más que sainete criollo. Liberado de la coacción comunicativa del sainete, Arlt crea un lenguaje poético que rompe con la tradición. Es el reduccionismo extremo que ya no opera con el antagonismo lingüístico entre gringos y criollos el que eleva las voces de inmigrantes a un nivel poético superior. Expresiones italianas aisladas pasan incluso a la boca de los nativos. De este modo Arlt proyecta la unidad lingüística rioplatense en la cual las voces de inmigrantes italianos se confunden con las voces criollas. La escritura de Arlt se caracteriza por la variación de expresiones populares (lunfardismos) y cultas. No obstante, en el caso de las voces de inmigrantes es precisamente la amplia equiparación con la norma del español rioplatense lo que crea el efecto literario.

Introducción

Cuando en un coloquio sobre "Discursos de oralidad en la literatura rioplatense" Walter Bruno Berg (1999: 79) afirmó que "el sainete criollo resulta un caso prototípico para ejemplificar el término de oralidad concepcional", puesto que "el término de oralidad concepcional permite entender que esta oralidad no es de ninguna manera la producción fiel de una oralidad 'real', sino que es sobre todo una 'creación' estética", puso el concepto de Peter Koch y Wulf Oesterreicher de cabeza. Parece que fue por un malentendido ingenioso que el erudito latinoamericanista reinterpretó el concepto de oralidad concepcional con que los lingüistas designan el uso espontáneo y cotidiano. Porque de cierto modo la reinterpretación de Berg puso el término sobre sus pies, ya que *oralidad concepcional* se aplica mal a la realidad lingüística cotidiana.

En el habla cotidiana entre personas que dominan la misma variedad lingüística no se producen ('conciben') los discursos orales conscientemente. Se habla sin tapujos, fijándose en el contenido y las finalidades discursivas, y no en el lenguaje. En cambio, el escritor que intenta reproducir esa manera de hablar reflexiona y enriquece con fines comunicativos complejos los elementos orales que incluye en su obra. Para este proceso se aplica muy bien el término *oralidad concepcional*, y quizá incluso mejor que el término *oralidad ficticia* (Di Tullio/Kailuweit 2011: 12).

Si investigamos acerca de la oralidad concepcional o ficticia, es decir, la creación estética de esta oralidad en la obra de Arlt, tenemos que proceder con cautela. Como Noemí Ulla (1990: 76) reconoce en *El juguete rabioso* una "mímesis del habla" que acompaña el "uso pretendidamente literario de gerundios con pronombres enclíticos", me parece necesario poner el concepto de "mímesis" en tela de juicio.

Quisiera mostrar en esta contribución que, en cuanto a las voces de inmigrantes, la "oralidad" a la que recurre Arlt en *El juguete rabioso* (1926) no solo dista mucho de la realidad lingüística cotidiana, sino también se diferencia considerablemente de la "oralidad" de los saineteros. Aunque iguala al teatro criollo en estetizar la realidad lingüística cotidiana en lugar de reproducirla de la manera más fiel posible, el concepto artliano de "oralidad" se libera de las funciones comunicativas que dominan la producción teatral. Veremos que en la escritura de Arlt, las voces de los inmigrantes se incluyen en una literaricidad potenciada por medio de un proceso de *Aufhebung* hegeliana, que no solo las conserva y niega, sino que incluso las eleva a un nivel estético superior.

ORALIDAD LITERARIA RIOPLATENSE

Como muestran los dos tomos de *Oralidad y argentinidad. Estudios sobre la función del lenguaje hablado en la literatura argentina* (1997) y *Discursos de oralidad en la literatura rioplatense del siglo XIX al XX* (1999) editados por Walter Bruno Berg y Markus Schäffauer, la oralidad es un elemento constituyente de la literatura argentina o bien rioplatense si definimos esta última como la producción literaria que nace en torno a 1900 en Buenos Aires y Montevideo, dos ciudades entonces estrechamente vinculadas en cuanto a su escena cultural. Escritores y compositores oriundos de ambos lados del Río de la Plata residieron por turnos en las dos capitales y estrenaron sus obras acá y allá.

Desde sus inicios la literatura rioplatense se distingue de sus modelos europeos por su orientación hacia las temáticas "propias". Basándose en la experiencia de una realidad americana distinta de la europea estetizó esta experiencia siguiendo los moldes del naturalismo que en Europa había dado licencia a las expresiones populares en las producciones literarias. En pocas décadas, que además corresponden al desarrollo de Buenos Aires de gran aldea a metrópolis, el centro temático se traslada del espacio rural al espacio urbano, o sea, en el nivel lingüístico del gauchesco a la Babilonia de los inmigrantes. La interacción verbal entre "gringos" y criollos se convirtió en el "grado cero" de la creación literaria rioplatense neutralizando la oposición entre sus fondos europeos y americanos.

Si este es el escenario en que se desarrolla la literatura rioplatense al principio del siglo XX, ¿cómo se puede caracterizar la escritura de Roberto Arlt? En su ensayo "Oralidad en textos de 'hijos de inmigrantes'" Leo Pollmann resalta: "Arlt no escribe a partir de cero. Tiene sus modelos en Dostoievski y en el teatro criollo" (Pollmann 1999: 251). Mencionar al naturalista ruso y a los saineteros rioplatenses en el mismo soplo no carece de un ingrediente polémico, pero parece convincente, por lo menos a primera vista. La importancia que atribuye Arlt a Dostoievski está bien documentada (Gnutzmann 2001: 26). Arlt la proyecta en su protagonista Silvio Astier cuando este enumera "los mejores autores: Baudelaire, Dostoievski, Baroja" (170). También al teatro criollo se refiere Silvio cuando cuenta que la familia de su amigo Enrique Irzubeta "era más jocosa que un sainete bufo" (96). No obstante, este paralelismo se da más bien en el nivel del ambiente en que se sitúa la acción. En cuanto al lenguaje, tenemos que considerar las diferencias de género. Veremos a continuación que una pieza de teatro y una novela se diferencian en cuanto a la motivación del lenguaje literario, puesto que las condiciones comunicativas no son idénticas.

Me concentraré en esta contribución en las voces de inmigrantes, en concreto, en el llamado cocoliche. Cuando en 1890 la compañía de teatro de los Podestá estaba realizando su versión del drama gauchesco *Juan Moreira*, se añadió un personaje que en una feria campestre hacía una salida de escena con las siguientes palabras: "Ma quiame Franchisque Cocoliche, e songo cregollo gasta lo güese" (Podestá 1930: 62 s.). Este personaje, extremadamente cómico en su

iluso intento por integrarse, será a partir de entonces un componente impres-
cindible del sainete criollo. Por ende, el apodo "cocoliche" no sólo señalará a
los inmigrantes italianos, sino también su español deficiente.

En un detallado estudio lingüístico del estilo de Arlt en el *Juguete rabioso*,
Noemí Ulla (1990: 81 s.) le adscribe una "escritura atenta al referente del habla
inmigratoria y al idioma español de la inmigración italiana". Concluye que "al
estar poseído de ambos referentes: el literario [...] y el del habla popular, el cocoliche y el lunfardo rioplatense, Arlt puede provocar una junción de ambos
[...] Precisamente allí donde el entrecruzamieto de palabras o de frases se produce —de los dos referentes mencionados— estalla la invención en la escritura
de Arlt, liberada de la mímesis" (Ulla 1990: 82).

La hipótesis de la presente contribución será que el cocoliche, el lunfardo y
el español coloquial rioplatense no entran en pie de igualdad en la escritura de
Arlt. Ya demostré en otro lugar que la morfología rioplatense (especialmente
los deícticos) forma un elemento constitutivo del estilo de Arlt (véase Kailuweit
2011). En cuanto al lunfardo, su importancia queda comprobada por los estudios de Jaqueline Balint y Oscar Conde en el presente tomo[1]. Sin embargo, el
cocoliche de los inmigrantes italianos, como ilustraré en lo siguiente, se reduce
a algunos pocos elementos, de modo que su función en *El juguete rabioso* dista
mucho de la que asume en el género sainetero.

LA MOTIVACIÓN DEL LENGUAJE LITERARIO

Hubo varios intentos de definir la función del lenguaje literario. Entre los más
conocidos figuran los de Roman Jakobson y Eugenio Coseriu. Jakobson (1975)
asumió que en la función poética el lenguaje está orientado hacia el mensaje, es
decir, hacia el código lingüístico mismo. En un comentario dedicado al modelo
de comunicación de Roman Jakobson, Coseriu (2007: 163-176) criticó que la
función poética así como la concibe Jakobson no está limitada al texto literario.
La especialidad funcional del texto literario consiste en su absoluta subjetividad, es decir, en el hecho de liberarse de la obligación de hacerse entender, de
comunicar con el otro. El escritor escribiría de la misma manera, si no hubiese
nadie que lo comprenda. Esta actitud caracteriza al escritor como al artista en
general (*ibid.*: 172 s.).

---

[1]   Véanse los artículos "Las funciones del lunfardo en 'Aguafuertes porteñas' de Ro-
       berto Arlt", de Jaqueline Balint-Zanchetta, y "Roberto Arlt y el lunfardo", de Oscar
       Conde, en este tomo.

A mi parecer, tanto el enfoque "materialista" de Jakobson como el "hermético" de Coseriu reflejan actitudes significativas para la autodefinición del discurso literario en el siglo xx. No obstante, se trata de actitudes que eran dominantes en un momento histórico preciso, pero que no caracterizan la función del lenguaje poético en general. Primeramente, el arte de escribir era y es siempre también un negocio que se basa en la comunicación entre el productor y el consumidor del género literario. Pero incluso, si abstraemos del elemento comercial de la comunicación literaria, el texto poético nace inscribiéndose en una tradición con que comunica afirmándola o rechazándola. Por eso una obra literaria no se deja captar en su unicidad. Forma parte de una cadena de otras obras que determinan su función en el sistema, que es la literatura.

Quisiera hacer hincapié en cuatro aspectos que determinan el lenguaje literario. El primero de ellos se refiere al pacto con el lector: tiene que ver con la autenticidad en su compleja relación con la veracidad. El segundo aspecto lo constituyen las exigencias de los diferentes géneros literarios; el tercero, la tradición lingüístico-literaria de un determinado espacio cultural. Como cuarto y último aspecto hay que tomar en cuenta que la literatura es un medio de comunicación en el que importa la prevista recepción de la obra por el público. Aquí se entrelazan y a veces incluso se oponen la comprensibilidad y la aceptabilidad. No se acepta todo lo que se comprende y no cabe comprender todo lo que se acepta. Coseriu (2007: 173) tiene razón en resaltar que la obra literaria no tiene que ser comprensible, pero lo hermético y lo enigmático solo se reconocen como expresiones artísticas si corresponden a las exigencias del discurso literario en vigor.

Demostraré a continuación cómo estos cuatro aspectos aparecen en el discurso sobre el lenguaje del sainete criollo. Situados en una época fuertemente influenciada por las ideas naturalistas, abundan las declaraciones de saineteros reconocidos que afirman la autenticidad de sus personajes y ambientes. Por ejemplo, Ricardo Hicken explica en una entrevista para el periódico *La Razón* del 14 de enero de 1920: "Mis tipos y hasta mis asuntos los tomo de la realidad". En el mismo periódico, pero algunos años más tarde, José González Castillo retoma el tópico, pero ya lo modifica: "Puede decirse que la creación de casi todas mis obras se debe a las sugerencias que me ha dictado la realidad más llamativa para mi temperamento y para mi intelecto, aprovechadas de acuerdo con mis deseos estéticos o ideales" (*La Razón*, 9 de junio de 1927). El autor no precisó sus ideales, pero el contexto deja entrever que no son puramente personales, sino que dependen de las tradiciones en que su obra se inscribe. Carlos Mauricio Pacheco, uno de los saineteros más importantes, concretizó el proceso de la adaptación estética en una entrevista para el periódico *La Montaña* del 21 de abril de 1920: "Todos los tipos de mis sainetes, son sacados de la realidad [...] Pero nunca los presenté tal como los ví [...] al llevarlos al tablado, ya todos habían dejado sobre mi mesa mucha de su miseria moral, y de la vergüenza de sus vidas". Por lo que atañe a la autenticidad del lenguaje de sus personajes, añade: "Igualmente hago con el lenguaje. Sin quitarles lo típico he sabido siempre quitarles lo grosero" (*ibid.*). En otra entrevista, Pacheco ya había dejado claro que autenticidad y veracidad son dos cosas diferentes: "Para el negocio, basta con que el público crea verdadero lo que se le presenta" (*La Montaña*, 24 de agosto de 1919).

Así, el grado de autenticidad en los sainetes estuvo en tela de juicio. El crítico Juan García, por ejemplo, reprochó a un sainetero por usar "el caló ítalo-argentino en casi todas las escenas de la pieza" y generalizó que el deseo de "ser realista" era la causa del bajo nivel de las producciones teatrales rioplatenses: "[...] la estética de nuestros autores, es la de esa vieja escuela realista, mal comprendida y que no han estudiado en debida forma. Es un realismo puro, exclusivo" (*La Prensa*, 30 de julio de 1920). En cambio, Carmelo Bonet constata en su estudio "El gringo en la literatura rioplatense":

> Estrictamente, el sainete no pertenece, como suele decirse, al teatro realista, porque no es espejo fiel y exacto de la vida sino vida en caricatura [...] Su mayor comicidad se desprendía del habla, esa mescolanza de español trabucado y de jerga napolitana que llamamos cocoliche (Bonet 1948: 639s.).

En sus memorias, Vicente Martínez Cuitiño, director de escena y autor de varias piezas de teatro, resumió:

> Muchos actores celebrados por sentidas y fieles interpretaciones pactaron luego con el error del agregado innecesario —"morcilla", se dice en la jerga teatral— haciéndose cómplices sin quererlo acaso de una reedición disminuída y atormentada de la "commedia dell'arte". Commedia dell'arte con tema ajeno, palabras mútiles y bastardos neologismos. Esa actitud viciosa se extendió funestamente. Sin sospechar tal vez las consecuencias persistieron en el extravío, lo cual determinó la declinación posterior del género, al convertir la germanía y el barbarismo cosmopolitas, de suyo accidentales para la exigencia localista del detalle, en ropaje preponderante y absorbente. No se contentaban con la palabra feliz, aunque deforme, que sugiere un rasgo o revela un personaje. Abusaban de ella sin ton ni son, retorciéndola y generalizándola en inútiles fraseos interminables (Martínez Cuitiño 1949: 242).

Así hemos pasado del primero al segundo aspecto. Las exigencias del género sainetesco[2] consisten en producir comicidad y el deseo de ser cómico solapa en última instancia el pacto de veracidad con el público.

---

[2]   Me refiero al teatro criollo en el sentido amplio, que incluye el grotesco, donde la risa se convierte en horror y el horror, en risa.

Continuemos con el tercer aspecto, que concierne a la tradición literario-lingüística en concreto. En el contexto rioplatense los autores recurrieron al cocoliche de los inmigrantes que —como la propia denominación lo connota— cuenta desde su inicio con una tradición teatral. Como comprobó Kathrin Engels (2012: 261-266), el cocoliche se construyó y se desarrolló de obra a obra sin tener mucha relación con la realidad contemporánea que pretendía representar. Además, Engels (*ibid.*: 207-253) demostró que el cocoliche teatral se concibe desde la perspectiva de un público hispanófono, es decir, no reproduce, como lo hubiera intentado un estudio lingüístico, la competencia del inmigrante, sino que la reduce a rasgos fonéticos llamativos y a pocos elementos morfosintácticos y léxicos que no hipotecan la comprensibilidad. En el siguiente apartado ilustraré este cuarto aspecto que caracteriza el lenguaje poético con algunos ejemplos.

El cocoliche sainetesco

> *"Dos conductas de idioma veo en los escritores de aquí: una, la de los saineteros que escriben un lenguaje que ninguno habla y [...] otra, la de los cultos, que mueren de la muerte prestada del español" (Borges 1952: 25).*

Para demostrar que el cocoliche sainetesco se construyó desde el sistema comunicativo externo, es decir, desde la perspectiva de la mayor audiencia posible a la que los autores querían llegar, analizaré brevemente dos fragmentos que considero prototípicos. El primer fragmento proviene del sainete *La cantina*, de Alberto Novión, estrenado en 1908. Cito la primera edición del texto que se publicó en *Teatro Argentino* el 18 de junio de 1920:

(1) PASCUALUCHO.— Pertoná, hermano, que no te lleve el apunte, come decimo volcarmente nosodro lo criollos, perque tenco que arreglar un asunto de soma emportancia, muy emportante e no poedo destraer mi atención en esto momento [...] ¡Cómo le va! Lo que siento es que me han heche borronear la carta que l'escribo a la atoranta... ¿Querida, se escreberá con h o con qué?... "Reciba lo cariño grante de so chenido que la quiere siempre de verdá sencera... Pascuale Roncaforte". ¡Ya está!... Con tanto ferolede de palabra vá a caer. Conmigo non se porriá... ¡Vamo a ver! (Alberto Novión, *La cantina*, [1908] 1920).

El personaje de Pascualucho, mezcla de compadrito y de la histórica figura cocoliche del espectáculo circense *Juan Moreira*, se caracteriza lingüísticamente por un gran número de rasgos fonéticos. Los más llamativos son la pérdida de la -*s* final: *decimo, nosodro, lo, vamo*. No obstante, realiza la -*s* en *criollos*. Según Beatriz Lavandera (1984: 65) este rasgo es el más característico en el habla de los inmigrantes de origen italiano. Cuenta con una larga tradición literaria, aunque aparezca en la literatura en porcentajes inferiores en comparación con el habla cotidiana (Engels 2012: 195). Los otros rasgos parecen más bien arbitrarios: inseguridades en el vocalismo, tanto de apertura (*volcarmente, soma, emportancia, emportante, poedo, escreberá, so, chenido, sencera, ferolede*) como también de posición (anterior por posterior: *heche* por *hecho*). Las vacilaciones de apertura son marcas típicas del cocoliche literario. En el consonantismo aparecen vacilaciones de sonoridad (*pertoná, volcarmente, nosodro, tenco, grante, chenido, ferolede*) que reflejan el contraste entre el italiano y el castellano (*tutto ~ todo; fuoco ~ fuego*). Sin embargo, no están motivados en los casos concretos, ya que las correspondientes palabras italianas[3] no se distinguen de las castellanas (*perdonare, volgarmente, tengo, grande*). *Perque* por *porque, lo* como artículo de singular y *esto* por *este*, formas con las cuales se repite la vacilación entre anterioridad y posterioridad, pueden ser interferencias morfológicas italianas. Por la similitud con las formas castellanas no hipotecan en manera alguna la comprensibilidad. No obstante, el personaje utiliza argentinismos coloquiales marcados: *llevar el apunte* ('prestar atención, interesarse por alguien, apoyarlo en un proyecto')[4] y palabras menos usuales como *borronear* ('borrajear, escribir sin asunto determinado')[5] o el lusitanismo *firulete* ('adorno de mal gusto')[6]. Se trata de un léxico más bien difícil para un inmigrante que todavía dispone de una competencia precaria del español. El fragmento ilustra entonces una tendencia general en el cocoliche literario. Al contrario de lo que se puede esperar para la comunicación cotidiana, los inmigrantes recurren a italianismos léxicos y gramaticales en las expresiones más simples y frecuentes, mientras que las palabras y construcciones menos frecuentes aparecen en castellano (tal vez con alguna ligera modificación fonética). Este uso poco verosímil se debe a las

---

[3] Evidentemente las variedades maternas de los inmigrantes son los dialectos y no el italiano estándar. No obstante, en los casos concretos, no pude encontrar ninguna variación dialectal que hubiese motivado las vacilaciones de consonantismo.

[4] *DRAE* (23.ª edición), <http://lema.rae.es/drae/?val=apunte> (9 de diciembre de 2014).

[5] *DRAE* (23.ª edición), <http://lema.rae.es/drae/?val=borronear> (9 de diciembre de 2014).

[6] *DRAE* (23.ª edición), <http://lema.rae.es/drae/?val=firulete> (9 de diciembre de 2014).

exigencias de un público hispanófono que no hubiera aceptado un gran número de italianismos incomprensibles (véase Engels 2012: 194-216).

Consideremos un segundo ejemplo. Se trata de un fragmento de *La vida es un sainete* (1925), de Alberto Vaccarezza:

> (2) BONGIARDINO.— (Que ha oído las palabras de Marengo.) Un momento, siñore vate de la musa regionale... Acabo de escochare cierta frase de so labio, y me extraña mucho, signore vate, lo que osté bate de mí. Yo no songo ninguno grébano roncadore... yo songo un artista, señor... Y si osté no sabe con quién está hablando, yo se lo voy a explicare: Oreste Bongiardino, fu Cataldo, tenore de primo cartelo a la Scala de Milano. Aplaudido a Roma, a Nápole, a Florencia e anque tambiene a Berazategui e Lanuse.

Volvemos a encontrar algunos de los rasgos presentes en el fragmento anterior: la falta de la -s final (*so*, *labio*, *Nápole*), vacilaciones de apertura en las vocales (*siñore*, *escochare*, *so*, *osté*). Además, Vaccarezza recurre a la -e epentética (*siñore*, *regionale*, *escochare*, *roncadore*, *explicare*, *tenore*, *tambiene*, *Lanuse*), rasgo típico del cocoliche literario (Engels 2012: 74s.), y modifica la morfología sin causar problemas de comprensión (*songo*[7], *fu*). En cuanto al léxico, llama la atención el cultismo *vate*, vocablo que existe también en italiano. Vaccarezza lo utiliza para hacer un juego de palabras con el lunfardismo *bate* (de *batir* = 'decir, contar'). La expresión *primo cartelo* es un seudoitalianismo que solo se entiende por el sentido de las correspondientes palabras españolas *primer cartel*. Además, el autor recurre a la autocorrección de un italianismo por la traducción española (*anque tambiene*). Este truco es común y corriente en los sainetes para garantizar la comprensión de italianismos que en el nivel fonético distan mucho de las correspondientes formas españolas (Engels 2012: 212).

Hemos visto que las voces de inmigrantes tal como las encontramos en los sainetes no son en absoluto reproducciones auténticas de su manera de hablar en la cotidianidad. Como resalta Ángela Di Tullio (2006: 570) "el efecto de italianidad" deriva de "unos pocos marcadores, fundamentalmente fonéticos". No obstante, hemos visto que estos rasgos aparecen con cierta frecuencia en los sainetes para garantizar un efecto de comicidad esperado por el público sin hipotecar demasiado la compresión de la obra. En el próximo apartado compararé el uso del cocoliche en los sainetes con la presentación de las voces de inmigrantes italianos en *El juguete rabioso*, de Arlt.

---

[7]   *Songo* es la forma dialectal napolitana de *sono* ('soy').

Arlt. Autenticidad y tradición literaria

Según Noemí Ulla (1990: 76), Arlt recurre en *El juguete rabioso* tanto al lunfardo como al "registro oral del italiano". La autora encuentra "vacilaciones de la sintaxis [que] oscilan en el texto entre mímesis del habla y uso pretendidamente literario de gerundios con pronombres enclíticos" (*ibid.*). En lo siguiente, quisiera demostrar que la presentación de las voces de inmigrantes que encontramos en la primera novela de Arlt no es mimética, si con el término *mímesis* entendemos la imitación de una manera de hablar, concretamente, del habla cotidiana de los inmigrantes italianos. Además, veremos que Arlt tampoco se orienta por el cocoliche sainetesco.

Hemos visto que en el sainete domina la caracterización fonética del habla inmigrante. Sin embargo, Arlt no recurre a casi ninguno de los rasgos fonéticos salientes. Consideremos uno de los más típicos del cocoliche tanto cotidiano como literario: la pérdida de la -s final, que según el estudio de Lavandera[8] (1984) llega al 98% de las ocurrencias en el habla de los inmigrantes italianos y que, como hemos visto, se encuentra a menudo —si bien no con una frecuencia tan alta— en el cocoliche teatral. En *El juguete rabioso* la pérdida de la -s final solo aparece en una sola construcción. Al comparar su librería con la de otro, el librero italiano don Gaetano exclama:

(3) Pero no tiene *tanto libro*[9] como acá, ¿eh? (131).

En todo el resto del discurso directo de inmigrantes italianos las -s finales se realizan según la norma estándar española.

Otro rasgo fonético típico del cocoliche literario lo constituye la sustitución del fricativo velar [x] por el oclusivo sordo [k] (Engels 2012: 82s.), rasgo que encontramos también en el discurso de Pascualucho en el sainete *La cantina*: "Yo per tos *ocos* me moero", aunque no aparezca en el fragmento analizado. Ilustraré la ausencia de este rasgo en *El juguete rabioso*, de Arlt, con algunos fragmentos del discurso de don Gaetano y de su mujer doña María en los que aparece con frecuencia la jota:

(4) Gaetano.— Un consejo, che Silvio. A mi no me gusta decir dos veces las cosas (135); ¿Trajiste colchón, vos? (137).

---

[8]   Este estudio se basa en más de 50 horas de conversaciones grabadas en los años 1976 y 1977.

[9]   Incluso no es seguro que se trate de un plural. También es posible en español el singular como recategorización de un nombre contable en continuo.

(5) María. — ¿Dónde están las camisas que trajo Eusebia? (134); Dejalos, Silvio — me gritó imperativa—, que oigan quién es este sinvergüenza (142); ¿Has visto cómo es? No vale... ¡canalla! Te aseguro que a veces me dan ganas de dejarlo... (144).

Así se ve que Arlt no solo se abstiene de la sustitución tradicional de [x] por [k], sino que tampoco recurre a ningún otro rasgo fonético de los que hemos encontrado en los fragmentos analizados de los sainetes de Novión y de Vaccarezza.

En cuanto a la sintaxis, Ulla (1990: 75) llama la atención sobre la siguiente construcción que utiliza el protagonista Lucio, de quien no sabemos si es hijo de inmigrantes italianos o no (Gnutzmann 2001: 61):

(6) ¡Es que el profesor de geografía me tiene rabia, che, me tiene rabia! (109).

Ulla (*ibid.*) cita el estudio *El elemento italiano en el habla de Buenos Aires y Montevideo*, de Giovanni Meo Zilio y Ettore Rossi (1970: 135), según los cuales la reduplicación del sintagma verbal (construcción capicúa) es un giro típico del español rioplatense que proviene de la expresión coloquial del véneto *go na rabia, go*. No obstante, Meo Zilio y Rossi (*ibid.*) reconocen que el giro también es común a otras variedades regionales del español. Sea como sea, se trata de una sola ocurrencia en la novela de Arlt. Las construcciones sintácticas que Arlt utiliza en el discurso directo de sus protagonistas italianos no imitan en manera alguna los giros sintácticos que se adscriben a los hablantes del cocoliche. Lo ilustraré con otro rasgo prototípico analizado por Lavandera. Según esta autora: "[...] La frecuencia total del subjuntivo y la frecuencia con la cual el hablante de cocoliche produce contextos lingüísticos apropiados para esta forma lingüística son notablemente bajas en comparación con las frecuencias características del hablante nativo" (Lavandera 1984: 70).

Una exclamación como la siguiente pronunciada por doña María al reñir con su marido don Gaetano parecería entonces poco probable en el cocoliche cotidiano:

(7) Si yo fuera diferente, si anduviera por ahí vagando, viviría mejor... estaría lejos de un marrano como vos (143).

No sorprende que en los dos sainetes analizados no hayamos encontrado ninguna ocurrencia del subjuntivo de pasado en boca de un protagonista italiano.

Pasamos entonces al último dominio que nos queda: el léxico. Ulla (1990: 76) menciona la exclamación de don Gaetano *estate buono*, que aparece dos veces en la novela (páginas 136 y 138). Para Ulla, esta exclamación muestra que Arlt recurre miméticamente al "registro oral italiano". Sin embargo, el número de italianismos léxicos que aparecen en la obra es muy reducido[10]. Veremos a continuación que, al igual que ocurre en los sainetes, los italianismos léxicos no impiden la comprensión. El primer italianismo que aparece en la obra es el giro "te la voglio dire" (116) pronunciado por Lucio. Según Oscar Conde (2011: 148) se trata de una fórmula ponderativa que entró en el lunfardo. En este caso carece de valor referencial y no hipoteca la compresión, incluso si el lector desconoce el significado de los elementos de que se forma. La reprimenda "estate buono" (136; 138) no dista mucho del español *sé bueno* que se hubiera utilizado en su lugar. Tampoco tiene valor referencial. "Dio fetente" (138) es el tercer italianismo que encontramos. El narrador explica que se trata de una "sorda blasfemia" (*ibid.*) que viene de los labios de don Miguel, el viejo servidor de don Gaetano. Así, el lector comprende el sentido de la expresión aun sin saber que *fetente* significa 'hediondo' o 'repugnante'. El protagonista Silvio se sirve de la blasfemia italiana para apodar a don Miguel. En lo siguiente la expresión se repite veinte veces en la novela. Se utiliza en la mayoría de las ocurrencias como nombre propio, de modo que el significado exacto de la expresión italiana no importa. Con el cuarto italianismo doña María insulta a su marido:

¿Quién era tu madre... sino una bagazza que andaba con todos los hombres? (142) —¿Qué has hecho de mi vida... puerco? Estaba en mi casa como clavel en la maceta, y no tenía necesidad de casarme con vos, *strunsso* (142); ¡A comer al hotel, muchachos!... ¿Eh, te gusta don Miguel? Después vamos por ahí. Cerrá, cerrá la puerta, *strunsso* (152).

Aquí el valor disfemístico se deduce del contexto verbal, sobre todo del paralelismo con "puerco" que ejerce la misma función en la frase anterior. Así, los lectores que desconocen el significado de la expresión italiana entienden que se trata de un insulto. Cuando se repite diez páginas después, los lectores pueden reconocerlo fácilmente, ya que aparece incluso en la misma construcción.

Los dos últimos italianismos que encontramos en la novela aparecen en boca de Monti, el comerciante de papel que emplea a Silvio, en el cuarto episodio. En un caso se trata de una interjección:

No hay que desanimarse, *diávolo*. Quiere ser inventor y no sabe vender un kilo de papel (197).

Por el contexto se entiende que "diávolo" como interjección tiene un valor algo diferente del castellano *diablo* o *diablos*. Mientras que la interjección cas-

---

[10]   Véase también el resumen de Gnutzmann (2001: 60 s.).

tellana denota "extrañeza, sorpresa, admiración o disgusto"[11], la italiana sirve más bien para subrayar el contenido de la enunciación. Esto produce cierto efecto de exotismo lingüístico sin comprometer demasiado la comprensión. Es más complicado el caso del adjetivo *gentil*, que en la edición de Gnutzmann está marcado como italianismo[12]:

(10) Hay que volver hasta que el comerciante se habitúe a verlo y acabe por comprar. Y siempre "gentil", porque es así (197).

Por la ortografía "gentil" puede ser un lexema castellano. Solo en el nivel semántico aflora como posible italianismo. El italiano *gentile* significa en primer lugar 'amable' y 'cortés', mientras que en el castellano europeo *gentil* se utiliza más bien con los significados 'pagano' y 'gracioso'. Según el *DRAE*[13] el significado 'cortés' existe también en castellano, aunque sea periférico. Según mis informantes, *gentil* es poco usual en el español de la Argentina, pero si hoy día se usa el vocablo es con el significado 'amable' y 'cortés'. Carecemos de información si ese era ya el caso en tiempos de Arlt. En la misma novela *gentil* aparece ya en el primer episodio:

(11) Y el gentil perdulario desapareció después de arrojar al aire el revólver y recogerlo en su vuelo con un cinematográfico gesto de apache (115).

Aquí *gentil* podría tener el significado 'gracioso' o bien utilizarse irónicamente con el valor de 'amable'. En todo caso no podemos excluir que la aceptación que domina en la actualidad en el español rioplatense es el efecto de un italianismo semántico.

Otro caso límite se da en la voz del narrador que presenta al librero italiano con el giro:

(12) ¡Bella persona era don Gaetano! (135).

---

[11] *DRAE* (23.ª edición), <http://lema.rae.es/drae/?val=diablo> (9 de diciembre de 2014).

[12] Otras ediciones ponen *gentile* (véanse Arlt 1958: 101; Arlt 1981: 166). Así se reconoce el italianismo por la grafía.

[13] *DRAE* (23.ª edición), <http://lema.rae.es/drae/?val=gentil> (9 de diciembre de 2014): "1. adj. Entre los judíos, se dice de la persona o comunidad que profesa otra religión. U. t. c. s.; 2. adj. pagano. U. t. c. s.; 3. adj. Brioso, galán, gracioso. Gentil mozo. Gentil donaire; 4. adj. notable. Gentil desvergüenza. Gentil disparate; 5. adj. Amable, cortés".

Por cierto, el sintagma *bella persona* existe en castellano, pero parece más bien un giro que proviene del italiano. Usándolo para presentar a don Gaetano produce un efecto de polifonía. En la voz del narrador reaparece el entorno inmigratorio que hubiera calificado al librero con tal expresión.

Resumimos: No es que Arlt se libere de la mímesis —tanto del uso lingüístico cotidiano como de sus lecturas cultas— con el "entrecruzamiento de palabras o de frases [...] de los dos referentes mencionados" (Ulla 1990: 82), sino que en cuanto a las voces de inmigrantes italianos la escritura de Arlt simplemente no es mimética. Varios protagonistas de *El juguete rabioso* provienen del ambiente migratorio italiano, pero los discursos directos con que Arlt los caracteriza contienen poquísimos italianismos.

Hemos visto entonces que Arlt crea un lenguaje poético para amoldar las voces de inmigrantes italianos que dista mucho del cocoliche de los sainetes. A mi parecer, la diferencia es funcional. Dado que el género de novela no exige como el del sainete entretener a un público presente con efectos cómicos fácilmente inteligibles, Arlt puede inspirarse en el sainete sin mantener su lenguaje. Si los sainetes estilizan los marcadores cocolichescos para que el público crea verdadero lo que se le presenta, Arlt se libera del pacto de veracidad reduciendo el elemento lingüístico italiano al mínimo. Su escritura parece mucho menos una reproducción de la realidad lingüística que un proyecto para un venidero español literario argentino. Anticipa de cierto modo la integración lingüística, puesto que sus inmigrantes italianos ya utilizan el mismo español que los nativos, salvo algunos poquísimos rasgos que dejan entrever su competencia de lengua materna. El hecho de que estos pocos elementos (*te la voglio dire*, *bella persona*, *dio fetente*) reaparezcan en las voces del narrador, del protagonista principal, Silvio, y de su amigo Lucio simboliza el crisol lingüístico rioplatense, cuya pieza fundida más llamativa es el lunfardo[14]. Es precisamente este reduccionismo lo que potencia la escritura de Arlt. Mientras que el sainete en un intento de veracidad opone los gringos a los criollos, Arlt imagina un futuro lingüístico en el que los diferentes elementos populares se funden. Parece que el habla tanto artificial como artística que nace de esta fusión representa incluso mejor a la cultura rioplatense que el "realismo lúdico" del sainete. O quizá no la represente, sino la articule. Es por eso que Arlt se convirtió en uno de los más importantes escritores argentinos.

---

[14] Véase para el proceso de integración de italianismos en el lunfardo Engels/Kailuweit (2011).

CONCLUSIÓN

La novela de Arlt potencia la literaricidad de las voces de inmigrantes en un proceso de *Aufhebung* hegeliana. Si, según Borges (1952: 25), los saineteros "escriben un lenguaje que ninguno habla", la presentación de las voces de inmigrantes en *El juguete rabioso* niega la "realidad lingüística" aún más. Al mismo tiempo la conserva en forma de poquísimos marcadores fonéticos, sintácticos, léxicos y semánticos. Liberado de la coacción comunicativa del sainete, Arlt crea un lenguaje poético que rompe con la tradición del cocoliche teatral. Es el reduccionismo extremo que ya no opera con el antagonismo entre gringos y criollos el que eleva las voces de inmigrantes a un nivel poético superior. Expresiones italianas aisladas pasan también a la boca de los protagonistas nativos, de modo que Arlt proyecta ya la unidad lingüística rioplatense en la cual las voces de inmigrantes italianos tienen su lugar. Si la escritura de Arlt se distingue por la variación de expresiones populares y cultas, en el caso de las voces de inmigrantes es precisamente la amplia equiparación con las voces de nativos lo que crea el efecto literario.

BIBLIOGRAFÍA

ARLT, Roberto (1958): *El juguete rabioso*. Buenos Aires: Losada.
— (1981): *El juguete rabioso*. Barcelona: Bruguera.
— (⁵2001): *El juguete rabioso*. Madrid: Cátedra.
BERG, Walter Bruno (1997): "Oralidad y argentinidad: contornos de un proyecto de investigación", en: Berg, Walter Bruno/Schäffauer, Markus Klaus (eds.): *Oralidad y argentinidad. Estudios sobre la función del lenguaje hablado en la literatura argentina*. Tübingen: Narr, 19-27.
— (1999): "Apuntes para una historia de la oralidad en la literatura argentina", en: Berg, Walter Bruno/Schäffauer, Markus Klaus (eds.): *Discursos de oralidad en la literatura rioplatense del siglo XIX al XX*. Tübingen: Narr, 9-120.
BONET, Carmelo M. (1948): "El gringo en la literatura rioplatense", en: *Boletín de la Academia Argentina de Letras*, tomo 17, n.° 66, octubre-diciembre 1948. Buenos Aires: Coni, 621-641.
BORGES, Jorge Luis (1952): *El idioma de los argentinos. Disertación pronunciada en el Instituto Popular de Conferencias 1927*. Buenos Aires: Peña/Del Guidice Editores.
CONDE, Oscar (2011): *Lunfardo. Un estudio sobre el habla popular de los argentinos*. Buenos Aires: Taurus.

COSERIU, Eugenio (2007): *Lingüística del texto. Introducción a la hermenéutica del sentido.* Edición, anotación y estudio previo de Óscar Loureda Lamas. Madrid: Arco Libros.

DI TULLIO, Ángela (2006): "Organizar la lengua, normalizar la escritura", en: Rubione, Alfredo (ed.): *La crisis de las formas* (vol. 5). *Historia crítica de la literatura argentina* dirigida por Noé Jitrik. Buenos Aires: Sudamericana, 543-580.

— /KAILUWEIT, Rolf (2011): "Introducción", en: Di Tullio, Ángela/Kailuweit, Rolf (eds.): *El español rioplatense: lengua, literatura, expresiones culturales.* Madrid/Frankfurt: Iberoamericana/Vervuert, 11-19.

ENGELS, Kathrin (2012): *Cocoliche als Mediensprache. Die Darstellung einer Lernervarietät im Theater des Rio de la Plata-Raums.* Freiburg: Rombach.

— /KAILUWEIT, Rolf (2011): "Los italo-lunfardismos en el sainete criollo", en: Di Tullio, Ángela /Kailuweit, Rolf (eds.): *El español rioplatense: lengua, literatura, expresiones culturales.* Madrid/Frankfurt am Main: Iberoamericana/Vervuert, 227-247.

GNUTZMANN, Rita (⁵2001): "Introducción", en: Arlt, Roberto: *El juguete rabioso.* Madrid: Cátedra, 9-83.

JAKOBSON, Roman (1975): "Lingüística y poética", en: *Ensayos de lingüística general.* Barcelona: Seix Barral, 347-395.

KAILUWEIT, Rolf (2011): "Deícticos en la creación de un espacio lingüístico-cultural rioplatense", en: Di Tullio, Ángela/Kailuweit, Rolf (eds.): *El español rioplatense: lengua, literatura, expresiones culturales.* Madrid/Frankfurt: Iberoamericana/Vervuert, 209-225.

LAVANDERA, Beatriz (1984): *Variación y significado.* Buenos Aires: Hachette.

MARTÍNEZ CUITIÑO, Vicente (1949): *El café de los inmortales.* Buenos Aires: Guillermo Kraft.

MEO ZILIO, Giovanni/ROSSI, Ettore (1970): *El elemento italiano en el habla de Buenos Aires y Montevideo.* Firenze: Valmatina.

NOVIÓN, Alberto (1920 [1908]): "La cantina", en: *Teatro Argentino. Revista Teatral,* año II, n.° 29, 18 de junio de 1920.

PODESTÁ, José (1930): *Medio siglo de farándula.* Buenos Aires: Río de la Plata.

POLLMANN, Leo (1999): "Oralidad en textos de 'hijos de inmigrantes'", en: Berg, Walter Bruno/Schäffauer, Markus Klaus (eds.): *Discursos de oralidad en la literatura rioplatense del siglo XIX al XX.* Tübingen: Narr, 242-267.

ULLA, Noemí (1990): *Identidad rioplatense, 1930. La escritura coloquial (Borges, Arlt, Hernández, Onetti).* Buenos Aires: Torres Agüero.

VACCAREZZA, Alberto (1925): "La vida es un sainete. Dos cuadros porteños", en: *La Escena. Revista Teatral,* año VIII, n.° 354, 09 de abril de 1925.

"De monstruos y luminosos ángeles"
Antropología y estética arltiana

Ursula Hennigfeld

> *"Los seres humanos son más parecidos a monstruos cha-*
> *poteando en las tinieblas que a los luminosos ángeles de*
> *las historias antiguas"[1].*

Resumen

El artículo trata el concepto arltiano del hombre como monstruo y la estética de luz y fuego en la novela *Los lanzallamas*. Interpreta la figura del monstruo como una marcación de los límites de la cultura desde la presupuesta perspectiva de la "normalidad" que oscila entre disgusto y fascinación. El término de lo monstruoso sirve para denominar la otredad irreductible evocando un miedo irracional. A través de *El psicoanálisis del fuego* (1938), de Gaston Bachelard, se propone otra interpretación de la novela arltiana, de la modernidad metropolitana a principios del siglo xx y un desciframiento de los nuevos procedimientos estéticos de Arlt.

1. El hombre como monstruo

El monstruo —como ser entre hombre y animal— determina los límites de la cultura y está en una posición marginal o marginalizada. La percepción del monstruo desde la perspectiva de la "normalidad" oscila entre el disgusto y la fascinación[2]. Según Derrida, el monstruo es una escenificación modélica de "lo

---

[1] "A mi esposa Carmen Antinucci", dedicatoria a *El jorobadito* (Arlt 1991: tomo II, 183).

[2] "Stets an die äußersten Ränder gedrängt, figurieren die Monster also dort, wo der menschlichen Wahrnehmung Grenzen gesetzt waren. Die marginale Position findet sich nun auch in der (bio-)systematischen Verortung der monströsen Wesen wie-

otro" y configura *ex negativo* la norma³. Stammberger opina que las monstruo-sidades son elementos constitutivos de los discursos normativos que estabili-zan las sociedades modernas. Mediante los discursos normativos y normaliza-dores, las sociedades modernas intentan homogeneizarse y formar una identidad y una diferencia⁴. De ahí ya podemos deducir que el monstruo des-empeña un papel importantísimo para los límites y normas de una sociedad en pleno proceso de transformación. Buenos Aires en los años veinte está en pleno proceso de cambio: es un tiempo de crisis, los años de la modernización econó-mica y tecnológica, del auge de nuevos medios como el cine y de migración⁵.

Arlt había previsto para la novela que luego llamará *Los lanzallamas* el títu-lo original de *Los humillados* o de *Los monstruos*⁶. El monstruo representa tan-to lo inhumano de los protagonistas y sus crímenes atroces como la frialdad afectiva con que estos tratan a los demás. Pero lo monstruoso consiste también en la alienación de los personajes como resultado de la vida metropolitana mo-derna. Nerviosismo, miedo, soledad y desesperanza son elementos que caracte-rizan su vida⁷. Sin embargo, estos monstruos hacen preguntas existenciales o existencialistas, como por ej.: "¿Qué sentido tiene la vida?", "¿Qué es el hom-bre?", "¿Existe la locura?", "¿Por qué la vida trataba así a los pobres seres hu-manos?", "¿Por qué los rompía a pedazos?", "Dios, decime, ¿qué hiciste vos por nosotros?", "¿Qué tengo que hacer?", "¿Por qué, viviendo, realizamos tantos actos inútiles, cobardes, o monstruosos?" (*ibid.*: 17, 57, 104, 136, 170, 192, 209). Eso demuestra claramente que los personajes no solo son monstruos crueles y sin emociones, sino también criaturas que sufren⁸.

Quiero aclarar con algunos ejemplos lo que significa lo monstruoso para los personajes: Hipólita, la exmujer de Ergueta, piensa que todos los hombres son monstruos. Ella espera que llegue una superhembra para salvar al mundo.

der, die zumeist an der Grenze zwischen Mensch und Tier eingeschrieben werden" (Ochsner [2010: 30]).

3   Derrida (1967: 428). Véase también Williams (2011) y Ochsner (2010: 9-16).
4   Stammberger (2011: 12, 64, 189).
5   Véase Spillane McKenna (2002). Véase también Wolfenzon (2002).
6   Gnutzmann (2004: 43) y también Goloboff (1988: 73).
7   Para el análisis de los efectos que la vida moderna metropolitana ejerce sobre los in-dividuos, véase Simmel (2008 [1903]).
8   La caracterización arltiana del actor alemán Emil Jannings también es válida para los per-sonajes de *Los siete locos* y *Los lanzallamas*: "Emil Jannings representa el monstruo des-pótico, sacudido por todas las fierezas del desequilibrio hereditario. Y como es un mons-truo sincero —reparen en esto— no es antipático. [...] Este monstruo tiene miedo de la muerte", ("Viendo actuar a Emil Jannings", en Arlt 1997: 52-53).

Repite que algún día nacerá la mujer que venza al monstruo y lo rompa[9]. Elsa, la exmujer de Remo Erdosain, opina que su marido se fue transformando lentamente en un monstruo[10]. No parecía él, sino otro hombre. No puede decir con exactitud cuándo empezó a volverse loco: "Recién había visto el monstruo que existía en él. ¿Cuándo se despertó? No lo sé. Pero él era un monstruo, un monstruo frío, un pulpo. Eso, un pulpo envasado en el cuerpo de un hombre... un hombre que era él... y que no fue" (ibid.: 131). Elsa traduce la deformación física de su marido en una imagen de un hombre convirtiéndose en animal. Remo está metamorfoseándose en hombre-pulpo.

Remo Erdosain se califica a sí mismo de "monstruosamente solo" (ibid.: 33). Sin embargo, vive en una metrópolis con "tres mil millones" de habitantes, como dice (ibid.: 36). Arlt sustituye la soledad del hombre de la pampa —discurso sobre lo sublime y programa poético para los vanguardistas— por la soledad del hombre en la gran ciudad[11]. Su protagonista, Erdosain, percibe Buenos Aires como

una ciudad negra y distante, con graneros cilíndricos de cemento armado, vitrinas de cristales gruesos, y, aunque quiere detenerse, no puede. Se desmorona vertiginosamente hacia una supercivilización espantosa: ciudades tremendas en cuyas terrazas cae el polvo de las estrellas, y en cuyos subsuelos, triples redes de ferrocarriles subterráneos superpuestos arrastran una humanidad pálida hacia un infinito progreso de mecanismos inútiles (ibid.: 35).

La percepción de la ciudad es únicamente negativa, ya que la ciudad decadente está destinada al precipicio ("negra y distante", "se desmorona", "cae"). Los materiales con los que se construye son fronteras transparentes ("cristales") o intransparentes ("cemento") que impiden al hombre mirar las estrellas. El solo ve caer su polvo. La ciudad personificada es temible, peligrosa y violenta ("armado", "vertiginosamente", "espantosa", "tremendas", "arrastran"). Fuerza al hombre a una vida acelerada sin ninguna posibilidad de detenerse, de habituarse a la vida urbana o de descansar ("aunque quiere detenerse, no puede", "arrastran una humanidad pálida hacia un infinito progreso")[12]. Según Komi, la me-

---

[9]   "¡El hombre! Y ella repite furiosamente, en pensamiento: el Hombre. Monstruo. ¿Cuándo nacerá la mujer que venza al monstruo y lo rompa?" (Arlt 1995: 104).

[10]   "La conducta de mi esposo hacía tiempo era anormal [...] ¡Qué monstruo! Un monstruo, sí, un loco; no puedo decir otra cosa" (ibid.: 134-137).

[11]   Para un análisis de la estética de la pampa sublime véase Chihaia, Matei (2008).

[12]   Al igual que en la película Metrópolis, de Fritz Lang, la ciudad arltiana se divide en una parte subterránea y una parte en la superficie. Los obreros trabajan en fábricas

106   URSULA HENNIGFELD

trópolis arltiana se trasforma de *polis* en *tyrannopolis*, en *claustrópolis* (como espacio de exclusión) y por ende en *necrópolis*[13].

Al igual que los demás personajes, Erdosain no tiene esperanzas de un futuro mejor, además, ha perdido sus ilusiones y sus metas. Es uno de esos hombres que, según el Astrólogo, han "perdido la costumbre de mirar las estrellas" (*ibid*.: 21). El Astrólogo precisa que esto significa que los hombres viven sin esperanza en un futuro mejor y también sin meta, y que están completamente desengañados. La estrella es una metáfora de la posibilidad de otra vida[14].

Dentro del cuerpo de Remo Erdosain se esconde el mal, descrito con la metáfora de un feto monstruoso: "Lo real es que hay en su entraña, escondido, un suceso más grave; no sabe en qué consiste, pero lo percibe como un innoble embrión que con los días se convertirá en un monstruoso feto" (*ibid*.: 55). Es decir, lo monstruoso es lo oculto, lo que no se puede calificar y comprender con los criterios conocidos. El hombre siente que hay algo ("lo percibe"), pero no sabe qué es ("no sabe en qué consiste") y no lo puede nombrar. Es algo que se siente, que está en su subconsciente, pero que la razón no llega a captar. Lo monstruoso es un obstáculo al conocimiento (*Erkenntnishindernis*). El mal crece y nacerá al final de la novela: Erdosain matará a su joven amante. Poco tiempo después se suicidará en un tren que es el símbolo prototípico de la modernidad y de la velocidad —el escritor francés Émile Zola lo denominó "la bête humaine"—.

Antes de suicidarse, Remo se da cuenta de que "[e]l que le hace daño a los demás, en realidad fabrica monstruos que tarde o temprano lo devorarán a él" (*ibid*.: 199). Su última monstruosidad consistirá en el asesinato de su amante y el suicidio después de haber contado su historia al cronista. Se suicida para matar al monstruo que vive dentro de él, que también *es* él y que le hace sufrir. La frase de Rimbaud "*Je est un autre*" en el universo de *Los lanzallamas* signi-

---

bajo la ciudad, mientras que los ricos ven el mundo desde los grandes rascacielos: "Cada vez más existencias, más edificios, más dolor. Cárceles, hospitales, rascacielos, superrascacielos, subterráneos, minas, arsenales, turbinas, dinamos, socavones de tierra, rieles; más abajo vidas, suma de vida" (Arlt 1995: 170). Para una comparación entre *Los lanzallamas* y *Metrópolis* véase Gnutzmann (2003) y Schuchard (2001).

[13] Komi (2008: 185 y 225).

[14] "Esos trabajos: fundir cañones, guiar ferrocarriles, purgar penas carcelarias, preparar alimentos, gemir en un hospital, trazar letras con dificultad, todos estos trabajos se hacen sin ninguna esperanza, ninguna ilusión, ningún fin superior" (Arlt 1995: 17); "Una estrella vista entre las ramas de un duraznero parece una promesa de otra vida" (*ibid*.: 68).

fica 'Yo es un monstruo'. Erdosain vive la experiencia de un desdoblamiento continuo:

> Vive simultáneamente dos existencias: una, espectral, que se ha detenido a mirar con tristeza a un hombre aplastado por la desgracia, y después otra, la de sí mismo, en la que se siente explorador subterráneo, una especie de buzo que con las manos extendidas va palpando temblorosamente la horrible profundidad en la que se encuentra sumergido (*ibid*.: 35)[15].

Lucha por recuperar su identidad, pero le resulta imposible. Vive el sentimiento perpetuo de alienación constante[16]. En categorías médicas, esas experiencias de disociación, de ruptura, de autismo y de pérdida de la realidad en que está viviendo Erdosain se podrían interpretar como síntomas de esquizofrenia. Según Gilles Deleuze, el esquizofrénico demarca el límite conjurado, reprimido y detestado de la sociedad moderna[17]. Interpretando el personaje de Erdosain de

---

[15]   La metáfora de la sumersión y la descripción de los hombres como peces en un acuario son un *leitmotiv* en *Los lanzallamas*: doña Ignacia tiene "ojos muertos como los de un pez" (*ibid*.: 38), Erdosain es calificado de "pulpo" (*ibid*.: 131), los obreros en las fábricas "se mueven como grises peces viscosos" (*ibid*.: 178) y la ciudad se parece a un gran acuario: "Por allí entraba una cenicienta claridad crepuscular, semejante a las luces del acuario en las que flotan, con torpes buzoneos, peces cortos de vista" (*ibid*.: 34), "Toca la oscuridad de la noche alta sobre la ciudad como un océano sobre un mundo sumergido" (*ibid*.: 171).

[16]   "Quiere pensar, ordenar sus ideas, recuperar su 'yo', y ello es imposible", "Ahora, cuando entraba a la casa, no parecía él, sino otro hombre; otro hombre que con su mismo rostro había adquirido sobre mí no sé qué derecho, y que se me imponía con el misterio de su vida callada, sin explicaciones, sin rumbo. [...] Yo lo miraba a él como si fuera otro: otro que hacía mucho tiempo que se había perdido en mi vida, y que de pronto el azar me lo presentaba desnudo de toda máscara en un antro espantoso" (*ibid*.: 35 y 127-128).

[17]   Gilles Deleuze enumera los criterios con los que normalmente (pero, según él, injustamente) se describe la esquizofrenia. Deleuze propone no definir la esquizofrenia en términos negativos de carencia, sino más bien interpretarla de proceso: "C'est la même erreur, finalement, qui fait définir la schizophrénie en termes négatifs ou de manque (dissociation, perte de réalité, autisme, forclusion) et qui mesure la schizophrénie à une structure familiale dans laquelle ce manque est repéré. [...] [U]ne rupture, une irruption, une percée qui brise la continuité d'une personnalité, l'entraînant dans une sorte de voyage à travers un 'plus de réalité' intense et effrayant, suivant des lignes de fuite où s'engouffrent nature et histoire, organisme et esprit" (Deleuze 2003 : 25-27). También Rose Corral diagnostica una brecha en la relación con el mundo y una rotura en la relación consigo mismo como indicio de esquizofrenia (Corral 1992: 35).

este modo, Arlt tematiza no solo los umbrales entre lo humano y lo inhumano, sino que también reflexiona acerca de cómo una sociedad —a través de procesos violentos de exclusión e inclusión— intenta darse una identidad normalizada y homogeneizada.

No solo el sueño de la razón produce monstruos como muchos antes lo insinuara ya Francisco de Goya, sino también la vida urbana. Los hombres que trabajan en fábricas capitalistas sirven de ejemplo. En *Los lanzallamas*, la fábrica se presenta como un infierno subterráneo:

> Hombres con escafandras de buzo, con trajes de impermeables empapados de aceite, se mueven en neblinas de gases verdosos. Grandes compresores entuban gas venenoso en cilindros de acero laminado. Manómetros como platos blancos marcan presión de atmósfera. Los elevadores van y vienen. Cuando se ha disipado la nube verde, la usina amarillea. Cortinas de gas amarillo a través de las cuales los monstruos escafandrados se mueven como grises peces viscosos (*ibid.*: 178).

Al principio de la descripción vemos hombres con escafandras que se mueven en la fábrica. Al entrar en contacto con los gases —descritos con color verde y amarillo evocando también escenarios de la Primera Guerra Mundial— los hombres se transforman, primero, en monstruos y, luego, en peces viscosos. Incluso los elementos se transforman: la tierra se transforma en gas, el gas se transforma en líquido. La literatura secundaria elogia con frecuencia la calidad sensual de la escritura arltiana y sus técnicas narrativas semejantes al cine —esta cita puede servir de prueba[18]—. Los elevadores, el gas, los hombres moviéndose como bancos de peces se leen como una descripción del trabajo obrero en las fábricas subterráneas de *Metrópolis*, de Fritz Lang[19].

El Astrólogo y Remo Erdosain son probablemente los personajes más importantes de la novela. Ambos son monstruosos; el Astrólogo lo es también en el sentido de poseer un cuerpo deforme: está castrado. Pero también está deforma-

---

[18]   P. ej., Sebreli, que califica a Arlt de "escritor visual" (Sebreli 2005).

[19]   El propio Arlt ha escrito varias aguafuertes sobre el cine, p.ej., sobre algunas películas: "No todas son lo mismo" (con Ralph Bellamy y Gloria Seha), "Acosada" (con Madeleine Carrol y George Brent), "Reina por nueve días" (con Nova Pilbean y Cedric Hardwicke), "Mayerling" (con Charles Boyer y Danielle Darrieux) o intituladas "¿Soy fotogénico?", "Apoteosis de Charlie Chaplin", "Viendo actuar a Emil Jannings", "Mamá, quiero ser artista", "El cuento de la película", "Las 'academias' cinematográficas", "Final de 'Luces de la ciudad'", "El cine y las costumbres", "Me parezco a Greta Garbo", reunidos en: Arlt (1997). Con respecto a la importancia del cine, sobre todo del cine expresionista para la obra arltiana, véase Ríos (2009), Aisemberg (2000), Gnutzmann (2003), Schuchard (2001).

do psicológicamente: cuenta que unos monstruos trabajaban en su cerebro hasta que vio la luz[20]. Se ha vuelto loco y tiene fantasías peligrosas y prefascistas de omnipotencia (a lo mejor para compensar su impotencia sexual): "Somos hombres subterráneos [...] Nos hemos infiltrado como lepra en todas las capas de la humanidad. Somos indestructibles. Crecemos día por día, insensiblemente. [...] Somos los omnipotentes" (*ibid.*: 99). Su meta es una revolución violenta con fusilamientos en la calle, violaciones, saqueos, hambre y terror. Manipula a la gente para encontrar esclavos que preparen su revolución cruel[21]. Quiere vencer al sistema capitalista predicando odio, exterminio, disolución y violencia. Su libre albedrío opta por el papel del monstruo para que la sociedad cambie y venza el amor:

> También sé que el amor salvará a los hombres; pero no a estos hombres nuestros. Ahora hay que predicar el odio y el exterminio, la disolución y la violencia. El que habla de amor y respeto vendrá después. Nosotros conocemos el secreto, pero debemos proceder como si lo ignoráramos. Y Él contemplará nuestra obra, y dirá: 'Los que tal hicieron eran monstruos. Los que tal predicaron eran monstruos...' pero Él no sabrá que nosotros quisimos condenarnos como monstruos, para que Él... pudiera hacer estallar sus verdades angélicas (*ibid.*: 26).

El Astrólogo presenta un discurso perverso de redención. Lo monstruoso aparece aquí como un secreto que la mayoría de la gente ignora y que solo conocen unos pocos iniciados. Lo monstruoso pretende adelantarse al saber. El Astrólogo recrimina al capitalismo haber convertido al hombre en un "monstruo escéptico", solo buscando cigarrillos, algo que comer y alcohol (*ibid.*: 28). Se sirve de argumentos prototípicos del discurso terrorista. Para él, el fin justifica los medios[22].

Todos los personajes califican a los demás de monstruos —es un término para denominar la otredad irreductible, incomprensible que evoca un miedo irracional—. Para Hipólita, el monstruo es la *conditio humana* de sus contem-

---

[20]   "Pensé matarme; muchos monstruos trabajaron en mi cerebro días y noches; luego las tinieblas pasaron y entré en el camino que no tiene fin" (Arlt 1995: 27).

[21]   "Las células enérgicas requieren la colaboración de hombres jóvenes, de carácter templado, audaz y sin escrúpulos. Células así compuestas deben colocarse por encima de toda contemplación de tono sentimental. Los medios que estas células pondrán en práctica deben ser enérgicos. Se recomienda la comisión de gravísimos delitos sociales, como pueden ser ejecución colectiva y aislada de jefes militares, de políticos de filiación netamente antiproletaria y de capitalistas conocidos por su temple endemoniado" (*ibid.*: 91).

[22]   Los terroristas de la obra dramática *Les justes*, de Albert Camus, publicada en 1949, utilizarán palabras casi idénticas (Camus 1959 [1949]).

poráneos. Elsa Erdosain utiliza la metáfora del monstruo para expresar la perversidad y locura de su exmarido, resultado de una lenta transformación mental. Remo expresa su soledad con la metáfora del monstruo, pero también hace hincapié en el mal que le atrae y que le inspira la crueldad de sus crímenes. Al final, el mal lo destruirá. Para el Astrólogo, los hombres-monstruos son una visión, un estado intermedio en camino hacia un mundo mejor. No se da cuenta de que ya se ha transformado en monstruo —tanto corporal como psicológicamente—. Pero sobre todo es la gran ciudad la que produce monstruos, ya que el hombre alienado por el trabajo dentro del sistema capitalista se convierte necesariamente en monstruo.

2. Luz y fuego

Como el título de la novela ya indica, luz y fuego desempeñan un papel importantísimo[23]. Por una parte, Arlt tematiza una realidad concreta y material de la metrópolis: evoca las luces de la gran ciudad en forma de lámparas eléctricas en la calle, de publicidad de neón titubeante y de proyectores que iluminan los trabajos nocturnos en los ferrocarriles, en la construcción de carreteras, etc[24]. Por otra parte, luz y fuego tienen un significado simbólico y metafórico.

Desde los presocráticos conocemos la luz como metáfora de verdad y conocimiento. Parménides describe el proceso del conocimiento como viaje desde el espacio de la noche hacia el espacio de la luz. En la alegoría del sol platónico, la luz representa la idea de lo bueno[25]. Sabemos que —según el Génesis bíblico— todo empezó con Dios diciendo "Fiat lux" (Gn 1, 3). La oscuridad es

---

[23]   Según Ponce, la electricidad es un sinónimo de progreso, tecnología y conocimiento en el imaginario argentino. Desde 1926, toda la ciudad de Buenos Aires está electrificada. Sin embargo, la luz en los textos de Arlt está cambiando de efectos: "Las zonas de oscuridad y luz creadas por el proceso de electrificación de Buenos Aires durante los primeros treinta años del siglo pasado, cercan el mundo narrativo de Roberto Arlt. La luz es objeto de fascinación en sus textos, entre cuyas páginas difícilmente se encuentra una sola en la que no aparezca alguna referencia a la luz" (Ponce 2004: 157).

[24]   P. ej.: "Centenares de lámparas eléctricas proyectan claridad de agua incandescente", "los letreros tubulares se enciende y se apagan", "un cartel luminoso que hay en la fachada frontera", "un reflector gira haces de luz violeta y amarilla", "centelleantes lámparas eléctricas iluminan rectangulares ventanillas" (Arlt 1995: 64, 68, 103, 115, 152).

[25]   Beierwaltes (1980).

el espacio de la ausencia de Dios (Mt 8, 12); Cristo se llamará "luz del mundo" (Jn 8, 12). La lucha entre luz y oscuridad es la lucha mítica entre el bien y el mal, el orden y el caos. Pero en *Los lanzallamas* nos vemos enfrentados a algo más complejo que no se puede explicar únicamente con las metáforas de luz y oscuridad. Por eso me referiré a una obra filosófica que permite leer la novela de Arlt de otra manera: *El psicoanálisis del fuego*, de Gaston Bachelard; es casi contemporánea de la novela de Arlt, publicada en 1938 y también está inspirada en la vida moderna de una gran metrópolis[26].

El hombre pensativo y consciente de su soledad está en el centro de la teoría de Bachelard —un paralelismo llamativo con la novela arltiana—. Bachelard opina que el fuego está vinculado a convicciones sujetivas —más que a conocimientos objetivos y científicos—. La adoración del fuego persiste, incluso en la Edad Moderna. La realidad no influyó en las metáforas del fuego, sino al revés: la métafora del fuego influyó en la realidad objetiva y la transformó. Así se produjeron nuevas estructuras del alma. La imagen del fuego es considerada como imagen de máxima productividad poética y ejemplo de un tipo de complejo arcaico productivo (*fruchtbarer archaischer Komplex*) en el sentido de C. G. Jung.

El fuego es ultravital y universal, representa toda modificación rápida. Es un principio universal de interpretación caracterizado por una ambivalencia fundamental: puede significar el horno, el Paraíso, lo bueno; pero al mismo tiempo significa el apocalipsis, el infierno, lo malo. Las características del fuego son contradictorias. Es asociado tanto con la pureza como con la impureza, puede curar y destruir. Bachelard establece una correspondencia entre el fuego y la "rêverie": la contemplación del fuego inspira el pensamiento filosófico. El amor, la muerte y el fuego están estrechamente vinculados. El fuego es el ejemplo de una transformación rápida y guiada por un objetivo final, pero también el de una destrucción definitiva.

Según Bachelard, el fuego es un elemento clave de nuestros sueños; soñar con él tiene una motivación sexual. Argumenta que el fuego se enciende por fricción, y eso es una experiencia sexualizada. La experiencia de la copulación marca el principio de la reproducción del fuego porque el parentesco entre fuego y amor se basa en la fricción, dice Bachelard. La luz eléctrica también es un fuego secreto y sexual. El fuego es el eslabón de todos los símbolos y un principio creador (*Formprinzip*) de la individualidad. Sus imágenes poéticas se encuentran en una zona intermedia entre razón y subconsciente:

---

[26] Bachelard (1953 [1938]).

Si lo que cambia con lentitud se explica por la vida, lo que cambia rápidamente se explica por el fuego. Este es lo ultraviviente. Es íntimo y universal. Vive en nuestro corazón. Vive en el cielo. Llega a lo más hondo de la materia y se entrega como un amor. Torna a descender en la materia y se oculta, latente, contenido como el odio y la venganza. Entre todos los fenómenos es, verdaderamente, el único que puede recibir de modo neto las dos valorizaciones opuestas: el bien y el mal. Brilla en el Paraíso. Arde en el Infierno. Es dulzura y tortura. Es cocina y apocalipsis (Bachelard 1953: 21).

Siguiendo la interpretación de Bachelard, se podría llegar a la hipótesis de que Roberto Arlt describe tanto el cambio rápido y radical de la metrópolis como el fenómeno del individuo moderno, recurriendo a la imagen arcaica del fuego como procedimiento estético. Esta hipótesis se puede aclarar con algunos ejemplos:

1. La luz artificial de los proyectores iluminando los trabajos nocturnos en la metrópolis con cientos de hombres poniendo carriles y levantando rascacielos es el signo de una transformación rápida y radical[27].

2. El fuego interior quemando las entrañas del hombre se asocia con el protagonista, Erdosain. Siente en su interior una "burbuja de fuego fatuo" y "luces de bengala" estallan en su espíritu (Arlt 1995: 36, 220). Constantemente quiere protegerse de un "sol invisible" que corre con "olas de fuego" dentro de su mente —un indicio de su creciente locura (ibid.: 57)—. El sufrimiento y la alienación de sí mismo son vividos como un fuego consumidor[28]. El fuego es indicio de su locura, que se apodera cada vez más de él y le hace cometer crímenes horribles como poseído por el demonio.

3. Arlt describe la locura evidente de los personajes bajo el resplandor de la luz artificial, eléctrica. Cuando el Astrólogo revela sus proyectos de una revolución violenta para la que quiere servirse de gases mortíferos, Arlt logra un efecto dramático mediante la iluminación. Frases como "la luz de la lámpara eléctrica oscila violentamente", "nuevamente la corriente eléctrica oscila", "bruscamente la luz recobra su intensidad normal" (ibid.: 86-92) demuestran

---

[27] Arlt 1995: 63-64, 212.
[28] "El dolor abandonado permanece allí más abrasador, quemándole las sienes [...]. Fuego consumidor, se quema despacio en sí mismo", "el dolor, como un carbón débilmente encendido", "Erdosain tiene la sensación de que su carne ennegrece a la luz de la lámpara" (Arlt 1995: 176, 177, 203). Haffner muriendo tiene "labios de fuego", describe la sed como "una culebra de fuego" y sufre "como si estuviera sobre un lecho de fuego" (ibid.: 113, 117, 118).

que Arlt se sirve de técnicas dramáticas del cine[29]. Con estas técnicas filmográficas Arlt estructura y dramatiza la narración del Astrólogo (uno piensa inmediatamente en el *Doctor Mabuse*, de Fritz Lang, película rodada en 1922. El doctor Mabuse también manipula a la burguesía y forma parte de una sociedad secreta).

Al tiempo que el Astrólogo intenta manipular a la gente para sus propios fines, controla también la iluminación de su despacho, p.ej., gira la lámpara, así que su interlocutor se queda en la oscuridad y empieza a tener miedo[30]. Pero las lámparas eléctricas producen además efectos de los que él no se da cuenta, pero que revelan su carácter. La lámpara del cuarto proyecta su sombra de manera que parte en dos el mapa de los Estados Unidos. En este mapa, el Astrólogo había marcado con banderitas negras los territorios donde dominaba el Ku-Klux-Klan. Su admiración por el Ku Klux Klan demuestra que es un personaje peligroso. No solo parte en dos el mapa de los Estados Unidos, sino que también divide a los hombres en terroristas revolucionarios y víctimas inocentes aunque necesarias. Los Estados Unidos representan una vida mejor, riqueza y éxito y todo a lo que aspira el personaje de Barsut[31]. Pero también son la cuna del sistema capitalista que corrompe a los hombres en la metrópolis de Buenos Aires. Representan ese sistema odioso que el Astrólogo quiere destruir.

4. Aparte de la locura y del mal, el fuego muchas veces es un fuego sexualizado, según el análisis de Bachelard. Luchar contra el fuego significa luchar contra los deseos sexuales. La cita siguiente describe un acto sexual imaginado por Erdosain y demuestra que en su extraña fantasía el fuego y el sexo están estrechamente vinculados:

> Hombres que desnudan sus órganos genitales en cuartos oscuros y llaman a la mujer que pasa hacia la cocina con una sartén. [...] El órgano genital se congestiona e inflama, y crece, la mujer deja su sartén en el suelo, y se tiende en la cama, con una sonrisa desgarrada, mientras abre las crines que le ennegrecen el sexo. El hombre derrama su

---

[29]   Sobre todo en los capítulos *Haffner cae* y *La agonía del Rufián Melancólico* donde Arlt imita la técnica del *close-up*, en *El Abogado y el Astrólogo* y *La buena noticia* donde el Astrólogo se sirve varias veces de su lámpara para una conversación amenazante e inquisitoria, y finalmente en la dramática escena del asesinato de la Bizca por Erdosain, en *El homicidio*.

[30]   *Ibid.*: 83-101.

[31]   Según Wolfenzon, el tema de la frontera y de los Estados Unidos sigue una "lógica de la transgresión" (Wolfenzon 2002: 427). Spillane McKenna opina que el mapa de los Estados Unidos aparece en las escenas claves de *Los siete locos* y de *Los lanzallamas* (Spillane McKenna 2002: 305).

semen en la oscuridad ceñida y ardiente. Luego cae, desvanecido, y la mujer entra tranquilamente a la cocina para freír en su sartén unas lonjas de hígado (Arlt 1995: 211).

Y lo que es aún más importante para Bachelard: el fuego manifiesta una ira interior, un estado psicológico excepcional. Es la materialización de un afecto muy fuerte. De esta manera podemos interpretar el asesinato de la amante por Erdosain en el capítulo intitulado *El homicidio* que Julio Cortázar calificó de "admirables páginas finales"[32].

En este capítulo se revela que la lucha contra el fuego es la lucha contra los deseos sexuales, la manifestación de una ira interior, de un estado de excepción. A la una de la noche, Remo vuelve a casa y enciende la lámpara en la cabecera de la cama en la que duerme su joven amante. Mira el cuerpo desnudo de la mujer dormida, iluminado por la lámpara. Luego coloca una pistola bajo la almohada, apaga la luz y se duerme. Poco después se despierta porque la chica lo está besando y acariciando[33]. Variando el antiguo *topos* de la "vagina dentata", Remo se siente "enquistado en la pulpa ardiente de un monstruo gigantesco" (*ibid.*: 289). En la oscuridad aparece el lado monstruoso de Remo Erdosain y el fuego interior estalla. Finge consentir en la copulación, pero mientras besa a la chica dispara la pistola y la asesina. Inmediatamente después de su acto atroz, enciende la luz otra vez para contemplar a la chica muerta. Cuando intenta volver su cara hacia la luz se da cuenta de que aún no ha muerto[34]. La luz de la lámpara y la vida se apagan simultáneamente: "De pronto ella se dobló, y arrastrando el cable de la lámpara se desmoronó a un costado. Su cabeza chocó contra la alfombra, la lámpara se apagó, y ya no respiró más" (*ibid.*: 291). Después del asesinato, la luz de la mañana aclara a la vez la mente de Erdosain y el mundo real exterior[35]. Locura y crimen se asocian con la oscuridad; vida y razón, con la luz. La mente de Erdosain sigue describiéndose a través del contraste entre luz y oscuridad, la narración se lee como un escenario con instrucciones de iluminación: Erdosain enciende la lámpara, entra en el cuarto de baño, pero no soporta mirarse al espejo, siente horror de sí mismo y apaga la luz otra

---

32   Cortázar (1983: 253).
33   "Encendió la lámpara que estaba a la cabecera de su cama, y la luz azul que filtraba la caperuza del velador descubrió dormida, dándole las espaldas, a la Bizca. [...] Apagó la luz [...] Durmió dos horas. [...] pero una mano quemante bifurcaba los dedos en su bajo vientre [...]" (Arlt 1995: 287-288).
34   "Encendió la lámpara y quedóse sorprendido ante el espectáculo extraño que se ofrecía a sus ojos. [...] volvió la cara hacia la luz" (*ibid.*: 290).
35   "Una franja de sol y de mañana aclara un instante su oscuridad demencial y las tinieblas del cuarto" (*ibid.*: 291).

vez. Poco después enciende un fósforo[36]. Esta acción se puede interpretar, le-yéndolo con Bachelard, como indicio de un afecto muy fuerte. Esa técnica in-termedial que alude al cine es característica de la escritura original arltiana. Erdosain sale de la casa a la calle, donde las "luces de las bocacalles resbalan por la superficie de sus ojos con imágenes de un filme acelerado" (*ibid.*: 292)[37]. Al amanecer se refugia en la casa del narrador para esconderse del sol. Le con-fiesa su crimen al cronista que debe tomar nota en la semioscuridad porque Remo Erdosain ya no soporta el sol del día. Esto se puede leer como estrategia de suplantación: ya no es capaz de enfrentarse a su crimen[38]. Además, alude a las películas de vampiros. Al vampiro, p.ej., a *Nosferatu* en la famosa película de Fritz Lang, le hace daño el sol natural del día (como símbolo de lo bueno, diametralmente opuesto a él en tanto que pertenece al imperio del mal).

Estos ejemplos demuestran claramente que en *Los lanzallamas*, luz y fuego oscilan entre una valorización metafísica y la manifestación concreta y mate-rial. Muchas veces la luz natural contrasta con la luz eléctrica artificial. Bajo la luz artificial se desarrollan todas las dimensiones monstruosas de la vida huma-na: la prostitución, los juegos del azar, asesinatos y otros crímenes violentos, también el trabajo alienado de la metrópolis[39].

---

[36]   "Entra al cuarto de baño y enciende la luz. Frente al lavatorio hay un espejo. El ase-sino, cerrando los ojos, lo descuelga del clavo. No quiere verse en ningún espejo. Tiene horror de sí mismo. Se lava cuidadosamente las manos. La palangana enlozada enrojece. Se seca a medias, y rápidamente se pone el cuello y la corbata a tientas. Ter-mina de calzarse y, con infinitas precauciones, después de apagar la luz del cuarto de baño, se dirige al dormitorio. Enciende un fósforo [...]" (*ibid.*, p. 292). En el cine mudo expresionista, el fósforo o la vela se utilizan sobre todo en *close-ups*. Véase, p.ej., *La caja de Pandora* (1929), de Pabst, o *Metrópolis* (1926), de Lang.

[37]   Según De los Ríos, el cine en esta época es a la vez un medio distractivo, un explosi-vo fenómeno cultural, una ensoñación, un gran proveedor de sueños de la moderni-dad que crea las modalidades de una nueva psicología interior y un espejo en el que se configura un nuevo sujeto nacional. Según ella, Arlt subraya sobre todo el aspecto revolucionario del cine (Ríos 2009: 3-9). Para Aisemberg, el cine de los años veinte es "una forma de evasión, pero a la vez es revelador de ese desacomodo entre lo que se desea y un destino irreversible" (Aisemberg 2000: 129).

[38]   Corral interpreta el sol como "especie de testigo omnipresente, inquisidor" o como imagen de la disociación (Corral 1992: 96-100).

[39]   "En las últimas páginas de *Los lanzallamas*, las lámparas, las tinieblas, las sombras, la intolerancia final de Erdosain a la luz, su obsesiva mirada puesta en las tinieblas en oposición a la del narrador que da cuenta de los colores y los objetos luminosos, cierran esta alegoría extendida de las indagaciones en la conciencia moral de una so-ciedad engañada por el falso resplandor de unas luces que detrás de su magnífico es-pectáculo querían diluir su propio envés. Esta imagen de luz y sombra en Arlt, como

Como demuestra la cita inicial, la novela *Los lanzallamas* ilustra cómo el individuo moderno, esa criatura sufriente, se ha transformado en monstruo —alienado de sí mismo y del mundo—. El *psicoanálisis del fuego* propuesto por Bachelard permite otra lectura de la modernidad metropolitana y el desciframiento de los nuevos procedimientos estéticos de Arlt. En la modernidad argentina subsisten imágenes arcaicas; estas imágenes que Arlt asocia con el fuego son fundamentalmente ambiguas. La electricidad y las lámparas eléctricas bien pueden representar el progreso, las nuevas tecnologías, los nuevos conocimientos científicos. Pero igualmente son signos de un cambio radical irreversible que caracteriza la vida metropolitana de los años veinte y treinta del siglo XX. El fuego es además un fuego interior que testimonia deseos sexuales inadmisibles, la locura y el mal, el dolor y la soledad, la alienación, así como el amor —o, mejor dicho, revela todos los estados excepcionales del alma humana—. El concepto estético de Roberto Arlt configura tanto la transformación rápida de la vida metropolitana como el psicoanálisis del individuo moderno, mediante el recurso a las imaginaciones arcaicas precientíficas asociadas con el fuego. En el mundo del progreso y de la ciencia, subsisten corrientes irracionales y arcaicas que tienen que ver con el miedo fundamental a la muerte, la soledad, la alienación y la locura. Luz y fuego iluminan la novela *Los lanzallamas* y a su vez la definen a nivel de estructura, de lenguaje, de contenido y de psicología interna de los personajes. El espacio urbano produce un terror que se transforma o se corresponde con los miedos más íntimos de los personajes. A través de procedimientos estéticos originales que aluden al nuevo medio del cine, Arlt logra contar su versión subjetiva de la modernidad metropolitana y del individuo urbano de principios de los años veinte y treinta.

Bibliografía

Aisemberg, Alicia (2000): "Roberto Arlt: teatro y cine", en: Pelletieri, Osvaldo (ed.): *Roberto Arlt: dramaturgia y teatro independiente*. Buenos Aires: Galerna, 127-136.

Arlt, Roberto (1995 [1931]): *Los lanzallamas*. Barcelona: Montesinos.

— (1991 [1981]): *Obras completas*, tomo I-III. Buenos Aires: Planeta.

totalidad abarcadora, es una condensación de todas las dualidades en el escenario de una Argentina que en esos textos ve una de las representaciones más dolidas —y, sin embargo, también una de las más profundamente vitalistas e hilarantes— del desvanecimiento de su propio sueño" (Ponce 2004: 164).

— (1997): *Notas sobre el cinematógrafo*. Edición de Gaston Sebastián M. Gallo. Buenos Aires: Simurg.

BACHELARD, Gaston (1949 [1938]): *La psychanalyse du feu*. Paris: Gallimard.

— (1953): *El psicoanálisis del fuego*. Buenos Aires: Schapire.

BEIERWALTES, Walter (1980): "Licht", en: Ritter, Joachim *et. al.* (eds.): *Historisches Wörterbuch der Philosophie*, tomo 5. Darmstadt: Wissenschaftliche Buchgesellschaft, 282-286.

CAMUS, Albert (1959 [1949]): *Les justes*. Paris: Gallimard.

CHIHAIA, Matei (2008): "'¿Qué pincel podrá pintarlas?'. Variantes modernas de la pampa sublime", en: Nitsch, Wolfram/Chihaia, Matei/Torres, Alejandra (eds.): *Ficciones de los medios en la periferia. Técnicas de comunicación en la ficción hispanoamericana moderna*. Köln: Universitäts- und Stadtbibliothek, 51-72.

CORRAL, Rose (1992): *El obsesivo circular de la ficción. Asedios a 'Los siete locos' y 'Los lanzallamas' de Roberto Arlt*. México: El Colegio de México.

CORTÁZAR, Julio (1983): "Roberto Arlt: Apuntes de relectura", en: Cortázar, Julio: *Obra crítica*, tomo III, ed. de Saúl Sosnowski. Madrid: Alfaguara, 247-260.

DELEUZE, Gilles (2003): "Schizophrénie et société", en: Deleuze, Gilles: *Deux régimes de fous. Textes et entretiens 1975-1995*, ed. de David Lapoujade. Paris: Les Éditions de Minuit, 17-28.

DERRIDA, Jacques (1967): *L'écriture et la différence*. Paris: Seuil.

GNUTZMANN, Rita (2003): "Roberto Arlt y el cine", en: *Anales de Literatura Hispanoamericana* 32, 71-81.

— (2004): *Roberto Arlt: Innovación y compromiso. La obra narrativa y periodística*. Lleida: AEELH/Universitat de Lleida.

GOLOBOFF, Gerardo M. (1988): *Genio y figura de Roberto Arlt*. Buenos Aires: Eudeba.

KOMI, Christina (2009): *Recorridos urbanos. La Buenos Aires de Roberto Arlt y Juan Carlos Onetti*. Madrid/Frankfurt am Main: Iberoamericana/Vervuert.

MORALES SARAVIA, José/SCHUCHARD, Barbara (eds.) (2001): *Roberto Arlt. Una modernidad argentina*. Madrid/Frankfurt am Main: Iberoamericana/Vervuert.

OCHSNER, Beate (2010): *DeMonstration. Zur Repräsentation des Monsters und des Monströsen in Literatur, Fotografie und Film*. Heidelberg: Synchron.

PONCE, Esteban (2004): "De Arlt como iluminado", en: *Cuadernos Hispanoamericanos* 653/654, 157-166.

RÍOS, Valeria de los (2009): "El cine y la invención de la vida moderna en las crónicas de Roberto Arlt", en: *MLN* Baltimore, 124.2; <http://usach.aca-

demia.edu/ValeriadelosR%C3%ADos/Papers/610407/El_cine_y_la_in-vencion_de_la_vida_moderna_en_las_cronicas_de_Roberto_Arlt> (14 de febrero de 2012).

SCHUCHARD, Barbara (2001): "El Astrólogo arltiano y el Dr. Mabuse: pistas para una pesquisa intermedial", en: *Iberoamericana* I, 4, 154-158.

SEBRELI, Juan José (2005): "Cosmópolis y modernidad en Roberto Arlt", en: *Cuadernos Hispanoamericanos* 661/662, 85-100.

SIMMEL, Georg (2008 [1903]): "Die Großstädte und das Geistesleben", en: Simmel, Georg: *Philosophische Kultur*. Frankfurt am Main: Zweitausendeins, 905-916.

SPILLANE MCKENNA, Maureen (2002): "Entre el tango y Hollywood: Hacia una geopolítica argentina en la obra de Roberto Arlt", en: *Romance Quarterly* 49, 4, 301-311.

STAMMBERGER, Birgit (2011): *Monster und Freaks. Eine Wissensgeschichte außergewöhnlicher Körper im 19. Jahrhundert*. Bielefeld: transcript.

WILLIAMS, Wes (2011): *Monsters and their Meanings in Early Modern Culture. Mighty Magic*. New York: Oxford University Press.

WOLFENZON, Carolyn (2002): "Los siete locos: la ciudad y la escenografía del espíritu", en: *Lexis* XXVI/2, 417-439.

El amor en la ciudad
Hacia una estética del discurso amoroso en la ficción de Roberto Arlt

CHRISTINA KOMI

> *Porque hoy la ciudad está enamorada de sus rufianes*
> *y ellos hundieron a la coja y a la descarriada, pero*
> *tendrán que humillarse y besarle los pies a la coja y a la*
> *descarriada*
>
> (Arlt 1999: 92).

RESUMEN

El presente trabajo explora algunos aspectos del discurso amoroso y de las relaciones de pareja en el marco de la narrativa ficcional de R. Arlt. Abordamos una serie de cuestiones estéticas, sobre todo las que tienen que ver con los recursos expresionistas. La metrópolis, causa de todos los males, es, ante todo, resultado de una percepción alterada del mundo. Consideramos de qué manera se construye esta percepción por medio de una serie de dispositivos artísticos. Estos revelan la dimensión formal de un malestar que la obra arltiana pone en escena y que, hasta el momento, se ha considerado principalmente desde un punto de vista existencial y sociopsicológico.

Palabras clave: amor, ciudad, pareja, estética, expresionismo

LA CIUDAD Y LOS MONSTRUOS

La metrópolis es una de las figuras privilegiadas de la modernidad. Lugar por excelencia de la concretización de los poderes económico y estético, más que un espacio es un fenómeno complejo. Una estructura material compuesta por cierto tipo de población, tecnología, orden social con instituciones y modelos de relaciones y, a la vez, un conjunto de actitudes e ideas, formas de comportamiento colectivo sujetas a una serie de mecanismos de control social. De algún modo, diríamos, se trata de una nueva realidad metafísica.

La representación de este complejo fenómeno se sitúa en los intersticios de la presencia y la ausencia. La imagen pictórica o literaria de la ciudad, independientemente del grado de "realismo" que comporta, es, ante todo, una abstracción, una figura hecha a partir de la imaginación. Y el procedimiento artístico que hace vibrar el alma de la ciudad en el imaginario del receptor consiste en la configuración del lenguaje original que pueda dar cuenta de las relaciones sociales y de todo el entramado institucional que las conforma.

Una de esas relaciones es la de los dos sexos. En efecto, la pareja y sus avatares ocupan una parte considerable en la escritura ficcional y periodística de R. Arlt, desde los primeros cuentos hasta sus *Aguafertes porteñas*, pasando por el díptico de *Los siete locos* y *Los lanzallamas* y *El amor Brujo*[1]. Las distintas versiones de la relación hombre-mujer participan en el cuestionamiento más amplio sobre las paradojas del alma humana y los lados oscuros de la existencia. En el momento histórico de la veloz transformación de Buenos Aires por la modernidad y el capitalismo, la sociedad urbana se estructura en clases sociales con aspiraciones, miedos y aversiones propias a cada una de ellas[2].

Hombres y mujeres conviven en la capital porteña en el momento de su ferviente evolución en metrópolis, se cruzan, a veces se miran, se hablan o, simplemente, pasan cabizbajos uno al lado del otro ignorándose, cada uno metido en su

---

[1]   Por cuestiones de extensión, en este trabajo nos limitaremos a discutir algunos aspectos de la obra ficcional.

[2]   B. Sarlo, en su libro *El imperio de los sentimientos*, habla de J. Ingenieros y de su *Tratado de amor* (recopilación de una serie de cursos que él dio en la Universidad de Buenos Aires en 1910) como un protagonista de un movimiento profundo de secularización del pensamiento sobre el amor, el matrimonio y la familia. Ingenieros propone *otra* versión psicológico-moral del amor en una sociedad todavía muy tradicional, pero conmovida por transformaciones y retoma, en este tratado, algunos de los males del amor argentino. Por ejemplo, las formas institucionales de la sexualidad —que someten el instinto sexual a fines domésticos—; el principio de la moralidad social como base para la reproducción; los obstáculos del orden social como origen del nacimiento de las pasiones; los deberes morales y las convenciones sociales cuyo objetivo es domesticar el amor. Estos males están omnipresentes en los folletines y las narraciones semanales que circulan ampliamente en la ciudad de Buenos Aires y cuyo tema preferido es la oposición entre deber y amor, los dos tipos de amor (el legítimo y el ilegítimo) y los dos tipos de pasión (sana/enferma) que nacen a partir de esta oposición (Sarlo 1985: 77-90).

mundo con los propios sueños y preocupaciones. Estos hombres y mujeres, cuando se encuentran y asumen sus respectivos papeles de hembra y varón —en el juego de la seducción, en el noviazgo, el matrimonio—, viven en un antagonismo constante. Se consumen en una lucha sorda en la cual la supervivencia de uno significa el aplastamiento psíquico, mental y físico del otro en el esfuerzo por la domesticación del amor y por el control de las pasiones. Anotamos una diferencia entre los intereses del individuo y los de la sociedad: el primero aspira a romper las convenciones de la segunda, y en esta oposición, el hombre se encuentra del lado del individuo mientras la mujer está del lado de la sociedad. Como observa M. Waldegaray, "[l]a mujer ajusta su conducta al sistema, es el cable a tierra, es quien pronuncia las palabras del Orden. La mujer mantiene activa la memoria de la fuerza atávica de la ley" (Waldegaray 2002: 239). En este contexto, la seducción y el erotismo se transforman en armas para alcanzar objetivos muy concretos:

> Julia contempla las líneas horizontales amarillas, las oblicuas verdes, las perpendiculares rojas. Es ésta su última noche de novia. Puede dominarlo a Stepens por la sensualidad, este erótico únicamente podrá ser encadenado por su sexo y durante un instante se dice: "Sí, le destruiré la voluntad... me obedecerá y pobre de él si me resiste" (Arlt 1995: 7-8).

Como señala Sarlo, "[e]l erotismo es un arma de doble filo": si la mujer sucumbe gozará, pero luego corre el riesgo de ser abandonada, sobre la hipótesis de que una mujer sensual no es buena madre. Al mismo tiempo, si se niega a las fantasías y al juego erótico, renuncia a la felicidad del instante y, a la vez, a un instrumento que puede auxiliarla en su objetivo de retener al hombre (Sarlo 1985: 115-116). Esta dinámica del conflicto está presente en todo encuentro y lleva al desgaste de hombres y mujeres:

> En realidad conocer a una mujer es una tristeza más. Cada muchacha que pasa por nuestra vida nos oxida algo precioso adentro. Posiblemente cada hombre que pasa por la vida de una mujer destruye en ella una faceta de bondad que otros dejaron intacta, porque no encontraron la forma de romperla. Estamos en la recíproca. Somos una buena cáfila de canallas (Arlt 1995: 61).

Se ha comentado ampliamente, desde el punto de vista teórico, la cuestión de la conciencia pequeñoburguesa de los personajes arltianos, tanto con respecto a sus vacilaciones ante la posibilidad de convertirse en lumpen, en un esfuerzo por liberarse de las reglas que rigen su clase, como a la idealización del universo de los ricos. La relación entre los dos sexos participa en estas trampas de la conciencia: relacionarse con una joven de la clase alta implica un ascenso al mundo angelical —a aquel ámbito en donde el dinero aparece como "puro", uno de los ingredientes de la "nobleza" de la que goza esa clase de gente que simplemente lo *tiene* sin la necesidad de humillarse para *ganarlo*—. En cambio, frecuentar el mundo prostibulario implica un descenso a los infiernos: "En el bajo fondo no se nace, sino que allí se llega [...] es el último espacio de una historia cuyo primer capítulo incluye una equivocación sentimental o moral" (Sarlo 1985: 103). Y esta "equivocación" consiste en la pérdida de dos elementos valorizados por la clase de la que se intenta salir: el trabajo y la familia. La angustia y el sufrimiento producidos por la caída al lumpen son productos de la misma conciencia: el personaje puede salir de su clase, pero nunca abandonar la culpabilidad que esta le inflige, persiguiéndolo y torturándolo.

En mis estudios anteriores sobre R. Arlt, focalicé una cuestión que, aunque a menudo mencionada por la crítica, no ha sido agotada. Me refiero a una lectura hecha a partir de los recursos estéticos, entre los cuales los expresionistas ocupan una posición destacada. Se trata de abordar la propuesta ficcional no desde un punto de vista sociológico (buscando las correspondencias entre personajes y situaciones ficcionales y una determinada realidad social) ni psicológico (intentando construir el personaje como ente psicológico), sino principalmente "fotográfico": ver cómo lo puramente imitativo se transforma en arte (literatura en este caso), cuáles son las vías elegidas para dar forma a la experiencia en cuanto creación. La "voluntad de forma" para usar las palabras de Worringer (1997 [1908]: 23) es el resultado de necesidades psíquicas, de un estado interior colectivo frente al cosmos[3]. Las formas son importantes porque constituyen la sustancia de los signos. Aprovechando estas pistas, intento abordar en este trabajo el discurso amoroso a partir de las modalidades de la representación que construye la perspectiva particular de R. Arlt —expresionista que, citando a C. Aira, "salta al mundo montado en palabras" y con su violenta intromisión en él "se ve en medio de la materia, la toca, se revuelve en ella en vez de verla y mantener sus distancias con ella" (Aira 1993: 1)—.

Parte de la crítica insistió en los aspectos sociohistóricos de la obra ficcional de Arlt, viendo la *hostilidad* como el principal dispositivo emocional que filtra la percepción de los personajes a partir del antagonismo entre burguesía y proletariado en el entramado de relaciones socioeconómicas que rigen la metrópolis in-

---

[3] En mi libro *Recorridos urbanos. La Buenos Aires de Roberto Arlt y de Juan Carlos Onetti*, estudio de manera detallada la emergencia de la ciudad como un ser todopoderoso —criatura maléfica, máquina viva— a partir del proceso estético. Véase en particular la segunda parte: "Dos maneras de representar el espacio: de la relación exterior/interior a las variaciones objetos/sujetos" (Komi 2008: 125-170).

dustrial y capitalista (Pastor 1980: 58). En uno de los pocos estudios que abarcan la cuestión desde el punto de vista estético, C. Aira usa una metáfora espacial para hablar de esta misma percepción deformada: "La percepción quiere percibirse a sí misma, se repliega sobre sí para hacerlo y entonces se le escapa todo un giro de espacio-tiempo ante el cual queda boquiabierta" (Aira 1993: 7). En este sentido, Astier, Erdosain, Balder son monstruos de la percepción, errando en medio de la ciudad, ese laberinto en el que se bifurcan los posibles destinos:

> Por más apego que se tenga a la concepción materialista de la existencia, no se puede menos de asombrarse, a veces, de la variedad de contradicciones que pone en funcionamiento en el mecanismo psicológico del hombre la monotonía gris de la ciudad (Arlt 1980: 42).

Estos posibles destinos son, sin embargo, significativamente limitados ya que "el novelista dibuja el camino al centro, donde se agazapa el Monstruo" (Aira 1993: 6) y fuera de este camino hacia el centro solo queda el abandono, la fuga.

INERCIA Y MOVIMIENTO: LA COMEDIA DEL AMOR POR MARIONETAS

El buen actor expresionista es el que sabe crear el espacio. Esta es una de las premisas que rigen también la idea del "paisaje anímico", de ese espacio con alma cuyos objetos están llenos de una misteriosa vida oscura, mientras que los sujetos parecen inmovilizados en la inercia[4].

Las influencias expresionistas le llegan a Arlt probablemente por el medio cinematográfico. J. Amícola rastrea en Arlt una línea —que llama "eje Berlin-St

---

[4]   Es conocida la contribución de Max Reinhardt en el teatro alemán de principios del siglo XX y también sus influencias en el cine expresionista (Eisner 1973). Las innovaciones de Reinhardt se inspiran directamente en las propuestas de E. Gordon Graig, quien trabajó con él en Alemania, y en las teorías de este último sobre un nuevo teatro que desplace la importancia de la dicción y el texto —como contenidos valorizados hasta aquel momento por el teatro clásico— hacia otros elementos como la escenografía, el movimiento y un nuevo tipo de actor comparable a la marioneta ("Über-marionette", como la llamó Craig) y, por eso, enteramente manipulable por el director: "The actor must go, and in his place comes the inanimate figure —the Über-marionette [...] a descendent of the stone images of the old temples" (Craig 2008 [1911]: 39). Entre otras cosas, Craig insiste mucho en una nueva gestualidad teatral, de valor simbólico ("symbolical gesture"), capaz de crear no una imitación de las cosas en sí, sino el espíritu de ellas ("the *spirit* of the thing").

Petersburgo" (Amícola 2008: 165)— que junta la prensa sensacional, los folletines, las obras del expresionismo cinematográfico, ya popularizado a todos los
niveles de la cultura en Alemania (Kracauer 1974 [1947]: 68), y la herencia de
Dostoiefski, un autor que había empezado a ser leído profusamente también en
Alemania desde 1920 en adelante (Kracauer 1974: 109). Así la presencia de los
humillados, los ofendidos —dados con una sobremarcación escenográfica y ac-
toral y una solvencia estilística reconocible—, el hombre del montón, con valor
autodestructivo, son elementos en común en toda esta línea estética[5]:

> Junto a su esposa se aburría. Admitía de buen grado que posiblemente se hastia-
> ra junto a otra mujer, si por una serie de obligaciones contraídas se viera obligado a
> convivir. Analizaba a su mujer y la encontraba semejante a las esposas de sus amigos.
> Todas ofrecían características semejantes. Eran singularmente amargadas, ambicio-
> sas, vanidosas, rigurosamente honestas, y con un orgullo inmenso de tal honestidad.
> [...] Pavoneaban una estructura mental modelada en todas las restricciones que la hi-
> pocresía del régimen burgués impone a sus desdichadas servidoras (Arlt 1980: 56).

Los personajes de la ficción arltiana son construidos como tipos fijos —ar-
quetipos y símbolos a la vez— de su clase y su condición humana. Carecen de
rasgos personales y de cualquier posibilidad de evolución psicológica individual, sus contornos están dibujados por las presiones externas. Las esposas, categoría genérica, están estructuradas y manejadas por fuerzas que no dependen
de ellas. De ahí su comparación con las abejas o las hormigas que actúan obede-
ciendo leyes que no dependen de su voluntad[6]:

> Ellas, en el fondo, eran tan desdichadas como sus esposos. Vivían casi herméti-
> mente enclaustradas en su vida interior a la cual el esposo entraba por excepción. [...]
> La conciencia de ellas estaba estructurada por la sociedad que las había deformado
> en la escuela y, como las hormigas o las abejas que no se niegan al sacrificio más terri-
> ble, satisfacían las exigencias del espíritu grupal (Arlt 1980: 56, 57-58).

---

[5]   Estos préstamos por supuesto están siendo resignificados en el marco histórico-cul-
       tural de una Argentina en constante tensión política, muy cerca de la década infame.
[6]   Se puede aquí hacer una reflexión que compare los personajes arltianos con la pica-
       resca y, más allá, con la comedia del arte (que presupone el uso de la máscara), ambas
       formas de literatura popular. La máscara y la postura corporal exagerada llevan al na-
       cimiento del personaje como tipo fijo, desprovisto de rasgos individuales, de psico-
       logía y posibilidades de evolución; el brote de emociones, los movimientos bruscos
       y exagerados son los únicos medios de empujar la evolución de la trama que se da
       siempre desde un punto de vista de un subjetivismo exacerbado —las opiniones sub-
       jetivas sobre los hechos—.

Esta estética tiene su vertiente existencial: la exacerbación del subjetivismo y la percepción deformada llevan, paradójicamente, a la abstracción completa del individuo, síntomas de la gran ansiedad del hombre aterrorizado por lo que percibe en su alrededor y que es incapaz de descifrar (Eisner 1973: 11-13; Worringer 1997). El despertar de aquella angustia reprimida relativa a la conciencia de ser indefenso en medio del universo lleva al hombre moderno a fijarse en el objeto, a aislarlo y aproximarlo a su valor absoluto (Worringer 1997: 30-31). El objeto aparece así arrancado de su contexto natural, de la infinita mutación a que está sujeto todo ser y depurado de su dependencia vital con el ambiente. Una versión de esta abstracción del individuo se encuentra en el fragmento siguiente de *Los siete locos*, en uno de los soliloquios de Erdosain en el que se autodefine como "negación":

> Cierto es que él me ha abofeteado, pero, ¿me importa eso? ¡Qué lista! ¡Qué colección! El capitán, Elsa, Barsut, el Hombre de Cabeza de Jabalí, el Astrólogo, el Rufián, Ergueta. ¡Qué lista! ¿De dónde habrán salido tantos monstruos? Yo mismo estoy descentrado, no soy el que soy, y, sin embargo, algo necesito hacer para tener conciencia de mi existencia, para afirmarla. Eso mismo, para afirmarla. Porque yo soy como un muerto. No existo ni para el capitán ni para Elsa, ni para Barsut. Ellos si quieren pueden hacerme meter preso, Barsut abofetearme otra vez, Elsa irse con otro en mis barbas, el capitán llevársela nuevamente. Para todos soy la negación de la vida. Soy algo así como el no ser. Un hombre no es como acción, luego no existe. ¿O existe a pesar de no ser? Es y no es. Ahí están esos hombres. Seguramente tienen mujer, hijos, casa [...]. Sé que existo así, como negación" (Arlt 1999: 39).

Profundicemos en este proceso, abarcando desde más cerca lo que C. Aira llama "mundo de contigüidades y deformaciones", "contigüidad táctil, obscena y horrible" de la percepción deformada —la metáfora del ojo que, a pesar de estar metido en la materia, intenta seguir viendo—: "¿No es absurdo tratar de ver lo que está tocando el ojo? Lo es y el absurdo lo contamina todo y empeora lo que ya era horrible" (1993: 1): tratando de ver lo que toca el ojo, este crea monstruosidades. Cada elemento adquiere un valor excesivo, como ocurre en un *zoom* de la cámara fotográfica, y aparece cortado de sus lazos con los demás. Los personajes se muestran artificiales, sacudidos, ejecutando gestos estereotipados, con una mímica exagerada, animados solo por impulsos externos, cuya función es parecida a la de los hilos que mueven los miembros de los fantoches: "El tango orillea la tierra de la angustia, donde las mujeres calzan zapatos violetas y los hombres tienen la cara hecha un mapa de chirlos y navajazos" (Arlt 1984: 32).

De manera análoga funciona también la relación hombre/mujer, vacilando entre los extremos: sujetos-objetos, velocidad-inercia, interioridad-exterioridad, altura-bajeza, horror-maravilla. Los movimientos bruscos se cristalizan en una oposición cabal entre la pareja real (la "tragedia matrimonial", con palabras de D. Guerrero) y, por otro, la pareja idealizada, el amor romántico según el modelo del amor "cortés". El mecanismo, parecido a una palanca, gira alrededor de la figura de la *mujer-producto-del-imaginario-masculino-pequeñoburgués* que retoma, deformando, partes de la moral judeocristiana, elevando el acto del coito a máximo criterio —y pretexto a la vez— para fundar las distintas categorías de mujeres (y de hombres, según quién les corresponde). Ellas son cómplices de ellos en su visión del mundo (en cuanto novias, esposas, madres y suegras) y las que no juegan el juego quedan fuera de registro[7].

Sin embargo, la relación no solo se cristaliza en oposiciones, sino que evoluciona a sacudidas, hacia direcciones contradictorias, en momentos imprevisibles y de manera inexplicable: el fuego recién encendido se apaga de repente; la adoración se convierte en desprecio; o, al revés, al asco y a la más absoluta indiferencia sucede una profunda conmoción. Estos bruscos altibajos marcan la cara, el cuerpo y los gestos de los personajes que emprenden cualquier cambio de dirección, de ritmo y se involucran en situaciones incomprensibles desde un punto de vista racional: "Objetivamente, la conducta de Estanislao era más absurda que la de cualquiera que necesitando imperiosamente una riqueza se niega a obtenerla en el momento que está al alcance de sus manos" (Arlt 1980: 50).

Las relaciones entre los "enamorados" parecen regidas por leyes universales que no dependen de la personalidad individual de ellos. Los cambios en su comportamiento pueden ser tan extremos, comparables a la transformación del personaje kafkiano en insecto. Hechos de un material que les permite doblarse en varias direcciones sin discreción, tienen una cáscara externa dura y por dentro están vacíos. Vacío estético que coincide con el tan mencionado "aburrimiento", a menudo considerado como causa de todos los males. Se vuelven manipulables por fuerzas extrañas —el "demonio", la enfermedad o cualquier otro elemento que pueda poseerlos momentáneamente y sin permanencia—. "¿Cómo es que no he visto la falsedad en su rostro y en sus ojos?", se pregunta la joven Ester Primavera tal y como se la reconstruye en su mente enferma el narrador:

> Me la imaginaba a Ester Primavera al caer de la tarde, sola en su dormitorio. La pálida criatura, apoyados los brazos en el rectangular respaldar de bronce de su cama y mirando las almohadas, pensaría en mí. Y se preguntaría: "¿Es posible que me haya equivocado tanto? ¿Es posible que se encierre tal monstruo en ese hombre? Pero,

---

[7]   Es el caso de Luciana Espila, que resulta rechazada por Erdosain, o de Hipólita, que se acerca a un ser casi sobrenatural (en *Los siete locos/Los lanzallamas*).

entonces todas las palabras que dijo son mentiras, entonces ¿toda palabra humana es mentira?" (Arlt 1984: 3).

Los personajes permanecen ajenos a sus propios actos. La noción de *causa* o *motivo* no existe. La cadena causal está rota y el mundo está hecho de pura acción. La relación de pareja es un terreno de combate donde solo cuenta el golpe anterior que estimula la reacción del Otro y así, a golpes, se empuja la evolución de la narración y de la vida. "Caminaba tranquilo, como si mi personalidad fuera ajena a la infamia. Sin embargo había ocurrido algo tan enorme e imposible de remediar como la marcha del sol o la caída de un planeta" (Arlt 1984: 36-37). Estímulo y reacción, todo a corto plazo, como ocurre con las leyes de la física que rigen los objetos inanimados. Por eso tampoco hay memoria, sino "impulsos oscuros" y olvido:

> La vi al otro día de nuestra entrevista. ¿Qué mal espíritu me sugirió el malvado experimento? [...] Lo malvado en todo hombre, al envenenarse la sangre, se enriquece de impulsos oscuros, en un como odio retenido y del cual es consciente el enfermo, lo que no le impide dejarlo ramificar en su relación con los otros (Arlt 1984: 32-33).

Finalmente el amor no es más que una *comedia*. Basta con asumir los papeles correspondientes, ponerse la máscara, adoptar los ademanes que corresponden y recitar los discursos conocidos y reconocibles:

> Balder compadecía irónicamente a esas muchachas hipócritas, le admiraban y aterrorizaban los simulacros de pasión que tenían que efectuar junto a un imbécil, la gama de aburrimientos que soportaban con la esperanza de libertarse de la tutela familiar en el Registro Civil [...] Los novios estaban colocados en un especialísimo estado mental. Su trato requería determinadas precauciones, cierta técnica y "mise en scène" (Arlt 1980: 59-60).

Ser novio se compara al estado de un actor que entra en escena. Esta etapa comporta la idealización de la pareja asociada con la distancia carnal entre los novios que es el punto de tensión y la clave para la continuación de la comedia. Y *la mujer* colabora defendiendo su "pureza" y virginidad y así ella misma perpetúa los valores del sistema social.

El noviazgo representa un momento fijo e inmóvil en el tiempo; una escena sin evoluciones, una cadena de gestos y diálogos que se repiten hasta la saciedad. Se parece a una fotografía vieja y amarilla. Es el día del primer encuentro de Balder con Irene, el breve periodo del noviazgo de Stepens con Julia (sobre todo, cuando es visto con distancia desde el futuro: "Con la ventaja, por su-

puesto, de no encontrarme casado con ella", Arlt 1995: 35); son también los mi-
nutos de una reflexión nostálgica de algo definitivamente perdido y lejano en
Ester Primavera ("Me domina una emoción invencible al pensar en Ester Primavera", Arlt 1984: 25), o del ensueño (del encuentro soñado de Erdosain con
una doncella de la clase alta, por ejemplo).

La conmoción del personaje masculino ante la mujer no dura mucho y se la
podría comparar con una mueca o un sobresalto ante la vista de algo detenido
en el tiempo. Elevado a la categoría de bibelot (o de monumento), vaciado de
sus tripas y de todos aquellos elementos que puedan conllevar su rápida putre-
facción y la descomposición, el "organismo" de la relación amorosa puede existir solo en cuanto se momifique en una posición de absoluta inmovilidad, por
más que esa sea incómoda, torcida, deformadora:

> En medio de esta miseria, su nombre [Ester Primavera] me golpea las mejillas
> como una ráfaga de viento caliente. Ha dejado de ser la mujer que un día envejecerá
> y tendrá cabellos blancos, y la sonrisa cascada y triste de las viejas. Ligada a mí por
> el ultraje, desde hace setecientos días, vive en mi remordimiento como un hierro es-
> pléndido y perpetuo, y mi alegría es saber que cuando esté moribundo, y los enfer-
> meros pasen por mi lado sin mirarme, la imagen desgarrada de la delicada criatura
> vendrá a acompañarme hasta que muera (Arlt 1984: 35).

Estar de novios es un juego a escondidas con el espacio y el tiempo, ya que la
idealización depende siempre de una ausencia, de lo que no se tiene: Stepens ve con
nostalgia los momentos de su noviazgo desde el futuro y con la distancia geográfica
de su huida; el personaje masculino del cuento "Ester Primavera" también. El novio de "El jorobadito" y E. Balder "hacen" los novios en casas de jóvenes muchachas vacilando entre la distancia del que está fuera del asunto —de esa conciencia
que se tuerce para autocontemplarse— y la inmersión total en la situación representada de la que se burlan, en un efecto de choque violento con ella, proceso que,
como observa M. Bakhtine, es necesario para poder reírse de una cosa[8]:

> Después de cavilar un instante, redactó dos carillas de amor mentiroso, "desti-
> nadas a excitar la imaginación de la jovencita y sus vulgares sentimientos de chica
> de familia". [...] Aparentemente, la conducta de Balder se presta para ser clasificada

---

[8] La risa ante una situación que se ve como cómica, ridícula o incomprensible implica
la desmitificación del objeto, la violenta supresión de la distancia que marca los contornos externos del objeto. Para Bakhtine, el objeto de la burla se presenta desnudo,
despanzurrado y, por eso, ridículo; sus órganos habitualmente escondidos, su espal-
da, sus nalgas, hasta sus intestinos adquieren un sentido nuevo. La risa causa, de manera violenta, su descuartizamiento (Bakhtine 1978).

como actitud cínica de un desenamorado que trata de engañar a una joven inexperta (Arlt 1980: 38-39).

Balder e Irene constituyen la pareja primordial del mundo de Arlt, "su Adán y Eva, el monstruo y la Virgen", observa Aira (1993: 7). El monstruo, este doble que acompaña al sujeto, no puede existir sin la complicidad de la Virgen, que es puro espejismo, pura superficie. Cortada del camino que lleva a lo carnal y la reproducción de la especie, la muchacha está inmovilizada, detenida en la etapa del noviazgo, como una muñeca colgada con una cuerda en medio de un espacio sin tiempo.

Volviendo a la figura de la marioneta (y aquí cabe recordar el momento en el que el Astrólogo saca de un baúl los fantoches que representan a cinco de los personajes mencionados en la cita precedente), al personaje arltiano se le ve "el corazón pintado sobre el pecho" (para utilizar las palabras de K. Edschmid, citado en Eisner 1973: 141), es un ser absoluto y original, capaz de sentimientos excesivos y al mismo tiempo tiene "el alma en silencio" y la "cabeza en vacío"; un corazón pintado en color vivo, pero artificial y frío y solo animado por la curiosidad del asesinato —que de hecho se realizará también en el marco de la pareja (Erdosain — la Bizca)—[9].

EL SALTO AL VACÍO: MATRIMONIO O MARGINACIÓN

> *¿Casarse? Casarse es una forma de suicidarse.*
> *Y yo no estoy dispuesto a morir; todavía quiero vivir*
> (Arlt 1995: 28)

Saliendo de su inercia, la marioneta se lanza a la carrera a una velocidad imposible. Hecha de una materia inorgánica se pone en órbita por un mecanismo externo que evidencia su índole de objeto manipulable hasta el descuartizamiento y la destrucción. Se tira al vacío y se observa la trayectoria de su caída, como la de una piedra tirada en un precipicio. El movimiento es un torbellino, una inmersión en una "obscure vie marécageuse où plongent toutes les choses, soit déchiquetées par les ombres, soit enfouies dans les brumes" (Deleuze 1983:

---

[9] "Y cuando me digo todas estas cosas no estoy triste, sino que el alma se me queda en silencio, la cabeza en vacío. Entonces, después de ese silencio y vacío me sube desde el corazón la curiosidad del asesinato" (Arlt 1999: 39).

75)[10]. Para los personajes de Arlt, el paso de la inmovilidad a la caída es inmediato, sin etapas intermedias. Estos sujetos objetivados no tienen posibilidades de intervención. Como sonámbulos, condenados por la fuerza de su propio peso, incapaces de resistir contra la gravedad, se rinden a ella indefensos. Del instante detenido en el tiempo, que representa el primer encuentro amoroso, se abren dos vías posibles de movimiento para el personaje arltiano y ambas son un descenso a las tinieblas: el cumplimiento de la convención social —el matrimonio— o la transgresión que implica la huida del deber social. La primera vía aparece como una meta común de ambos sexos para la perpetuación de la especie y del orden, que, sin embargo, arranca desde puntos de partida opuestos para cada uno de ellos[11]:

> Casi todas estas muchachas [las amigas de Balder] pertenecían al grado inmediato que antecede a la mediana burguesía. Hijas de empleados o comerciantes. Tenían hermanos y novios empleados o comerciantes. Ocupaban por sistema casas cuya fachada se podía confundir con el frente de viviendas ocupadas por familias de la mediana burguesía. No frecuentaban almacén, feria ni carnicería, porque ello hubiera sido en desmedro de su categoría. A la calle salían vestidas correctamente [...]. La finalidad de esas jóvenes era casarse. La finalidad de sus hermanos o novios era engañar mujeres y casarse luego ventajosamente. El matrimonio constituía el punto final de estos machos y estas hembras (Arlt 1980: 58-59).

Estas trayectorias opuestas hacia el mismo fin prueban la existencia de una esquizofrenia social que solo el velo de la hipocresía logra encubrir haciendo que todas las contradicciones cohabiten en un mismo territorio. Las fachadas de los edificios y la manera de vestir de las chicas son la misma cosa: determinan la relación con el Otro a partir de lo exterior, la cáscara, las formas que se prestan al mimetismo: *hacer como si...* La ciudad termina siendo un microuniverso de hombres casados, empleados de oficina, abatidos y sombríos, cercados por el jefe en el trabajo y por la mujer en la casa.

El "ascenso" social del matrimonio es, entonces, la primera gran derrota del hombre arltiano. Entre otras cosas porque "la relación hombre mujer se presenta como un triángulo reforzado sobre el costado femenino. El tercer vértice

---

[10]   Así define Deleuze, en su libro *Cinéma I. L'image-mouvement*, la calidad particular del movimiento en el cine expresionista.

[11]   El matrimonio en Arlt es un *ready made* (Aira 1993: 3), un objeto usual promovido a la dignidad del objeto de arte por el único hecho de ser elegido por el artista (Duchamp 1994: 49). Es una situación cotidiana y común colocada en el pedestal de la literatura y observada con el ojo pegado a sus rajaduras, sus poros y ángulos ocultos.

le corresponde a la suegra [...] que desempeña el rol de una delegada de la sociedad" (Waldegaray 2002: 238).

Esta derrota, estéticamente, se da por medio de cambios bruscos en la luz ("La pereza sentimental había sucedido al primer deslumbramiento pasional"); por medio de la materialización de lo abstracto ("Irene nada hacía de su parte para remediar la decadencia que se filtraba en sus relaciones"); la decadencia, transformada en líquido como un proceso químico, penetra lentamente y corroe los fundamentos del edificio; y en lugar de caras aparecen caretas deformadas por muecas ("Escuchaba a Balder con carita aburrida, casi impaciente de tener que soportar la lata de un hombre cabelludo, con zapatos abarquillados y sonrisa maliciosa")[12]. Hasta la luz del día, sobre las vidas de pareja, es siniestra y se reduce a una mancha amarilla que, igual a una enfermedad, ensucia los muros del miserable hogar:

> Vivíamos en silencio, y era inútil que el sol alegrara los árboles y que las tardes fueran tan delicadas como una seda color turquí. [...] Y el sol que para los otros era sol de fiesta, lucía para nosotros en lo alto, fúlgido y siniestro. Entonces yo cerraba los postigos de las piezas, y en la oscuridad de mi dormitorio me quedaba pensando en ese muchacho distante, mientras que una mancha amarilla corría lentamente por las flores del empapelado (Arlt 1995: 128).

La culminación trágica de este destino se construye a partir de montajes que condensan el tiempo (saltando del momento del "abatirse bajo la sensualidad de los machos" a los "vientres hinchados") y juegan violentamente con las distancias pasando de una primera escena íntima de los cuerpos entrelazados a un *zoom* que de repente se aleja y percibe las multitudes bajo una perspectiva que las confunde con una masa de monstruos. El principio es el de un plan visual de claridad reducida propicio a crear confusiones. La influencia del cine es evidente, el primer paso hacia la nueva percepción del mundo circundante es de índole visual:

> Las mujeres le eran odiosas. Las veía abatirse bajo la sensualidad de los machos para ofrecer por todas partes la fealdad de sus vientres hinchados. Tenían exclusivamente capacidad para el sufrimiento, éste era un mundo de gente fatigada, fantasmas apenas despiertos que apestaban a tierra con su grávida somnolencia, como en las primeras edades los monstruos perezosos y gigantescos (Arlt 1999: 105).

La retórica es la del énfasis -focalizar detalles y amplificarlos, como si todo debiera ser mostrado o explicado desde todas las perspectivas posibles—. Este proceso de cortar y pegar y la consiguiente supresión de planos, como lo preci-

---

[12]   Las tres citas provienen de Arlt 1980: 39.

sa C. Metz a propósito del montaje-Rey en el cine expresionista, no reduce el sentido, sino que lo aumenta creando atajos y conexiones que llevan a una visión del mundo inédita. Una fotografía aislada no cuenta nada, pero dos yuxtapuestas sí, empiezan a contar: "Pasar de una imagen a dos es pasar de la palabra al lenguaje" (Metz 2003: 41-53). La devastadora tragedia matrimonial de la ficción arltiana es, al fin y al cabo, resultado de un montaje, de secuencias cuya significación se construye no por alusión a ideas ya formadas, sino por la organización temporal y espacial de los elementos.

> Un panorama lividecido por los flujos blancos de todas esas hijas de obreros, anémicas y tuberculosas [...] la visita después de cenar al farmacéutico de la esquina pidiéndole confidencialmente un abortivo, la esterilidad de los baños de mostaza y el agua caliente, y luego la inevitable visita a la partera [...] que entre sonrisas agridulces se resuelve a "colocar la sonda", "pero como un favor", hablando entre paréntesis de la partera de la otra cuadra, "que dejó morir por falta de escrúpulos a una muchacha que estaba de lo más bien" (Arlt 1995: 213).

Aquí está un ejemplo de este acto organizador por medio del cual el sentido se redistribuye convirtiendo los significados discontinuos en nuevos significantes: del instante detenido del noviazgo, al cumplimiento ciego de la convención social y de ahí a una muerte vulgar —esta es la verdadera historia—. Y la partera no es sino uno más de los varios torturadores disfrazados[13].

No solo el cortar y pegar, sino también el "gros plan" está presente y en vez de respetar la realidad, la deforma. Cortado de su contexto y agrandado, el fragmento es irreconocible y transformado en otra cosa. La cámara que registra el mundo es la percepción alterada, incapaz de mantener distancias y proporciones: "Esa terrible noche en que suenan los pitos de todos los vigilantes mientras la partera examina pedacitos de tejido parecido al hígado podrido y deja correr el agua del irrigador, que arrastra hasta la palangana un lodo de sangre negruzca, de filamentos de tejidos y telarañas de glóbulos rojizos" (Arlt 1995: 214).

El repertorio de citas es inagotable y la dinámica del matrimonio de la pobre gentuza parece ser igual en cualquier lugar y contexto: "Y vos, pedazo de ingenua, te creés que en Norteamérica no hay doñas Ignacias que tramitan un aborto mientras recalientan unas milanesas" (Arlt 1995: 198).

La alternativa a la tragicomedia de las convenciones sociales es la transgresión. Sin embargo, como observa Waldegaray, la transgresión es una manera de

---

[13] Recordemos que uno de los personajes más violentos y tarados del díptico *Los siete locos/Los lanzallamas* es "El hombre que vio a la partera".

domesticar la angustia, pero "una vez efectuada, sólo hay desesperanza, confir-
mación de la imposibilidad de alcanzar realidades alternativas y de forjar una
supresión —no una mera redistribución— de los roles asignados [...] La transgresión conlleva la culpa, marca de la marginación" (238, 242).

Frecuentar el
bajo fondo prostibulario, seducir niñas en los parques o buscar la humillación
relacionándose con un contrahecho son algunas de las situaciones en las que se
ve metido el personaje arltiano en su afán por liberarse de las normas.

En todas estas situaciones, la distorsión llega a su apogeo, poniendo en escena el aspecto patológico de la vida humana, tema también privilegiado del expresionismo. El sexo se vuelve objeto de circulación y de comercio a larga esca-
la, en una ciudad como Buenos Aires de principios del siglo XX (pero también
en Berlín, París o Londres) y la estetización de este fenómeno está en las obras
del expresionismo europeo: Kokoschka, Wedekind, Toller, Jahn; el instinto sexual terminará dominando todo el universo sentimental y tragando incluso el
instinto del infinito, precisa Mazellier a propósito de la relación del expresionismo con lo sagrado, señalando el vínculo entre la demonización de la máquina y la idolatría de la sexualidad —ambos, síntomas de la civilización moderna— en términos de violencia y voluntad de dominación (Mazellier 1994:
50-55).

Suicidas, criminales y prostitutas pueblan las pinturas expresionistas, en espacios donde se alterna el rojo con el negro —burdeles, cafetines, calles oscuras
de la ciudad: desde las pinturas de Grosz, como *El enfermo de amor* (1916),
Metrópolis (1917), *Suicidio* (1916), *Crimen sádico en Ackersrtaße* (1916/17),
John, asesino de mujeres (1918) hasta *La maquerelle* (1923), de Dix, o *La puta
desnuda* (1923), de Griebel, la gran ciudad, el comercio sexual y la violencia
aparecen juntos—. Y en *Berlín Alexanderplatz*, de Döblin, las prostitutas Ida y
Mieze terminan asesinadas a manos de los protagonistas que abusan de ellas. El
cuerpo de la mujer está expuesto y entregado como una cosa o violado y des-
cuartizado. Las mujeres deben hacerse cargo de la humillación social de los va-
rones, pagando con su cuerpo la desventaja del género sexual. En *Los siete locos*, la fascinación que Erdosain siente por Haffner va en la misma dirección:

> Erdosain se sentía anonadado por el desprecio formidable que ese hombre [Haff-
> ner] revelaba hacia las mujeres. Y recordaba que en otra oportunidad el Astrólogo le ha-
> bía dicho: "El Rufián Melancólico es un tipo que al ver una mujer lo primero que pien-
> sa es esto: Esta en la calle rendiría cinco, diez o veinte pesos. Nada más" (Arlt 1999: 22).

Y el precio más alto de la humillación lo pagará la Bizca. El comerciante de
carne blanca y proxeneta (*cafishio*) es el representante del lumpen por excelen-

cia. Si en la clase media el hombre trabaja para mantener el hogar, en el mundo
de la prostitución es la mujer la que trabajará para mantener a su hombre. El *cafishio* construye su mundo sobre la quiebra de la constitución familiar y la
prostituta, por su lado, niega e invierte la función social de la mujer dentro del
sistema (Waldegaray 2002: 234). La diferencia entre los expresionistas alemanes
y Arlt es que en aquellos el universo de la perversión está incluido en la esfera y
las actividades de la clase burguesa (gordos burgueses al lado de vulgares prostitutas en las pinturas de Grosz), mientras que en Arlt estos ambientes indican
más bien un cambio de categoría social, el paso al lumpen que desafía, en el
cuerpo de la mujer, los valores aceptados por la clase media.

En todos los casos, como observa M. Semilla Durán, tanto en el instante detenido del noviazgo como en el vértigo de la caída que implica el matrimonio o
la relación con las prostitutas, hay negación de la sexualidad como fuerza crea-
dora, rechazo del cuerpo real de la mujer en cuanto "objeto de inversión libidi-
nal" (Semilla Durán 2002: 16).

> Erdosain est incapable d'instaurer des rapports sexuels normaux avec Elsa, son
> épouse, mais se complaît dans sa propre souffrance losrqu'il l'imagine caressant le
> sexe du Capitaine; il méprise la nudité offerte et splendide de Luciana, s'abstient de
> toucher les prostituées qu'il visite, et le corps provoquant de la Bizca, qu'il accueille
> dans son lit, lui inspire plus de dégoût que du désir (Semilla Durán 2002: 16).

Así, el amor queda como un recipiente vacío: objeto de un discurso proliferante e interminable, llevado al infinito y carente de concretización posible, ya
que el único deseo que se puede tener es hacia un cuerpo ausente del Otro: en
las fantasías masturbatorias o cuando un obstáculo (material o social) hace imposible cualquier contacto:

> Como quien saca de su cartera un dinero que es producto de distintos esfuerzos,
> Erdosain sacaba de las alcobas de la casa negra una mujer fragmentaria y completa,
> una mujer compuesta por cien mujeres despedazadas por los cien deseos siempre
> iguales, renovados a la presencia de semejantes mujeres. [...] Esta mujer arbitraria,
> amasada con la carnadura de todas las mujeres que no había podido poseer, tenía con
> él esas complacencias que tienen las novias prudentes que ya han dejado las manos
> en las entrepiernas de sus novios sin dejar por ello de ser honestas (Arlt 1999: 52).

La mujer queda anulada definitivamente como sujeto —incapaz de engen-
drar la carne de su carne—, sea por el rechazo de la hembra de carne y hueso,
por la obsesión de la virginidad o por el asesinato. El hombre intenta así eludir
su propio destino, el de ser reproducido y más tarde convertido en padre que

martirizará al hijo (Semilla Durán 2002: 17). Y el expresionismo sirve para modelar este dispositivo de esterilidad. Difundiendo lo vital como poderosa germinalidad preorgánica de la materia, equipara el humano a lo no-orgánico —el Golem, Frankestain, María (el robot) de *Metrópolis*, el muerto-vivo de Dr. Caligari...—. Las parteras de Arlt hacen todas parir cadáveres, más aún, trozos de materia muerta y sin organicidad. Estos pedazos muertos son los seres que habitarán el día de mañana. Formidable previsión para lo que conocería Argentina de Arlt en adelante.

BIBLIOGRAFIA

AIRA, César (1993): "Arlt", en: *Paradoxa 7*, Rosario: Beatriz Viterbo; <http://www.elortiba.org/pdf/Aira Cesar - Arlt.pdf>.
AMÍCOLA, José (2008): "Fritz Lang, Alfred Döblin y Roberto Arlt", en: Nitsch, Wolfram/Chihaia, Matei/Torres, Alejandra (eds.): *Ficciones de los medios en la periferia. Técnicas de comunicación en la literatura hispanoamericana moderna*. Köln: Universitäts- und Stadtbibliothek Köln, 161-169.
ARLT, Roberto (1999 [1929]): *Los siete locos*. Buenos Aires: Bureau editor.
— (1972 [1931]): *Los lanzallamas*. Buenos Aires: Compañía General Fabril Editora.
— (1980 [1932]): *El amor brujo*. Buenos Aires: Victoria.
— (1984): *Las fieras y otros cuento*. Montevideo: Ediciones de la Banda Oriental.
— (1995): *Noche terrible/Una tarde de domingo*. Madrid: Alianza.
BAKHTINE, Mikhail (1978): *Esthétique et théorie du roman*. Paris: Gallimard.
CRAIG, Gordon (2008 [1911]): *On the Art of Theater*. London: Routledge.
DELEUZE, Gilles (1983): *Cinéma I. L'image-mouvement*. Paris: Minuit.
DUCHAMP, Marcel (1994): *Duchamp du Signe*. Paris: Flammarion.
EISNER, Lotte (1973 [1952]): *The Hunted Screen*. Berkeley: University of California Press.
GUERRERO, Diana (1972): *Roberto Arlt. El habitante solitario*. Buenos Aires: Granica.
KOMI, Christina (2009): *Recorridos urbanos. La Buenos Aires de Roberto Arlt y Juan Carlos Onetti*. Madrid/Frankfurt am Main: Iberoamericana/Vervuert.
KRACAUER, Siegfried (1974): *Kino. Essays, Studien, Glossen zum Film*. Frankfurt am Main: Suhrkamp.
MAZELLIER LAJARRIGE, Catherine (1994): *Le théâtre expressioniste et le sacré*. Bern: Peter Lang.

METZ, Christian (2003): *Essais sur la signification au cinéma*. Paris: Klincksieck.

PASTOR, Beatriz (1980): *Roberto Arlt. La rebelión alienada*. Gaithersburg: Hispamérica.

RIVERA, Jorge (1986): *Roberto Arlt: Les sept fous*. Buenos Aires: Hachette.

SARLO, Beatriz (1985): *El imperio de los sentimientos*. Buenos Aires: Catálogos Editora.

SEMILLA DURÁN, María A. (2002): "Violence et discours cathartique chez Roberto Arlt", en: López, Amadeo: *Figures de la violence dans la littérature de langue espagnol*, Travaux et Recherches 3. Nanterre: Publidix, 11-32.

WALDEGARAY, Marta (2002): "Ideología de lo cotidiano en la cuentística de Roberto Arlt", en: *Anales de Literatura Hispanoamericana*, vol. 31, 221-243.

WORRINGER, Vilhem (1997 [1908]): *Naturaleza y abstracción*. Madrid: Fondo de Cultura Económica.

Las melancolías urbanas del ingeniero

José Morales Saravia

Resumen

La última novela de Roberto Arlt sobre el ingeniero Estanislao Balder, *El amor brujo* (1932), es leída en este estudio dentro de una semántica argentina, como una novela de la desilusión y desde una teoría que aísla un personaje enfrentado a la pregunta por el actuar en el mundo de lo social, que este considera desde sus principios una autotraición, y a la que, ante la imposibilidad de abstenerse de actuar, da una respuesta con la realización de un acto infame.

Palabras claves

Semántica argentina, novela de la desilusión, necesidad del acto infame

1. La semántica argentina

Empiezo poniendo la figura histórica y literaria de Roberto Arlt en el contexto de lo que yo he llamado en otra ocasión la "semántica argentina"[1], uno de cuyos rasgos es el perspectivizar toda consideración cultural, política y social bajo aspectos que la sociología cultural ha llamado "plebeyos", en la medida en que no solo se apoya en rasgos "populares" —los populismos yrigoyenistas y peronistas los manejaron—, sino también —y sobre todo— en rasgos de carácter decididamente asociales. Elementos de ello son, por ejemplo, actitudes como la absoluta desconfianza en el Estado y sus instituciones y una animadversión a todo lo que proceda del mundo oficial y su legalidad. No es aquí el lugar para explicar con detenimiento el origen de esta semántica que —como veremos in-

---

[1]   Cf. Morales Saravia 2001: 27-45. Un estudio exhaustivo de esta semántica, que no se ha hecho todavía, mostraría las coordenadas discursivas mayores que han regido —y tal vez siguen rigiendo— la vida social y cultural de este país.

mediatamente con un ejemplo— se remonta a la segunda mitad del siglo xix, si no antes (recuérdese que el Virreinato del Río de la Plata se sostuvo durante siglos, entre otras cosas, a través del contrabando[2]), y que está ligado al proceso inmigratorio y a los actores involucrados en él: una élite nativa europeizada y xenófoba y un inmenso grupo de inmigrantes procedentes de los lugares más pauperizados de Europa con deseos de acceder al dinero de la manera más rápidamente posible[3].

Borges ha llamado la atención sobre este hecho en un texto de *Otras inquisiciones* (1952), que cito en extenso, titulado "Nuestro pobre individualismo" en el que no solo describe esta semántica, sino que además pone un ejemplo completo de ella refiriéndose al pilar de la literatura argentina, el *Martín Fierro*:

> El argentino, a diferencia de los americanos del Norte y de casi todos los europeos, no se identifica con el Estado. Ello puede atribuirse a la circunstancia de que, en este país, los gobiernos suelen ser pésimos o al hecho general de que el Estado es una inconcebible abstracción; lo cierto es que el argentino es un individuo no un ciudadano. Aforismos como el de Hegel "El Estado es la realidad de la idea moral" le parecen bromas siniestras. Los films elaborados en Hollywood repetidamente proponen a la admiración el caso de un hombre (generalmente, un periodista) que busca la amistad de un criminal para entregarlo después a la policía; el argentino, para quien la amistad es una pasión y la policía una *maffia*, siente que ese "héroe" es un incomprensible canalla. [...] Profundamente lo confirma una noche de la literatura argentina: esa desesperada noche en la que un sargento de la policía rural gritó que no iba a consentir el delito de que se matara a un valiente y se puso a pelear contra sus soldados, junto al desertor Martín Fierro (Borges 1989, I: 658)[4].

---

[2]   Es uno de los temas que toca Ezequiel Martínez Estrada en su ácida crítica del proyecto liberal sarmientino y unitario en su *Radiografía de la pampa* de 1933: "Más curioso es el abigeato y sus desarrollos melódicos, pues llegó a ser hasta hace pocos años una lucrativa industria en las provincias ganaderas y aún lo es por tierras patagónicas y del noreste. Cuatrerismo y contrabando fueron también formas derivadas de un sistema legal de comercio antes de la Independencia [...]" (Martínez Estrada 1976: 137-138).

[3]   Probablemente la versión más clara de la actitud negativa de la élite frente a la inmigración se encuentre expresada en la obra de Eduardo Mallea, en textos como *Conocimiento y expresión de la Argentina* (1935) o *Historia de una pasión argentina* (1937), en los que desarrolla su oposición maniquea entre la Argentina "invisible" y sus representantes localizados en el Patriciado y el "cosmopolitismo progresista" del "hombre adventicio" que, a fin de cuentas, tiene que ser identificado con el inmigrante. Cf. Morales Saravia 1986.

[4]   En una nota, Borges (1989, I: 658) todavía insiste sobre este hecho y escribe: "El Estado es impersonal: el argentino sólo concibe una relación personal. Por eso, para él, robar dineros públicos no es un crimen. Compruebo un hecho; no lo justifico o

Este proceso de positivización de "lo plebeyo" en los valores argentinos, que se puede ver, según Borges, en el *Martín Fierro*, se consolida cuando Leopoldo Lugones, en sus conferencias sobre este libro, publicadas después bajo el nombre de *El payador*, hace el elogio del "desertor" Fierro y erige el libro de José Hernández como el libro, por antonomasia, de la nacionalidad argentina. Sin embargo esto es solo un lado de este fenómeno. El otro lado de la "semántica argentina" tiene que ver con lo que he llamado una "semántica de la desilusión", implícita a ella, que paso a explicar directamente sobre la obra de Arlt.

2. LA NECESIDAD DEL ACTO INFAME

La primera novela de Arlt, *El juguete rabioso* (1926), se nos ofrece como un buen ejemplo de esta semántica, en cuyo centro se encuentra lo que se puede llamar la "necesidad del acto infame". La trama de esta novela nos presenta la vida del joven argentino Silvio Astier como un proceso de acceso a la adultez, pleno de desilusiones, que conduce al aprendizaje de lo abominable. Cada uno de sus cuatro capítulos nos presenta este camino. Así, si el primer capítulo, titulado "Los ladrones", presenta el mundo de las pandillas juveniles y sus acciones delictivas, ligadas ellas —a través del personaje principal— a la lectura de novelas sobre bandidos y bandoleros —el aspecto asocial plebeyo ya mencionado—, el segundo capítulo, titulado "Los trabajos y los días", intenta mostrar la posibilidad del personaje de integrarse al mundo social del trabajo desempeñándose como ayudante en una librería de libros usados —una estética negativa

---

excuso". Se puede ver además en el "Epílogo" al primer tomo de la edición de sus *Obras completas* de 1989 la autocrítica que Borges se hace por haber sido él mismo un representante connotado de esta semántica en textos como "Hombre de la esquina rosada" —"cuyo narrador es un asesino", escribe— y en poemas y cuentos sobre cuchilleros. Cito del "Epílogo" en el que habla de sí en tercera persona y habiendo cambiado ligeramente su nombre: "Sus estrofas de corte popular, que son un eco de Ascasubi, exhuman la memoria de cuchilleros muy razonablemente olvidados". La explicación de esto la hace Borges remontar a la literatura anterior, dentro de la que establece una continuidad con su obra de la siguiente manera: "Los saineteros ya habían armado un mundo que era esencialmente el de Borges, pero la gente culta no podía gozar de sus espectáculos con la consciencia tranquila. Es perdonable que aplaudieran a quien les autorizaba ese gusto. [...] Así, a lo largo de los años, contribuyó sin saberlo y sin sospecharlo a esa exaltación de la barbarie que culminó en el culto del gaucho, de Artigas y de Rosas" (Borges 1989, I: 1144).

de lo bajo y lo vil es desarrollada aquí-, que no es posible no solo por el mínimo sueldo que recibe, sino también por el muy bajo y vil rol que debe desempeñar en un mundo de segunda y de tercera mano que no le ofrece ninguna posibilidad de "medrar". Silvio decide vengarse, en este capítulo, de sus empleadores y trata de incendiar la librería, lo que finalmente fracasa, pues el acto está aquí propiciado por la venganza y no —como veremos adelante— por la necesidad de actuación positiva en un código negativo. El tercer capítulo, titulado "El juguete rabioso", relata el reiterado intento de Silvio de integrarse a instituciones sociales, en este caso mediante su admisión en la Escuela Militar de la Aviación para recibir una formación técnica, cosa que tiene lugar, pero se trunca porque debe ceder su puesto de aprendiz a un "recomendado" de una elevada personalidad. Desilusionado, Silvio intenta suicidarse, pero sobrevive y debe, a partir de este momento, enfrentarse con la pregunta de cómo seguir viviendo, es decir, cómo seguir actuando y obrando en este mundo presentado así, como bajo, asocial, vil y deficiente. El cuarto y último capítulo, "Judas Iscariote", ofrece la respuesta ya desde su título —es el tópico de lo infame— y trae el tema del delito en su versión positivizada de lo plebeyo. Silvio trabaja en una compañía que vende papel al por mayor; el Rengo —un cojo cuidador de coches que no desaprovecha ninguna oportunidad de apropiarse de objetos o dinero ajenos— le tiene simpatía, le confía sus pequeñas aventuras como ladrón y lo gana como cómplice para un robo en la casa de un ingeniero adinerado. Silvio revela, sin embargo, al propietario de la casa el robo y la policía toma prisionero al Rengo. El ingeniero —manejando todavía la semántica de la amistad argentina mencionada por Borges (1989, I: 658) más arriba— le pregunta, escandalizado, si no le da vergüenza tener tan poca dignidad y cuál es la razón de su traición. Silvio responde:

> Es cierto... Hay momentos en nuestra vida en que tenemos *necesidad de ser canallas*, de ensuciarnos hasta adentro, de hacer alguna *infamia*, yo qué sé... de destrozar para siempre la vida de un hombre... y después de hecho eso podremos volver a caminar tranquilos (Arlt 1999: 236; cursivas mías).

La explicación que Silvio Astier da de su actuación infame al final —y que viene siendo preparada por cada uno de los capítulos anteriores en que se va presentando su reiterada desilusión frente a las posibilidades humillantes que le ofrece la realidad de afirmar su subjetividad— debe ser contextualizada dentro de lo que Lukács en su *Theorie des Romans* (1920) ha denominado el "romanticismo desilusionado". Opuesto, cronológicamente posterior y consecutivo al "idealismo abstracto", este romanticismo desilusionado presupone una subjetividad cuya interioridad, habitada por un ideal, resulta ser mucho mayor que la realidad en la que le ha tocado vivir y que se le presenta, por ello, como un compendio de convenciones e instituciones carentes de todo valor ideal y de un momento posible de afirmación positiva. Dicha subjetividad rechaza, pues, dicha realidad y se refugia en su propia interioridad, donde intenta resolver todos los conflictos, opta por la pasividad y la no actuación, y debe, sin embargo, tarde o temprano, enfrentarse al hecho —a la pregunta ética— de obrar y actuar en esa realidad, lo que significa siempre un acto de autotraición[5]. Obligado a actuar, no puede, entonces, realizar ese acto sino en términos negativos y esto es mediante un acto infame, que se le aparece como la única posibilidad válida de actuar sin traicionar el contenido de su subjetividad, sin otorgar concesiones a la realidad y a la sociedad deficiente, vil y vaciada de sentido que la representa[6].

3. HISTORIA Y PREHISTORIA DE UN INGENIERO

Desde mi perspectiva, *El juguete rabioso* debe ser considerado como antecedente necesario de *El amor brujo* —que es la novela de Roberto Arlt que quiero

---

[5]   Cito el pasaje pertinente del libro de Lukács (2000 [1920]: 101): "Die hierarchische Frage von Über- und Unterordnungsverhältnis zwischen innerer und äußerer Wirklichkeit ist das ethische Problem der Utopie; die Frage, inwiefern ein Besserdenken-können der Welt sich ethisch rechtfertigen lässt, inwiefern darauf, als Ausgangspunkt der Lebensgestaltung, sich ein Leben aufbauen lässt, das rund in sich ist und nicht, wie Hamann sagt, ein Loch bekam, statt ein Ende zu nehmen. Vom Standpunkt der epischen Form ist dieses Problem so zu stellen: kann diese abgeschlossene Korrektur der Wirklichkeit sich in Taten umsetzen, die, unabhängig vom äußeren Gelingen oder Versagen, das Recht des Individuums auf diese Selbstherrlichkeit beweisen; die die Gesinnung, aus der sie getan wurden, nicht kompromittieren?".

[6]   El mismo Borges ha tematizado este segundo lado de la "semántica argentina" de la traición infame del amigo en su cuento "El indigno" del libro *El informe de Brodie* (Borges 1989, I: 1029-1033). Este mismo conflicto es el que vive el personaje Horacio Oliveira en la novela *Rayuela*, entre la pasividad y lo que él llama la "Tätigkeit" (cf. Cortázar 2000: 581-585, es el capítulo 90). De igual manera, la necesidad del acto infame y en lo negativo es lo que explica el episodio de Horacio Oliveira y la Clocharde al final de la primera parte de *Rayuela*, donde se lee una parecida argumentación: "[...] solamente como una aceptación de la náusea, Heráclito se había hecho enterrar en un montón de estiércol para curarse de la hidropesía [...]" (Cortázar 2000: 362). La misma situación se puede percibir en el tratamiento que Ernesto Sábato le ha dado a su personaje Alejandra en la novela *Sobre héroes y tumbas*. Los ejemplos se pueden multiplicar en la literatura argentina y rioplatense.

analizar con más detenimiento aquí—. Si se quiere, su personaje principal, Silvio Astier, es la prehistoria del personaje de la última novela de 1932, Estanislao Balder. Este es el hombre adulto de 26 años en que ha devenido Silvio. El joven interesado en la ciencia y en la técnica de la primera novela, frustado en sus espectativas, es ahora el ingeniero de la última novela; entre ambos se halla el período de cómo ha llegado ese ahora adulto a su condición de profesional y cómo vive ese estado desde la "desilusión romántica" que trae de su anterior pasado.

La novela da información sobre la interioridad del personaje en capítulos que llevan el título de "Extractado del diario de Balder" y que se encuentran en cada una de las cuatro partes que hacen El amor brujo. Ya en el primero de estos capítulos, en el que Balder reflexiona sobre su estado anímico, se le presentan al lector tanto la aspiración y el deseo de este -siempre- "idealista abstracto" frustrado ("Y sin embargo Balder apetecía una acción continua y una existencia heróica [sic]", Arlt 1932: 48) como la pasividad consecuente de su desilusión y que el personaje denomina frecuentemente como "semiimbecilidad". Así nos enteramos de que es dicha desilusión la que hace que Balder fracase en los negocios y llegue a perder buena parte de la fortuna de su esposa porque no es capaz de sostener lo que él llama la "comedia" social -el término es repetido durante toda la novela de manera monomaníaca para designar la vida en sociedad- en la que se lo obliga a participar: "Cuando por razones de mi profesión, tenía que ponerme en contacto con otras personas, me veía obligado a desempeñar una auténtica comedia de hombre grave [...]" (Arlt 1932: 49). Esto acarrea que deje sus negocios e ingrese como ayudante en el estudio técnico de un ingeniero a trabajar como dibujante por un escaso sueldo (Arlt 1932: 50-51).

Si el término "comedia" designa el intercambio humano en el mundo de los negocios, este también refiere todo el ámbito de las relaciones sociales y humanas en esta sociedad percibida de manera negativa. Esto toca, primero, al *mundo del trabajo* que Balder considera que no corresponde al contenido de su subjetividad. El narrador omnisciente lo comenta: "Se acostumbró a vivir en las profundidades de la cavilación. Su obra de ayudante en oficinas técnicas no le satisfacía. Él no había nacido para tan insignificantes menesteres" (Arlt 1932: 57). Igualmente, y en segundo lugar, Balder no encuentra una similar correspondencia en el *mundo de las relaciones eróticas y amorosas*. El narrador relata que tuvo a intervalos relaciones con otras mujeres, pero que a pesar de que "se esforzaba por descubrir los aspectos importantes de la personalidad de sus amigas, luego *decepcionado* de la vaciedad que revelaban, abandonaba todo buen propósito y su conducta era lisa y llanamente la de un desvergonzado, a quien se le importa un comino lo que la gente opine" (Arlt 1932: 59; cursivas mías). La misma situación se ofrece, en tercer lugar, cuando se presenta el *mundo de la familia y el matrimonio*: "Junto a su esposa se aburría. [...]. Analizaba a su mujer y la encontraba semejante a las esposas de sus amigos. [...] Su mujer bordaba excelentemente, cocinaba muy bien, hacía un poco de ruido en el piano", pero "¿qué relaciones existían entre un piso encerado o una albóndiga a punto, y la felicidad?" (Arlt 1932: 60). Esto toca, en cuarto lugar, no solamente a su propio matrimonio, sino a todos los matrimonios y, por encima de ello, también a la posibilidad que podrían ofrecer amantes paralelas a dicho matrimonio y al *problema de la moral* implícito en ello. El narrador da el pensamiento del personaje a este respecto:

> Se casaron jóvenes y pronto las *ilusiones* desaparecieron. Casi todos ellos tenían una base moral que les impedía abandonar a su esposa, para seguir a la que amaban. Así creía Balder al principio. Luego constató que tal *base moral* no existía. Ellos sabían que de abandonar a su esposa para convivir con la amante hubieran terminado por hastiarse junto a la amante como ahora se hartaban de monotonía junto a la esposa (Arlt 1932: 61; cursivas mías).

El término "comedia" es empleado en esta novela, pues, en el sentido de farsa y de actuación desprovista de toda verdad y autenticidad, es empleado para los valores sociales representados por trabajo, amor, familia, matrimonio y su moral implicada. A este mundo de las "convenciones" sociales vaciadas de todo sentido para la subjetividad, la novela opone, sin embargo, el momento que debería corresponder con la idealidad presente en dicha subjetividad y ausente en la realidad, a la que el personaje se enfrenta -vuelvo a repetir- con la pasividad y con la renuncia a la acción. Una cita ofrece ambos aspectos y las posibilidades de salida que Balder ve a su vida:

> Balder admitía que era un derrotado. Un descorazonamiento inmenso lo imposibilitaba para la acción durante algunos días, luego reaccionando se decía que en alguna parte se encontraba la mujer que debía injertar en su vida nuevas esperanzas y energías, y confortado por la tibia certidumbre dejaba pasar los días (Arlt 1932: 71; cursivas mías).

Otros pasajes formulan esta expectativa con el arribo de un suceso extraordinario y con la posibilidad de volver a actuar: "sabía que alguna vez, el destino me obligaría a *actuar* en un suceso que con su violencia rompería definitivamente las ligaduras que me amarraban a la imbecilidad, y que además el suceso sería extraordinario, asombroso" (Arlt 1932: 51; cursivas mías). A esta idea se agarra Balder de manera obsesiva. El narrador dice que se trata de "una idea fija", lo que hace visible el otro tipo de la novela moderna —el precedente y contrario del romántico desilusionado—: el "idealista abstracto". Balder se repite incesantemente la frase: "Algo extraordinario tiene que ocurrir en mi vida" (Arlt 1932: 54 y 55); y, cuando el lector se pregunta por lo que significa esto para el personaje, el narrador suministra la explicación: "¿En qué consistía lo extraordinario para Balder? Dejar de ser lo que era" (Arlt 1932: 55). Si se quiere, la novela *El amor brujo* es la descripción de este "suceso extraordinario" y las consecuencias que tiene para su personaje principal. Este suceso hace, pues, la trama de la novela y está relacionado con la aparición de Irene, la joven colegiala de dieciséis años que entra en la vida de Balder.

4. Excurso sobre la semántica argentina: Onetti y Cortázar

Antes de seguir con mi lectura de *El amor brujo* quiero mostrar la impronta y la constante de los elementos de la semántica de la desilusión que acabo de presentar en otros autores de la región del Río de la Plata —sí, posteriores— marcados por la literatura y la novelística de Roberto Arlt. El primero es Juan Carlos Onetti, quien ha relatado su encuentro con Arlt y el elogio que este hizo de su novela *Tiempo de abrazar* (una novela que se perdió, luego de ganar un concurso, y volvió a aparecer muchos decenios después)[7]. El excurso hacia la obra de Onetti debe servirnos para situar el papel de figura femenina, trabajo y matrimonio dentro de los patrones de consideración negativos de la vida social. En la novela de 1939, *El pozo* -una novela de impronta arltiana-, el narrador en primera persona relata el intento frustrado de recuperar en su esposa Cecilia a la joven Ceci de la que se había enamorado inicialmente y el fracaso de ello, a lo que le sigue la chocante afirmación de que un buen día uno se despierta y en lugar de la joven con la que se había casado se encuentra con una mujer que no piensa sino en la seguridad material y en tener un hijo. Onetti opone, por el contrario, a la figura de la mujer aquella de la *muchacha* que encarna para él independencia, autenticidad y actuación según sus gustos e inclinaciones más espontáneas. Ejemplos de ella son la muchacha Nora al inicio de *Tierra de nadie* (1941), la niña que el personaje Ossorio debe salvar en *Para esta noche* (1943), la violinista en *La vida breve* (1950) con la que Brausen huye, etc.[8]

---

[7]   La anécdota puede ser leída en la introducción a sus obras completas en Onetti 1970.

[8]   Sobre la figura de la muchacha ha escrito Ángel Rama (1969: 58) lo siguiente: "[...] tiene una entereza sin fisuras, usa su pureza como un desafío al mundo, al decai-

El excurso hacia Julio Cortázar lleva a *Rayuela* (1963), a la identificación entre el personaje femenino llamado Maga -un equivalente de las *muchachas* onettianas- y a aquello que el idealista abstracto Horacio Oliveria busca, denominado de manera repetida el *kibbutz del deseo*, y definido en los siguientes términos: "Kibbutz: colonia, settlement, asentamiento, rincón elegido donde alzar la tienda final, donde salir al aire libre de la noche con la cara lavada por el tiempo, y unirse al mundo [...]" (Cortázar 2000: 354). Joven mujer e ideal son los elementos que estas incursiones en el retrabajo de la semántica que vengo describiendo nos ofrecen en el futuro literario que seguirá a la obra de Arlt. Ellos nos traen, sin embargo, un elemento más que tiene que ver con el manejo de la categoría *espacio* dentro de la semántica de la desilusión que describo. Ya el empleo del término *kibbutz* por Cortázar introduce dicha categoría espacial en el complejo temático de lo ideal buscado. También en Onetti se produce la introducción de la categoría *espacio* si se recuerda en *La vida breve* (1950) que el intento de Brausen por salir de la obsesiva idea negativa de una esposa con un seno amputado lo lleva a crear en la fantasía un espacio que se impondrá para toda la narrativa posterior onettiana y que recibe el nombre de la ciudad de Santa María. Subrayo aquí la palabra ciudad y vuelvo a la última novela de Arlt para revisar cómo se maneja en este caso la categoría *espacio*. Con ello encontramos el tema de Buenos Aires y el oficio del personaje Estanislao Balder.

5. IDEAL Y DESILUSIÓN DEL ARQUITECTO

El papel del "suceso extraordinario" parece estar ligado con la aparición de un personaje femenino que encarna la idealidad que Balder llevaba en su interioridad. Como el excurso anterior muestra, esto tiene que ser visto también en relación con los otros dominios del mundo definido como convencional: el amor, la familia y el mundo del trabajo. De manera saltante, en primer lugar, con el mundo del trabajo del personaje principal que dice ser ingeniero, pero que confiesa estar más bien interesado en la arquitectura. Bajo los conceptos *arquitectura* y *urbanismo* se encuentra, pues, la elaboración que Arlt ha realizado, en *El amor brujo*, de la categoría *espacio*.

La desilusión frente al mundo convencional —el mundo de la "comedia"— ha llevado a Balder a abandonar sus negocios de ingeniero y a entrar a trabajar

---

miento de la materia en el tiempo, y parece dueña de la llave de la perfección ideal, vencedora del tiempo, de la muerte, altiva y desdeñosa para las debilidades de la carne, ausente incluso de ellas, prácticamente intocada por la sensualidad".

como dibujante en una oficina técnica de ingeniería, lo que, según los sentimientos del personaje, es una actividad que no se corresponde con el contenido de su subjetividad: "¿Por qué había descuidado la arquitectura? ¿Por qué no escribía en los periódicos, sobre la ciudad futura? Aquel artículo de los rascacielos de metal estaba muy bien" (Arlt 1932: 137) se pregunta Balder haciendo referencia al artículo que le había permitido volver a encontrar a Irene después de haberla perdido de vista durante dos años. En otro pasaje queda más explícita la oposición entre lo que hace, lo que desearía hacer y lo que constituye el contenido de su subjetividad y de la idealidad que lo habita: "Él no había nacido para tan insignificantes menesteres. Su destino era realizar creaciones magníficas, edificios monumentales, obeliscos titánicos recorridos internamente por trenes eléctricos. Transformaría la ciudad en un panorama de sueños de hadas con esqueletos de metales duros y cristales polícromos" (Arlt 1932: 57). Estos proyectos se vuelven más magníficos cuanto más difíciles resultan de ser realizados:

> En este país no existían arquitectos. ¡Oh! Ya lo verían, cuando entrara en acción. Su proyecto consistía en una red de rascacielos en forma de H, en cuyo tramo transversal se pudieran colgar los rieles de un tranvía aéreo. Los ingenieros de Buenos Aires eran unos bestias. El estaba de acuerdo con Wright.
>
> Había que sustituir las murallas de los altos edificios por finos muros de cobre, aluminio o cristal. Y entonces en vez de calcular estructuras de acero para cargas de cinco mil toneladas, pesadas, babilónicas, perfeccionaría el tipo de rascacielo aguja, fino, espiritual, no cartaginés, como tendenciaban los arquitectos de esta ciudad sin personalidad (Arlt 1932: 54).

La reacción que sus proyectos ocasionan entre sus compañeros es de hilaridad, de burla e incomprensión. Balder los describe —es para él de nuevo el mundo de la convención despojado de sentido—: "Serían siempre los mismos rutinarios, útiles para cargar con un teodolito y mensurar campos donde habrían de pastorear con el resto del ganado. [...] Carecían de imaginación [...], únicamente aspiraban a ganar dinero, u ocupar un cargo donde las actividades burocráticas sustituyeran la iniciativa técnica" (Arlt 1932: 55). Es precisamente en estos momentos en que Balder vuelve de manera repetida a pensar en que algo extraordinario debe ocurrir en su vida y une este suceso extraordinario, que él visualiza de manera amorosa, con sus proyectos de urbanismo y arquitectura moderna: "La única actividad que espoloneaba mi trabajo intelectual era aquel mundo que tenía la forma de una mujer que se llamaba Irene" (Arlt 1932: 137).

6. CRIOLLOS Y MODERNOS

Los planteamientos arquitectónicos de Balder y los nombres mencionados y no mencionados en ellos (Wright, Gropius, Le Corbusier) deben ser contextualizados brevemente dentro de la discusión que tuvo lugar en Argentina sobre la construcción y el diseño de ciudades y edificios. Ya la misma designación del personaje Balder como "ingeniero", estando él interesado más bien en la arquitectura, introduce la intensa discusión sobre arquitectura que rigió los años veinte —no solo en la Argentina—, cuando el diseño se consideró ya no un problema de estilos arquitectónicos (estético), sino de decisiones sobre el empleo de nuevos materiales y su uso (técnico) óptimo, frente a los retos del crecimiento poblacional y frente a los escasos recursos de los nuevos ciudadanos, que llevaron a plantear preguntas por viviendas baratas y masivas. Jorge Francisco Liernur (2001) ha resumido esta discusión bajo la oposición criollos/modernos y ha definido la arquitectura moderna argentina en la segunda mitad de la década del veinte —los ejemplos son las casas de Victoria Ocampo y de Alberto Previch— mencionando estos parámetros: 1) la desaparición de los rasgos de "carácter" de los edificios, 2) el diseño de la planta de manera no simétrica, 3) el uso de un vocabulario basado en la eliminación de elementos de decoración, 4) la articulación cubista de los volúmenes, 5) la preferencia por el contraste entre superficies planas y profundos huecos, 6) las texturas continuas de los paramentos, 6) la homogeneidad en el tratamiento del interior y el exterior, 7) la acentuación de líneas y planos horizontales y, en general, 8) el gusto por un geometrismo abstracto (Liernur 2001: 156), características que se comprueban en los escuetos proyectos que Balder trae en la novela *El amor brujo*.

Liernur (2001: 162) ha llamado la atención, empero, sobre la limitación y la descontextualización de que adolecen estas construcciones, buenas como solitarios en balnearios, pero pésimas si se considera la estructura y la unidad de toda la ciudad, y ha aludido, incluso, al efecto contraproducente que ocasionaban frente a los otros edificios que se encontraban a su alrededor y que resultaban resaltados en sus ornamentos justamente por la ausencia de ellos en las nuevas construcciones, lo que muestra —si se quiere, otra vez— el rasgo abstracto-idealista de estos proyectos. Hablando del despojamiento de todo "carácter" y de toda ornamentación escribe que estas casas resultaban escandalosas:

> Primero, porque su "noble pureza" iluminaba los falsos oropeles de sus vecinos, pero sobre todo porque introducía una quebradura, una liquidación del sistema del carácter: si la ausencia de atributos era aceptable para los estratos inferiores de la sociedad, en una casa patricia resultaba inadmisible [...].

Con su relativo "sacrificio" —que no pudo soportar, mudándose al poco tiempo a Villa Ocampo en San Isidro— Victoria tuvo un importante papel porque demostró a la sociedad que el despojamiento, que en su "ingenuidad" la mayoría leía como pobreza, constituía un signo de valor: se podía ser modernos siendo tradicionalistas, pero, sobre todo, se podía ser ricos en la más absoluta pobreza (Liernur 2001: 162).

Liernur (2001: 207-208) aclara, sin embargo, —lo que nos devuelve a la novela que analizamos— que

> Las imágenes de una arquitectura más genuinamente "vanguardistas" producidas en la Argentina pertenecen a la literatura. Se trata de los edificios que Roberto Arlt imaginó en su cuento [sic] *El amor brujo*: unas gigantescas torres piramidales, como agujas de cobre y cristal con reflejos multicolores. Sólo en la literatura, en Arlt o en González Tuñón y, a veces, en la pintura de Xul Solar, les fue permitido a la Técnica moderna y a la Metrópolis su contenido de misterio y desorden. En cambio, en el debate sobre el modernismo en la Arquitectura, no hubo aventuras.

7. La vivencia de la ciudad de Buenos Aires y excurso a Borges

En equivalencia con los proyectos ideales que Balder imagina para su ciudad y los que deplora, su vivencia y su percepción de la ciudad de Buenos Aires -la ciudad representada en la ficción- se organizan según la misma dicotomía de convencional/ideal: "Parecen dos ciudades superpuestas: arrinconada la de los rascacielos, extendiendo un fracturado horizonte la baja" (Arlt 1932: 73), escribe el narrador que porta la percepción del personaje y describe negativamente la ciudad "baja" con sus deficiencias.

Es cierto que esta dicotomía marca la organización general del espacio en la novela, pero hay lugares presentados con valores diferentes. Es el caso de la estación Retiro, lugar donde Balder encuentra por primera vez a Irene, un espacio no marcado explícitamente y que, por ser el lugar del "suceso extraordinario", adquiere valores implícitamente positivos de "comunicación" y "luminosidad": "Más allá de la bóveda encristalada, el andén iluminado por el sol se entreveía como una lámina de bronce" (Arlt 1932: 19). Estos elementos positivos ya no se perciben, por el contrario, cuando se describe el trayecto que Balder hace en tranvía o por las calles acompañando a Irene al conservatorio:

> [...] cuando levantó la cabeza, encima de los árboles de una plaza distinguió el edificio color *ceniza* del teatro Colón. El sol *castigaba* su frontispicio de finas rayas, y a la sombra del Palacio de Justicia, a los costados de las *pesadas columnas carta-*

ginesas, en las altas gradinatas, conversaban grupos de señores [...] (Arlt 1932: 37; cursivas mías).
Los toldos extendíase frente a las fruterías y los establecimientos de libros.
Cuando el tranvía se detenía, podían escudriñar los interiores de los comercios y ya se veía [...] una araña de metal de segunda mano, frente a una mujer gorda que ensalzaba particularidades del artefacto. El tranvía revotaba en los rieles. Estaban en una calle en reparación (Arlt 1932: 38).
Un martilleo opaco partía del taller del hojalatero, y un cierto perfume de pastas dulces se entremezcló con una vaharada de ácido muriático (Arlt 1932: 39).

El Tigre, el lugar donde se encuentra la casa de la familia de Irene, presenta igualmente los valores negativos de la descripción de la ciudad "baja". En la primera visita que Balder realiza a dicha casa comprueba las deficiencias que reinan en ella en lo que toca, por ejemplo, al timbre (dos cordones pelados) y a las cerraduras de las puertas (descompuestas), valores que serán extendidos pronto a los personajes que moran la casa y a su moral.

Las calles de Buenos Aires con sus comercios de segunda mano, los edificios de instituciones públicas como el Teatro Colón o el conservatorio, el Tigre y la casa de la familia de Irene están, pues, marcados negativamente bajo la dicotomía mencionada que traduzco a la oposición "convencional", "bajo", "desprovisto de sentido"/"ideal", "alturado", "provisto de sentido". Ella se corresponde con la que la discusión arquitectónica de la época hacía entre criollo/moderno, donde el término *criollo* aparece por los valores tradicionales y conservadores, mientras que el término *moderno* representa lo lleno de sentido e ideal.

No deja de ser interesante que estas dicotomías —convencional/ideal; criollo/moderno; carente de sentido/lleno de sentido— se encuentren en una organización inversa a la que se puede aislar en la obra narrativa del primer Borges, donde al primer polo —el de lo "tradicional"— le corresponde un tipo de representación positiva, realista, muy próxima a la *veduta* que encierra una valoración populista de lo criollo, y al segundo polo le corresponde una representación negativa muy próxima a la del *capriccio* que encierra una valoración negativa de la modernidad, con vivencias estéticas de lo "picturesque" para el primer polo y de lo "sublime" para el segundo. Como venimos de ver, en el caso de Roberto Arlt —a diferencia de Borges— lo criollo es no solo "lo convencional", sino también "lo deficiente" y "lo defectuoso" que en términos arquitectónicos se debe traducir por la ausencia de la triada *firmitas, utilitas* y *venustas*, mientras que lo moderno presenta precisamente esta triada en su forma más ideal[9].

---

[9]   Sobre los patrones estéticos y arquitectónicos en Borges, cf. Morales Saravia 1999: 465-487.

8. *El amor brujo*: el personaje del valor

Irene es lo que después será la *muchacha* onettiana y lo que en *Rayuela* representará decenios más tarde la Maga, y es descrita, en esos términos, por el narrador de *El amor brujo* y por el personaje Balder que sufre su impacto erótico y amoroso. A través de Irene, Balder, el romántico desilusionado que es antes de conocerla, vuelve a plantearse la posibilidad de una actuación positiva —como idealista abstracto— y vuelve a creer en la posibilidad de poder imponer el contenido de su subjetividad a la realidad.

A explicar esto Roberto Arlt ha dedicado el capítulo "Antecedentes de un suceso ejemplar", de la primera parte, donde se presenta el primer encuentro con ella como el "suceso extraordinario" esperado. A mediados del año 1927, en la estación Retiro, una joven de dieciséis años observa al personaje principal sin quitarle los ojos de encima hasta que este decide hablar con ella en el tren que viaja al Tigre. La joven, que no se siente en ningún momento intimidada, que lo escucha con atención, que no deja de sonreírle y le acepta sus caricias, es la directa realización de sus expectativas: "—... ¡cuántas veces he soñado con un acontecimiento semejante! [...] yo era consciente, perfectamente consciente de que mi sueño era un disparate irrealizable, al menos en Buenos Aires. Y el destino hace que se realice mi sueño, y del modo que yo deseaba [...]" (Arlt 1932: 23). El desilusionado que cree haber encontrado lo buscado la pierde de vista, sin embargo, después de varias veces de verla en Buenos Aires cuando Irene acude a sus clases de piano en el conservatorio. Pasan dos años —el primer capítulo de la tercera parte lo relata extensamente— hasta que Zulema, amiga de la familia de Irene, da con él por una serie de coincidencias y concierta una cita entre Irene y él. La reacción de Balder al volver a saber de Irene es inmensa: "Indudablemente, se encontraba en presencia del desarrollo de la segunda etapa de su vida. Su S. O. S. había sido escuchado. [...] Repentinamente le parecieron hermosos sus días anteriores" (Arlt 1932: 77). Zulema media varias citas y lo presenta, finalmente, a la madre de Irene. Entre tanto, Balder le ha confesado a Irene que está casado y que ha roto relaciones con su mujer.

Como en el caso de la *muchacha* de Onetti, donde la Ceci está condenada a convertirse en Cecilia y así "degradarse" a *mujer* (como la figura de la Maga en *Rayuela*, que debe asumir finalmente su rol de madre frente a Rocamadour e integrarse —así lo entiende por lo menos Oliveira— con ello al orden de la familia y de la sociedad), de este modo sucede también con Irene en *El amor brujo*, anticipando así el destino de esos roles posteriores y creando un tópico en el tratamiento del personaje femenino del valor. En el caso de Arlt, la "degradación" del ideal aparece unido no tanto al hecho de que Irene no sea ya virgen —lo que en el fondo no le importa tanto a Balder—, sino a que le haya mentido diciéndole que lo era. Detrás de esta "degradación" del ideal reaparece el mundo de la convención desprovista de sentido en el que tanto insiste la novela a través de su personaje principal, el romántico desilusionado Estanislao Balder.

9. EL MUNDO DE LA CONVENCIÓN RECHAZADO

En este contexto se vuelve a actualizar la noción negativa de "comedia" mencionada con respecto a la consideración de la vida social en la que Balder se ha visto envuelto siempre y que lo ha llevado a la pasividad inicial y al rechazo de dicha sociedad. La significación del término *comedia* se refiere ahora a, por lo menos, tres órdenes de cosas. El primer orden toca a la familia de Irene, especialmente a su madre; el segundo, a los amigos de Irene, en especial, a Zulema; el tercero, finalmente, toca a Irene.

La novela está compuesta de tal manera que el lector es confrontado con la "comedia" social, que la madre de Irene realiza, desde su primera página, pues la narración comienza *in medias res* ya con la visita de Balder a la señora Susana Loayza, madre de Irene, viuda de un teniente coronel del ejército, que Zulema ha organizado, tiempo después de que Balder ha vuelto a ver a la muchacha. El recibimiento de la madre es frío: "La señora se detuvo a dos pasos del joven con gesto de primera actriz ofendida" (Arlt 1932: 7), lo que Balder comenta para sí con la expresión: "'La comedia ha comenzado'" (Arlt 1932: 7). La "comedia" consiste en que la madre dice no aceptar unas relaciones amorosas con su hija estando él casado, pero sí en acceder a recibirlo una y otra vez bajo la idea de separación de Balder de su esposa, planteamiento que después pierde toda importancia, pues a la señora Loayza -piensa el personaje Balder- le interesa muy poco lo que la gente piense sobre la moral de ella y su hija si puede juntarla con un hombre que la proteja.

La estructuración de la novela con el comienzo *in medias res* mencionado introduce la idea de "comedia" social desde el principio y con ello una distancia —de parte del narrador y del personaje que está con frecuencia muy cerca de este— que adelanta el final. Arlt ha creado, sin embargo, una historia de amor paralela a la de Balder e Irene en la figura de Zulema, la amiga mayor de Irene, que responde también a la idea de "comedia" social. Casada con Alberto, el propietario de un taller mecánico en el Tigre, Zulema ensaya como corista en el conservatorio de Buenos Aires y, por ello, decide mudarse a esa ciudad con el pretexto de mejorar más en su formación. Desde hace tiempo Balder sospecha, sin embargo, que Zulema engaña a su marido, lo que finalmente el propio marido tiene que confirmar.

La última y decisiva asignación del término "comedia" social toca a Irene, el personaje femenino que había representado el rol del valor y había despertado en el romántico desilusionado Balder los sentimientos del ideal que él siente llevar en su interioridad. En diversos capítulos se presentan las dudas que Balder tiene frente a Irene y se pregunta repetidas veces si ella es una "simuladora", una "comedianta" (Arlt 1932: 100). Balder le dice muy pronto, porque no quiere engañarla, que es un hombre casado e Irene acepta este hecho con la promesa de Balder de que vuelva al día siguiente a buscarla. La amistad de Zulema, que a todas luces engaña a su marido, y las escenas eróticas en la sala de la casa de la familia Loayza le muestran a Balder que Irene, con la edad que tiene, sabe cómo satisfacer a un hombre sin entregarse a él. Balder le comenta: " —Bien sabés que quisiera que lo nuestro fuera algo puro y limpio. Y son precisamente estas desviaciones las que ensucian el amor" (Arlt 1932: 172). Balder sabe muy pronto que Irene está dispuesta a entregársele no bien él se lo proponga, pero él no quiere hacerlo. Al final, luego de que Irene se le ha entregado, Balder le comenta a Alberto que no era tanto el hecho de que ella no fuera virgen, como había dicho ser, sino lo que se hallaba detrás, lo que ha llevado a dejarla:

> —Me repugna ese tendal de mentiras dosificadas, la complicidad de una madre desalmada y de una muchachita hipócrita, y el trabajo de farsa que ambas realizaron [...]. No puedo tener relaciones con una mujer cuya conducta interna es fundamentalmente distinta a la mía. Yo no he buscado en Irene la querida. Queridas puedo tenerlas a granel... e Irene lo sabe también. Ella era para mí el amor puro (Arlt 1932: 232).

10. EL ACTO INFAME

Con esta declaración hecha por Balder al mecánico parecería terminar la novela; toda esta escena muestra, sin embargo, el deseo de herir al mecánico Alberto al hablarle de la infidelidad de Zulema; desarrolla el deseo de hacer una canallada, de actuar de tal manera que se realice el acto infame, con lo cual la novela da una vuelta de tuerca más a lo que parecía ser solo la reacción de un idealista abstracto que ha sido desilusionado otra vez en su ideal. Ya no se trata aquí, empero, del aprendizaje de lo abominable, como se señalaba para el caso del personaje Silvio Astier en *El juguete rabioso*, sino de la plena realización de él por el renovado romántico desilusionado que debe actuar ahora en lo negativo. Tampoco se trata ya de retirarse, ofendido, al refugio de la interioridad y arreglar la situación dentro de ella, sino de salir de ella; se trata de la necesidad de obrar en la negatividad para poder responder a la pregunta por la posibilidad de seguir existiendo. La novela termina —es una vuelta de tuerca más— con el siguiente diálogo entre Balder y su Fantasma, su consciencia:

> —Balder, le ocultaste al mecánico [Alberto] el cincuenta por ciento de lo que ocurrió. ¿Por qué no le dijiste que ayer, después que Irene se fué [sic], llegó tu esposa y te reconciliaste con ella?
> —Irene no era virgen.
> —Y tú conviertes esa verdad en un pretexto que te permite zafarte. ¡Magnífico, Balder!, no discutamos. Te asiste la inhumana razón del jugador. Apostastes [sic] a un naipe, la mentira de Irene, y no has perdido. Vencistes [sic] en buena ley de azar... [...] (Arlt 1932: 235).

Balder no se exime él mismo —como haría el romántico desilusionado replegado en su mundo interno— de mezclarse con la realidad de la convención, sino que obra —esto sí, desde otra redoblada perspectiva— de manera doblemente "infame" sobre ella, sobre el mundo vaciado de sentido. Con ello se muestra de nuevo, en esta novela, la semántica argentina en su doble movimiento de positivización de lo asocial y de realización necesaria de la infamia en ello.

BIBLIOGRAFÍA

ARLT, Roberto (1932): *El amor brujo*. Buenos Aires: Talleres tipográficos M. Lorenzo Rañó.

— (1999): *El juguete rabioso*. Edición de Rita Gnutzmann. Madrid: Cátedra.

— (2000): *Los siete locos. Los lanzallamas*. Madrid *et al.*: ALLCA.

BORGES, Jorge Luis (1989): *Obras completas*, 2 tomos. Buenos Aires: Emecé.

CORTÁZAR, Julio (2000): *Rayuela*. Edición de Andrés Amorós. Madrid: Cátedra.

GNUTZMANN, Rita (2001): "La relación hombre-ciudad en *El amor brujo* de Roberto Arlt", en: Morales Saravia, José/Schuchard, Barbara (eds.): *Roberto Arlt. Una modernidad argentina*. Madrid/Frankfurt am Main: Iberoamericana/Vervuert, 77-92.

— (2004): *Roberto Arlt. Innovación y compromiso. La obra narrativa y periodística*. Lleida: AE ELH/Universitat de Lleida.

Komi, Christina (2009): *Recorridos urbanos. La Buenos Aires de Roberto Arlt y Juan Carlos Onetti*. Madrid/Frankfurt am Main: Iberoamericana/Vervuert.

Liernur, Jorge Francisco (2001): *Arquitectura en la Argentina del siglo XX. La construcción de la modernidad*. Buenos Aires: Fondo Nacional de las Artes.

Lugones, Leopoldo (1979): *El payador*. Caracas: Biblioteca Ayacucho.

Lukács, Georg (2000 [1920]): *Die Theorie des Romans*. München: Deutscher Taschenbuch Verlag.

Martínez Estrada, Ezequiel (1976 [1933]): *Radiografía de la pampa*. Buenos Aires: Losada.

Morales Saravia, José (1986): *El discurso argentinista en los años treinta: Scalabrini Ortiz, Martínez Estrada y Mallea*. Darmstadt: Dissertationsdruck.

— (1999): "*Firmitas, utilitas* y *venustas* en Borges", en: Toro, Alfonso de/Toro, Fernando de (eds.): *El siglo de Borges. Vol. I: Perspectiva — Presente — Futuro*. Madrid/Frankfurt am Main: Iberoamericana/Vervuert, 465-487.

— (2001): "Semántica de la desilusión en *El juguete rabioso* de Roberto Arlt", en: Morales Saravia, José/Schuchard, Barbara (eds.): *Roberto Arlt. Una modernidad argentina*. Madrid/Frankfurt am Main: Iberoamericana/Vervuert, 27-46.

Onetti, Juan Carlos (1970): *Obras completas*. México: Editorial Aguilar.

Rama, Ángel (1969): "Origen de un novelista y de una generación", en: García Ramos, Reinaldo (ed.): *Recopilación de textos sobre Juan Carlos Onetti*. La Habana: Centro de Investigaciones Literarias Casa de las Américas, 24-66.

"Hablar en un holandés espantoso": fantasía lingüística y visión urbana en *Los lanzallamas*, de Roberto Arlt

Julio Prieto

RESUMEN

Los paseos urbanos de las novelas arltianas abundan en visiones lingüísticas y "psicogeográficas" recorridas por el delirio y la fantasía, lo que problematiza su adscripción exclusiva a la novela realista, al menos en el sentido convencional del término. A partir de un examen de esta cuestión en *Los lanzallamas* este ensayo propone una revisión teórica de la noción de realismo que tiene en cuenta las conexiones de la novela arltiana con las prácticas estéticas de las vanguardias históricas y el impacto de la cultura audiovisual de masas en el discurso literario. A través de un recorrido crítico por la tradición teórica del realismo —Auerbach, Bajtin, Lukács, Adorno— mi lectura de *Los lanzallamas* tiende a deslindar la productividad de un modo realista determinado por la figura de la distorsión óptica y una vivencia del desarraigo que propone enlaces con la reflexión filosófica de Vilem Flusser sobre lo *bodenlos* en cuanto figura epistémica matriz en la experiencia histórica de la modernidad.

"¿Quiere creerme? Hace mucho tiempo que no miro el cielo del crepúsculo" (20). Esta confesión de Hipólita en las primeras páginas de *Los lanzallamas* (1931) y la réplica del Astrólogo —"Los hombres han perdido la costumbre de mirar las estrellas" (20)— marcan el inicio de un motivo que recurre a lo largo de la novela con que Roberto Arlt da continuación a *Los siete locos* (1929): la descripción de paisajes urbanos ligada al gesto de mirar al cielo. Es lo que podríamos llamar el motivo de la "verticalidad urbana" o, para ponerlo en términos de Arlt, el motivo de lo "perpendicular", palabra clave que en el singular idiolecto arltiano se utiliza con desvío, casi siempre en el sentido de "vertical". La inmediata reflexión del Astrólogo sobre los motivos de esa pérdida de la "visión celeste" delimita las condiciones históricas de la mirada al cielo —a la altura de lo bello o lo ideal, o bien a la dimensión "superior" de los discursos revolucionarios que la figura del Astrólogo moviliza desde lo astral de su nombre—. Esa visión celeste estaría en conflicto, según el Astrólogo, con "la verdad del cuerpo" y la realidad del dolor que, según afirma, "la civilización ha puesto al descubierto" (21). La inmediata crítica de "tantos gramos de mentiras poéticas, [...] de mentiras noveladas" (22) permite leer en el discurso del Astrólogo una declaración programática del proyecto novelístico de Arlt. En consonancia con las "Palabras del autor" que abren la novela, ese proyecto se decantaría, en contraste con el esteticismo de los "hermosos rostros" y los "bellos crepúsculos", por la voluntad de exponer la "verdad" de lo bajo, lo feo y lo doloroso. Proyecto de no silenciar los "ruidos de un edificio social que se desmorona", que según lo planteado en el prólogo impedirían pensar en "panorámicos lienzos" y "bordados" (7-8), y que en contraste con el decoro de las "ingeniosas frases" y las "páginas discretas" (8) optaría por la provocación de un escribir "mal"[1]. Este planteamiento justificaría una adscripción de la novelística arltiana a la tradición de la novela realista que, sin embargo, se ve desestabilizada, por un lado, por la asimilación de una serie de estrategias vinculables a la órbita de las vanguardias históricas —estética del *shock*, *collage* cubista, dicción y visión expresionista— y, por otro, por la propia heterogeneidad discursiva y genérica que conlleva una práctica de "mala" escritura. Ahora bien, lejos de una proscripción de la visión celeste o de la mirada estética, en las novelas de Arlt se puede rastrear la productividad de una "belleza negativa" que, en particular asociada a la representación de la ciudad, es una de las notas dominantes de la tradición moderna desde Baudelaire —así como de las teorías estéticas modernas, desde la *Ästhetik des Hässlichen* (1853) de Rosenkranz, al "ideal de lo negro" (1983: 60) de Adorno, o a las propuestas de Agamben en *El hombre sin contenido*, donde examina la cuestión del distanciamiento del "*topos ouranios* de la esteticidad" (2005: 16)—. De hecho, las novelas arltianas están plagadas de miradas crepusculares: en su gran mayoría suelen ser miradas a los cielos urbanos donde se escenifica una tensión entre altura y bajura. Esa tensión entre lo alto y lo bajo, entre la lógica

---

[1]   "Se dice de mí que escribo mal. Es posible. De cualquier manera, no tendría dificultad en citar a numerosa gente que escribe bien y a quienes únicamente leen correctos miembros de sus familias" (7).

de lo astral y la lógica del dolor y del cuerpo recorre la visión arltiana de la ciudad moderna y sus lenguajes.

En estas visiones crepusculares, y en general en el motivo de lo "perpendicular" que propone la novela arltiana, me interesa resaltar dos cosas: por un lado, la distorsión imaginaria y la deriva hacia lo fantástico a la que tiende la inscripción de la experiencia urbana; por otro, la distorsión lingüística y discursiva que implica esa inscripción, vinculada a una práctica de escribir "mal" que da cuenta de una determinada experiencia histórica de la lengua —de un estado de extranjerización de las lenguas en la metrópolis moderna—. En cuanto a la distorsión imaginaria y la deriva hacia lo fantástico, es significativa la imbricación de la mirada al cielo urbano con una serie de metáforas de la representación y escenas de escritura asociadas a instancias o mecanismos de distorsión óptica. En el segundo capítulo de *Los lanzallamas* el símil que asocia el crepúsculo que invade el cuarto de Erdosain a "luces de acuario en que flotan peces cortos de vista" remite a la "Nota del comentador" que abre el capítulo segundo de *Los siete locos*. En ella leemos la siguiente declaración de Erdosain:

> A medida que examinaba la vida de los otros hombres, descubrí que vivían aburridos, como si habitaran en un país siempre lluvioso, donde los rayos de la lluvia les dejaran en el fondo de las pupilas tabiques de agua que les deformaban la visión de las cosas. Y comprendí que las almas se movían en la tierra como los peces prisioneros en un acuario. Al otro lado de los verdinosos muros de vidrio estaba la hermosa vida cantante y altísima, donde todo sería distinto, fuerte y múltiple, y donde los seres nuevos de una creación más perfecta, con sus bellos cuerpos saltarían en una atmósfera elástica (90).

En la alegoría óptica que se esboza en esta secuencia "acuática" podemos leer una teoría implícita de lo que Analía Capdevila (2006) llama el "realismo visionario" de Arlt. Así, la narración no sería el stendhaliano "espejo a lo largo del camino" que propone la novela realista clásica, sino que más bien obedecería a un principio de *distorsión óptica*. Como el cristal curvo de una pecera que determina lo visto *desde dentro*, sería este un "realismo" de interiores deformantes, que rezumarían y saturarían la visión de lo exterior, en un específico efecto de curvamiento espejeante de los panoramas sociales e históricos. Lo interesante es que este realismo alucinante o fantástico está ligado a un enrarecimiento de la belleza en la experiencia histórica de la modernidad —un distanciamiento o pérdida de la vida "altísima" que quedaría al otro lado del cristal deformador de la angustia urbana—. El correlato textual de ese distanciamiento de lo bello sería la práctica de mala escritura arltiana: una poética de la distorsión desplegada en una multiplicidad de planos (lingüísticos, genéricos, discursivos, narrativos) que sería estrictamente *realista* en la medida en que reflejaría un ajuste "óptico" de lo que podríamos llamar el ángulo de refracción histórica del discurso literario, esto es, una sincronización o puesta al día de sus presupuestos y convenciones estéticas con la vivencia del presente. Según esto, y a partir de la crítica de Adorno a la teoría de la novela realista de Lukács[2], se podría explorar en Arlt un "realismo de las vanguardias" —cuestión hasta hoy poco estudiada (y no solo en el caso de Arlt)—[3].

Este realismo "húmedo" o alucinante asociado al cristal curvo de la pecera y a sus efectos de refracción discursiva se vincula en *Los lanzallamas* a través del motivo de lo "perpendicular" con una serie de mecanismos y técnicas de distorsión óptica que configuran una suerte de fenomenología de la percepción moderna[4]. En el capítulo que narra la muerte de Haffner, encontramos por ejemplo el siguiente símil cinematográfico: "Como en un film en que la máquina hace marchar demasiado despacio la película alargándose perpendicularmente todas las palabras, esta vez la palabra 'mujer' se alarga en su tímpano, extraordinariamente" (108). Símil análogo a la figura de la "fotografía movida" que propone la primera e inédita versión de su pieza teatral *Saverio el cruel*: "Otras veces me parece que caigo en un pozo. Pasan ante mí trozos de vida alargados y borrosos como esas fotografías mal sacadas" (42-43)[5]. El motivo de la visión y la escritura distorsionadas, compuesta con imágenes y palabras "perpendicularmente alargadas", así como los diversos hilos del motivo de la mirada al cielo urbano, convergen en una suerte de clímax en el capítulo titulado "Trabajando en el proyecto", donde la deriva de la mirada hacia la visión tecnológica delirante se inserta en una notable escena de lectura y escritura. Erdosain lee y transcribe pasajes de un manual sobre la guerra química, y en ese proceso se diría que inscribe un principio de visión de su propia escritura: "Escribe

---

[2]   Véase Adorno 1972; 1974 y Lukács 1963.

[3]   En esta línea cabe destacar los trabajos de Mirta Arlt (2000) y Analía Capdevila (2006), que se apartan de la idea esbozada por Adolfo Prieto (1963) en un ensayo pionero sobre lo fantástico en Arlt, donde contrapone la dimensión fantástica del teatro y la narrativa breve al "verismo" de las novelas. En cuanto al "realismo de las vanguardias" y en particular para leer la novela arltiana es provechosa la noción de "realismo traumático" propuesta por Hal Foster (1996: 127-171).

[4]   Para una refutación reciente, desde la perspectiva de la física cuántica y post-einsteiniana, del prejuicio antirrealista asociado a los espacios curvos y distorsionantes y a los efectos de "pecera" en cuanto imágenes de mundo, véase Hawking 2010, en particular el capítulo "Was ist Wirklichkeit?", 39-58.

[5]   Para un análisis detallado de las dos versiones de *Saverio el cruel* véase Prieto 2010.

enérgicamente, acentuando con inconsciente cargazón de tinta las curvas per-
pendiculares de las letras" (219). A diferencia del régimen de transparencia y
naturalidad que propone el "espejo móvil" stendhaliano (o los "lienzos panorámicos" de Flaubert, que, según se declara en el prólogo, "hoy serían imposibles"), la maquinaria de la visión arltiana sugiere una lógica de desnaturaliza-
ción y movilidad aberrante que trabaja un específico efecto de *ilegibilidad*: no
hay *un* camino a lo largo y a partir del cual se "vería" la realidad, sino un entrecruzamiento de muchos —una proliferante red de discursos e ideologías en
conflicto—. Ese margen de ilegibilidad de la escena urbana moderna estaría cifrado en la "cargazón de tinta", en lo borroso de la fotografía "movida" o en lo
imposible de esa imagen —lo "perpendicularmente curvo"— fraguada en un límite en que se tensan la escritura y la visión. En ese resto ilegible —en ese límí-
te- se condensa una poética de la escritura arltiana: escritura "borrosa", que
como esas fotografías movidas o mal sacadas, o esas letras imposiblemente esti-
radas, se ajusta a una percepción de la experiencia *en zozobra*.

La zozobra de la experiencia moderna que emerge en la visión de la ciudad
se manifiesta también en una característica zozobra *lingüística*. Las visiones urbanas de la novela arltiana suelen ir acompañadas de erupciones de agramatica-
lidad en forma de neologismos expresionistas o desvíos morfológicos y sintácticos. En la visión crepuscular antes mencionada, Erdosain "levanta la cabeza y
más arriba, reptando los muros, descubre un paralelogramo de porcelana celeste engastado en el cemento sucio de los muros. [...] en cada oscuridad de su entraña estalla una burbuja de fuego fatuo que temblequea la espectral pregunta:
—¿Qué debe hacerse?" (34). Las dislocaciones gramaticales de la novela —en
este caso, el uso transitivo de verbos intransitivos: "reptar los muros", "temble-
quear la espectral pregunta"— han sido a menudo leídas como errores o des-
cuidos atribuibles a la prisa de la escritura o bien como huellas textuales de una
oralidad[6]. Pero en este caso, como en muchos otros, cabe sugerir que más bien
operan como faltas motivadas que actualizan en el nivel de la gramática la subjetividad atormentada o visionaria del personaje, en una suerte de plasmación
taquigráfica de una de las cuestiones centrales que plantea la novela: la expresión de la "pena" o angustia de la modernización[7]. La caída del lenguaje desde su "altura" ideal —el nivel de aséptica generalidad que presupone la norma
gramatical— deslinda el escenario de alienación urbana en que se juegan las lu-

---

6   Para un examen de la novela arltiana a partir de la crítica de la dicotomía oralidad/es-
    critura véase Schäffauer 1998: 247-265.
7   Sobre el carácter en mayor o menor grado deliberado de las faltas de gramaticalidad
    arltianas véase Verdevoye 1980: 137 y Gnutzmann 1984: 226.

chas ideológicas: no en vano la pregunta espectral que aquí retorna es la célebre frase de Lenin ("¿qué hacer?"), cuya figura se invoca desde las primeras líneas de *Los lanzallamas*[8]. Ese descenso al presente ejerce una específica presión histórica sobre las palabras, que se tensan y distorsionan no menos espectralmente. Enumero algunos ejemplos: "el sol invisible *rueda cataratas* de luz" (54), "los labios *fruncen impaciencia*" (98), el dolor "*apesanta* los párpados" (168), los cuerpos "se *desquijarran* en aspiración de aire que ya no existe" (218). Erdosain "piensa en fugar" (199) y, en la expresión de lo imposible de ese deseo, el lenguaje también *fuga*. En los puntos de máxima tensión de la visión, la gramática se deforma o estalla, como si quisiera expresar más de lo que puede, a sabiendas de que "las palabras humanas son insuficientes para expresar las curvas de tantos nudos de catástrofe" (51).

En consonancia con esta concepción del lenguaje y del discurso literario, más que como calco mimético de las hablas bajas de la ciudad (lunfardo, cocoliche, germanía de la prostitución, etc.), las visiones urbanas de Arlt se caracterizan por la elaboración imaginaria de una específica extranjería lingüística asociada a la ciudad moderna, así como por la peculiar dinámica de elevación y caída que ponen en juego. Los paseos urbanos de *Los lanzallamas* y las visiones que en ellos se trenzan suelen ofrecer panoramas donde lo sórdido y lo siniestro coexisten con una específica fascinación de lo extraño y lo monstruoso. En el capítulo titulado "Los anarquistas" el Astrólogo y Erdosain pasean por un barrio obrero de Buenos Aires:

> [...] el camino se bifurca y entran nuevamente en la zona de las barracas que desparraman hedores de sangre, lana y grasa; usinas de las que escapan vaharadas de ácido sulfúrico y de azufre quemado; calles donde, entre muros rojos, zumba maravilloso un equipo de dínamos y transformadores humeando aceite recalentado. Los hombres que descargan carbón y tienen el pelo rubio y rojo se calafatean en los bares ortodoxos y hablan un imposible idioma de Checoslovaquia, Grecia y los Balcanes (149).

En esta escena de violencia industrial y miseria urbana no deja de chocar el adjetivo "maravilloso" aplicado a la maquinaria moderna, que otorga al aceite recalentado de las máquinas el lustre de lo indebido: un relampagueo en la negrura que oscila entre el paradigma futurista de belleza mecánica y el modo "titánico" de filiación romántica que tiende a emerger en las visiones crepusculares de la no-

---

[8] Recordemos las palabras finales de *Los siete locos*: "—¿Sabe usted que se parece a Lenin?" (239). De hecho el parecido del Astrólogo con Lenin es también onomástico, pues como se revela en *Los lanzallamas* su verdadero nombre es "Alberto Lezin".

vela. La deriva del cuadro realista hacia el registro titánico-futurista, donde la alienación industrial colinda con el extrañamiento estético, concuerda con lo "imposible" de la escena lingüística que aquí se revela. Lo fidedigno de esa escena —su carácter "realista"— radicaría menos en el puntual registro sociolingüístico —el reflejo de una situación de coexistencia de idiomas extranjeros por efecto de la globalización y la inmigración— que en cierto modo de revelar la emergencia de lo extraordinario en la extranjería, la disponibilidad de la escena moderna a las mezclas imposibles —lingüísticas, culturales y simbólicas—.

Ese "imposible idioma" de Checoslovaquia, Grecia y los Balcanes —es decir, el monstruoso e hipotético resultado de la mezcla de tres idiomas históricos en uno "fantástico"— habría que ponerlo en relación con el demoníaco deseo de "hablar en un holandés espantoso" (60) que expresa uno de los personajes de la primera versión de *Saverio el cruel*. En la fantasía lingüística de un "idioma imposible" estaría cifrado el núcleo *realista* del proyecto narrativo de Arlt: inscribir una experiencia de extranjería cuya "imposibilidad" sería estrictamente histórica. Ese idioma imposible, que produce espanto, sugiere por lo demás un emblema del "escribir mal" de Arlt —de la lengua en que *quiere* escribir—. En cuanto campo de apertura a la fantástica potencialidad de las mezclas, la escritura arltiana, como el escenario urbano en que se gesta, produce una lengua que *deja ocurrir lo monstruoso*, según la recomendación del Astrólogo: "Si se le ocurre una monstruosidad, no la oculte, porque si no comunica la monstruosidad lo trabajará intermitentemente, de tal forma que va a llegar un momento en que no podrá dominar el impulso de cometerla..." (65). Escribir la lengua materna como si fuera un idioma extranjero o la imposible mezcla de varios: en esa visión urbana en que se cruzan una concreta circunstancia histórica de emergencia de hablas foráneas y el deseo "espantoso" de un proyecto de escritura, el "horror" de lo extranjero se hace propio —*es* la lengua en que se escribe lo "propio"—[9].

El famoso exabrupto con que Ergueta despide a Erdosain en el primer capítulo de *Los siete locos* —"Rajá, turrito, rajá" (19)— podría hacer pensar en una atención privilegiada al habla lumpen en *Los siete locos* y *Los lanzallamas*. De hecho esta se plasma de modo muy intermitente y por lo general restringido a personajes de clase baja como el proxeneta Haffner. En el caso del farmacéutico Ergueta, la apelación al habla lumpen, directamente ligada al tema de la locura visionaria, se inscribe en el motivo textual de imbricación de lo alto y lo bajo

---

[9]   Sobre la extranjerización de la lengua materna véase Deleuze y Guattari 1975. En cuanto a la cuestión de la extranjería de la lengua en Arlt son indispensables los ensayos de Ricardo Piglia (1973) y Beatriz Sarlo (1997).

que recorre las dos novelas. Ergueta, personaje de clase media que habitualmente se expresa en un castellano porteño más o menos estándar, es un "iluminado" que en su delirio mesiánico sufre repentinos accesos de fervor verbal que
le llevan a entregarse a un festín de palabras bajas:

> ¿Saben a qué vino Jesús a la tierra? A salvar a los turros, a las grelas, a los cho-
> rros, a los fiocas. Él vino porque tuvo lástima de toda esa "merza" que perdía su alma
> entre copetín y copetín. ¿Saben ustedes quién era el profeta Pablo? Un tira, un pe-
> rro, como son los del Orden Social. Si yo les hablo a ustedes en este idioma ranero es
> porque me gusta... Me gusta cómo chamuyan los pobres, los humildes, los que yu-
> gan (231-232).

Aquí, más allá de la expresión de un gusto por el "idioma ranero" y las lenguas bajas de la ciudad, es interesante notar los varios niveles de mediación textual y modulación discursiva que distancian la representación de esas hablas urbanas de un registro meramente testimonial o mimético. Empezando por el
hecho de que el discurso de Ergueta no corresponde a un acto de habla inscribi-
ble en el nivel de las acciones que se narran en la novela, sino en el de las representaciones mentales: es lo que Ergueta *imagina que diría*, en un futuro inde-
terminado, a las hipotéticas meretrices de "cualquier cabaret de la calle
Corrientes", adaptando su discurso al nivel de habla del teórico público al que
dirige su misión evangelizadora —"gente poco familiarizada con el lenguaje de
las Escrituras" (231)—. En la atención dirigida a las "malas palabras" de la jerga
prostibularia, lo significativo, entonces, es el gesto provocador de inscribir lo
bajo en el discurso de lo alto y el específico efecto irónico así propiciado —un
efecto que se incardina en un diseño textual desplegado a lo largo de la novela—. El imaginario parlamento de Ergueta sobre "cómo chamuyan los pobres"
concluye así: "¿Qué importan las palabras? Lo que interesa es el contenido. El
alma triste de las palabras" (232). En ese interés por el "alma triste" de las palabras, por lo fantasmal que las recorre —su ideal "contenido"—, se esboza un
vector de superación de su circunstancia "terrestre", de elevación hacia el delirio de los discursos e ideologías redentoras (como la que en este caso promueve
Ergueta) o hacia la fantasía de la superación estética, que recorta lo que podríamos llamar una región "olvidadiza" en las visiones urbanas de Arlt —un área
de olvido en cierto modo constitutiva del gesto de la ficción—.
Una relativa "sordera" hacia la dimensión terrestre de las palabras es corre-
lativa a la singular sensibilidad del oído arltiano —un "oído lúcido", si fuera lí-
cita la expresión— para captar los espíritus y fantasmas históricos que las recorren. Arlt presta oído a una extranjería en el murmullo de las hablas urbanas

que tiende a hacer visibles con rara nitidez los fantasmas de la modernización. El oído visionario de Arlt atiende a las "bajas palabras" de la ciudad y en sus trayectorias de caída "ve" lo que las sobrevuela —un enjambre de discursos, ideologías, delirios mesiánicos y fantasías tecnológicas—. La sonoridad foránea de estas visiones urbanas está determinada por esa fricción y entrecruzamiento de discursos tanto como por el habla lumpen o las lenguas de la inmigración. De hecho se diría que la representación transparente o mimética de las hablas de la ciudad (o en general de una experiencia urbana asociada a la modernización) está excluida de antemano justamente por la presión —y el específico efecto de curvamiento— que ejerce esa nebulosa de discursos en liza[10]. Así, es significativo que las visiones urbanas de Arlt, y las hablas bajas o extranjeras en ellas inscritas, no solo se den mediadas por ese filtro discursivo —como es el caso del "idioma ranero" entreverado en el discurso mesiánico de Ergueta—, sino que literalmente sean provocadas por lo "foráneo" de una experiencia lingüística. En el antes citado capítulo "Trabajando en el proyecto", son las "palabras foráneas" del discurso científico-tecnológico las que precipitan una visión urbana signada por el delirio —y por la impregnación de esa otredad discursiva—: "Fosgeno. Nombres fulgurantes. Difenilcloroarsina. ¡Oh!, ¡los demonios, los demonios!" (219). En la singular escena de lectura y escritura que propone este capítulo, es el fulgor de esas otras "palabras extranjeras" del discurso tecnológico lo que

---

[10]   En este sentido, es productivo analizar la novela arltiana a partir de la nociones bajtinianas de "dialogismo" y "heteroglosia" (Bakhtin 1981), que postulan una visión realista alejada de las metáforas de la representación basadas en la idea de "transparencia" o "reflejo" de lo real. En su seminal ensayo sobre el discurso novelesco (1934-35), Bakhtin rechaza ostensiblemente la noción de "reflejo" y privilegia las ideas de "refracción" y "dispersión espectral" asociadas al dialogismo y la heteroglosia de los discursos sociales. Sobre este punto véase Bakhtin 1981: 300 y 411, y en particular el siguiente pasaje: "[...] an artistic representation, an 'image' of the object, may be penetrated by the dialogic play of verbal intentions that meet and are interwoven in it; such an image need not stifle these forces, but on the contrary may activate and organize them. If we imagine the *intention* of such a word, that is, its *directionality toward the object*, in the form of a ray of light, then the living and unrepeatable play of colors and light on the facets of the image that it constructs can be explained as the spectral dispersion of the ray-word, not within the object itself (as would be the case in the play of an image-as-trope, in poetic speech taken in the narrow sense, in an 'autotelic world'), but rather as its spectral dispersion in an atmosphere filled with the alien words, value judgments and accents through which the ray passes on its way toward the object; the social atmosphere of the word, the atmosphere that surrounds the object, makes the facets of the image sparkle" (Bakhtin 1981: 277).

suscita la aparición de lo demoníaco y la deriva hacia lo fantástico en la visión de la ciudad moderna. Así, de la lectura técnico-militar se pasa a la visión de un "paraje industrial" donde cunde lo siniestro no menos que lo prodigioso y lo extraordinario. En esa escena urbana industrial *imaginada* por Erdosain a partir de la lectura de un manual técnico, lo interesante es que el estiramiento de la visión hacia el delirio y la inscripción de lo extraordinario difiere poco de los panoramas urbanos "directamente" contemplados por este y otros personajes a lo largo de la novela. De hecho, el motivo de lo "perpendicular" asociado a la mirada urbana en esta escena se entrelaza con otro tema frecuentemente vinculado a aquél —lo que podríamos llamar el motivo de lo demoníaco y lo fantasmagórico, que recorre *Los siete locos* y *Los lanzallamas*—.

Así, la mención de los gases de guerra —Cruz Azul, Cruz Verde— remite a un capítulo anterior que inscribe las palabras foráneas del discurso tecnológico en el ámbito de lo fantasmal y en el registro de lo prodigioso. No en vano en ese capítulo asistimos a la aparición de un "enigmático visitante" (171), enfundado en la armadura tecnológica de un equipo de guerra antigás: figura que por su vacilante centelleo entre la realidad y la alucinación (y por los ecos hamletianos del tratamiento de la figura fantasmagórica del padre) nos adentra en el modo de lo fantástico: "¡Cruz Verde!... ¡Cruz Amarilla!... ¡Cruz Azul!... ¡Oh, la poesía de los nombres infernales!" (181). De inmediato pasamos a la evocación de una escena de guerra moderna bañada en el fulgor de lo prodigioso:

> Hacía dos noches las bombas de fósforo blanco rayaban de cascadas magníficas la noche de Satán. [...] Trabajábamos en ataque de contrabatería. 70 por ciento de Cruz Azul; 10 por ciento de Cruz Verde. [...] Comenzamos a caer en el barro de los reductos mientras arriba se abrían como prodigiosos miraflores cascadas de fósforo, y los hombres, tirados en las crestas de barro (181).

El carácter espectral de esta escena no es menos pregnante por la sospecha de que quien la evoca sea un fantasma —ese "hombre maravilloso" (182) que irrumpe misteriosamente en el cuarto de Erdosain, interrumpiendo el recuerdo, al que se entrega al principio del capítulo, de una infancia marcada por el fracaso escolar y la crueldad del padre—. No menos patente es la dinámica de elevación y bajura, que es un rasgo distintivo de la visión arltiana —y cuya lógica de "superación" de lo bajo está sintetizada en ese memorable oxímoron: "las crestas de barro"—. Más allá de las ramificaciones de esa lógica en la trayectoria biográfica o en la figura autorial de Arlt, cabe señalar la pertinencia de esta visión "perpendicular" para captar los abismales desequilibrios (socioeconómicos, culturales, ideológicos) que caracterizan la modernidad capitalista, que en las versiones periféricas febrilmente plasmadas en las visiones urbanas de Arlt no hacen sino exacerbar la lógica de un sistema de producción de drásticas diferencias de nivel. La lógica de elevación "espectral" que anima estas delirantes escenas urbanas propone visiones apocalípticas que tienden a proyectarse hacia un "confín del mundo" —expresión que recurre en el tramo final de la novela en los discursos de Erdosain y Ergueta—. Es una expansión de la visión que podemos considerar típica de los discursos redentores —a la vez que no deja de ser un gesto fundamental de la tradición realista—[11]. En la medida en que esa visión impregna la novela arltiana cabría caracterizar su propuesta narrativa como una suerte de "realismo mesiánico". Podemos relacionar esta propuesta con las "técnicas de salvación" que el filósofo checo-brasileño Vilem Flusser (2007) vincula a la experiencia de lo *bodenlos*: condición de desarraigo ligada a la subjetividad moderna, así como a la historia específica de la migración y la modernización que a través de las distintas fases de la globalización convergen en una experiencia y un imaginario urbanos[12]. La experiencia moderna de desarraigo determina la puesta en práctica de una serie de "técnicas de salvación" en las que la superación estética se entrevera con el imaginario de la redención política. En su autobiografía filosófica, Flusser asocia la pérdida de suelo o sentido de los metarrelatos que implica la condición del desarraigo a la experiencia urbana: "Não importa se praguense o londrina, a gente é provinciana se tem fundamento" (2007: 37). La falta de fundamento sería la condición radical a que se expone el discurso literario y político en las visiones urbanas de Arlt, lo que implicaría un específico efecto de ilegibilidad. Tal vez la visión urbana arltiana, como dice Flusser de los textos orientales, invita a leer "con un espíritu enteramente diferente": se trataría de ver el campo de ideas que ahí se ponen en movimiento "não como teorias, mas como modos de emprego. Como técnicas de salvação, não como ideologias" (52). Superación estética y redención política serían técnicas de salvación, modelos experimentales para bregar con el desarraigo —modos, para ponerlo en términos de Flusser, de "búsqueda de fe en la desgracia" (83)—. En la propuesta de un "realismo mesiánico" no se trataría entonces tanto de "reflejar" una determinada realidad cuanto de un modo de ponerla y exponerla al límite: no tanto de plasmarla en su presente cuanto en su torsión hacia otro tiempo determinado por la tracción de los deseos históricos

---

[11] Para un examen de la progresiva "ampliación de la visión" asociada al realismo en la tradición literaria occidental véase el clásico estudio de Erich Auerbach, *Mímesis* (1946).

[12] En cuanto a las fases históricas de aceleración de los procesos de globalización véase Ette 2002: 19-34.

que la recorren[13]. El combamiento de la visión hacia un "confín del mundo", la lógica de la representación en un límite friccional entre mundos —entre el mundo de lo que es y el mundo de lo que podría o debería ser— otorga al proyecto realista de Arlt una peculiar inflexión fantástica a la vez que utópica, toda vez que ese "confín" —como todo límite en que un mundo es puesto en contacto con otro, en que "este mundo" se comunica con su "más allá"— es propicio a las apariciones y a la circulación de espectros, prodigios y demonios[14]. Pero —y con esto quiero concluir— aquí lo monstruoso, espectral o "imposible" no se daría, como en el modo fantástico clásico, como retorno de lo reprimido por la razón moderna —como fragmento o resto ruinoso de un mundo pasado de creencias supernaturales abandonadas—. En un sentido muy específico lo "demoníaco" o monstruoso en la novela arltiana es la forma que adopta lo real en el presente de la razón tecnológica y capitalista. Si, como afirma Beatriz Sarlo, "la ciudad de Arlt tiene algo de delirio gótico" (1992: 20), habría que enfatizar la especificidad histórica de esa emergencia de lo terrorífico o delirante: la experiencia de lo espectral sería lo producido por la violencia de la modernización y por la inestable proyección de la creencia en la dimensión revolucionaria de las acciones limítrofes —acciones de destrucción redentora que precipitan el campo literario o político hacia un "fin de mundo": hacia el límite imposible o impensable del futuro como algo radicalmente abierto—. Tal vez por eso se dice de Arlt que es un escritor terrible, un escritor que escribe "terriblemente mal". Lo que habría que entender en un sentido literario tanto como estrictamente político, es decir, en el sentido de una escritura que escribe el terror "en presente" y nos expone a la demanda que plantea la actualidad de lo tenebroso en la experiencia histórica de la modernidad.

---

[13] Para un lúcido análisis del "otro tiempo" mesiánico que apela a la filosofía de la historia benjaminiana a partir del comentario de la "Carta a los romanos", véase Agamben 2006.

[14] Como han propuesto varios críticos (Frye 1957: 304-7; Wardropper 1965) la novela moderna puede concebirse como una suerte de cruce o cortocircuito discursivo entre los "géneros" o "modos" de lo histórico y lo ficcional deslindados por Aristóteles (*Poética* 1451b) en su famosa comparación entre Poesía e Historia. Lo singular de la novela arltiana radicaría en el específico modo en que en ella se activa lo que Ottmar Ette (2012: 100) llama la dimensión "prospectiva" de la invención literaria. En cuanto a la dimensión "profética" de la novela arltiana véase González 2006.

BIBLIOGRAFÍA

ADORNO, Theodor W. (1983 [1970]): *Teoría estética*. Trad. Fernando Riaza. Barcelona: Orbis.

— (1972): "Lukács y el equívoco del realismo", en: Lukács, Georg *et al.*: *Polémica sobre realismo*. Trad. Floreal Mazza *et al*. Buenos Aires: Tiempo Contemporáneo, 32-89.

— (1974): "Voraussetzungen (aus Anlass einer Lesung von Hans G. Helms)", en: *Noten zur Literatur*. Frankfurt am Main: Suhrkamp, 431-446.

AGAMBEN, Giorgio (2005 [1970]): *El hombre sin contenido*. Trad. Eduardo Margaretto Kohrmann. Barcelona: Áltera.

— (2006): *El tiempo que resta. Comentario a la Carta a los romanos*. Madrid: Trotta.

ARISTÓTELES (1970 [ca. 335 a.C.]): *Poética*. Ed. y trad. Juan David García Bacca. Caracas: Universidad Central de Venezuela.

ARLT, Mirta (2000): "La locura de la realidad en la ficción de Arlt", en: Pelletttieri, Osvaldo (ed.): *Roberto Arlt: dramaturgia y teatro independiente*. Buenos Aires: Galerna.

ARLT, Roberto (1995 [1929]): *Los siete locos*. Buenos Aires: Losada.

— (1996 [1931]): *Los lanzallamas*. Buenos Aires: Losada.

— (ca. 1934): *Saverio el cruel*. Manuscrito inédito. Ibero-Amerikanisches Institut, Berlin, 79 p.

AUERBACH, Erich (1971 [1946]): *Mimesis: Dargestellte Wirklichkeit in der abendländischen Literatur*. Bern/München: Francke Verlag.

BAKHTIN, Mikhail (1981): "The Dialogic Imagination", en: Holquist, Michael (ed.): *The Dialogic Imagination. Four Essays*. Austin: University of Texas Press.

CAPDEVILA, Analía (2006): "Roberto Arlt: por un realismo visionario (La figuración de la violencia política en *Los siete locos. Los Lanzallamas*)", en: *El interpretador: Literatura, arte y pensamiento* 27, n. p.; <http://www.elinterpretador.net/27AnaliaCapdevila-ArltPorUnRealismoVisionario.html> (8 de mayo de 2012).

DELEUZE, Gilles/GUATTARI, Félix (1975): *Kafka: pour une littérature mineure*. Paris: Éditions de Minuit.

ETTE, Ottmar (2002): *Weltbewusstsein: Alexander von Humboldt und das unvollendete Projekt einer anderen Moderne*. Göttingen: Velbrück Wissenschaft.

— (2012): *Konvivenz: Literatur und Leben nach dem Paradies*. Berlin: Kadmos.

FLUSSER, Vilém (2007): *Bodenlos: uma autobiografia filosófica*. São Paulo: Annablume.

FOSTER, Hal (1996): *The Return of the Real. The Avant-Garde at the End of the Century*. Cambridge: MIT.

FRYE, Northrop (1957): *Anatomy of Criticism*. Princeton: Princeton University Press.

GNUTZMANN, Rita (1984): Roberto Arlt o el arte del calidoscopio. Bilbao: Universidad del País Vasco.

GONZÁLEZ, Horacio (2006): "El problema de las literaturas de anunciación", en: *Escritos en carbonilla: figuraciones, destinos, retratos*. Buenos Aires: Colihue, 284-288.

HAWKING, Stephen (2010): *Der Grosse Entwurf. Eine neue Erklärung des Universums*. Trad. Hainer Kober. Reinbek bei Hamburg: Rowohlt.

LUKÁCS, Georg (1963 [1958]): *Significación actual del realismo crítico*. México: Ediciones Era.

PIGLIA, Ricardo (1973): "Roberto Arlt: una crítica de la economía literaria", en: *Los libros* 29, 22-27.

PRIETO, Adolfo (1963): "La fantasía y lo fantástico en Roberto Arlt", en: *Boletín de Literaturas Hispánicas* 5, 5-18.

PRIETO, Julio (2010): "Los dos *Saverios*: delirio, poder y espectáculo en Roberto Arlt", en: *Iberoamericana* X, 38, 49-68.

ROSENKRANZ, Karl (2007 [1853]): *Ästhetik des Häßlichen*. Stuttgart: Reclam.

SARLO, Beatriz (1992): *La imaginación técnica. Sueños modernos de la literatura argentina*. Buenos Aires: Nueva Visión.

— (1997): "Oralidad y lenguas extranjeras: el conflicto en la literatura argentina durante el primer tercio del siglo xx", en: Berg, Walter/Schäffauer, Markus (eds.): *Oralidad y argentinidad. Estudios sobre la función de lenguaje hablado en la literatura argentina*. Tübingen: Narr, 28-41.

SCHÄFFAUER, Markus (1998): *SkriptOralität in der argentinischen Literatur: Funktionswandel literarischer Oralität in Realismus, Avantgarde und Post-Avantgarde (1890-1960)*. Frankfurt am Main: Vervuert.

VERDEVOYE, Paul (1980): "Aproximación al Lenguaje Porteño de Roberto Arlt", en: *Seminario sobre Roberto Arlt*. Poitiers: Centre de Recherches Latino-Américaines de L'Université de Poitiers, 133-149.

WARDROPPER, Bruce (1965): "*Don Quijote*: Story or History?", en: *Modern Philology* 63, 1-11.

¿Lenguajes apropiados? Roberto Arlt y la traducción

Gudrun Rath

Resumen

Roberto Arlt, "lector de traducciones", escritor cuya escritura se basa en el "escribir mal": estas son solamente dos de las más comunes —aunque raramente probadas— constataciones sobre el escritor argentino. Desde un enfoque de los estudios de la traducción, el presente artículo las pone en tela de juicio e investiga las implicaciones de un "lenguaje traducido" tanto para la obra de Arlt como para la posición de la misma dentro del sistema literario argentino.

1. El cadáver de Arlt, el eco de Piglia

En una hipótesis sumamente conocida Ricardo Piglia concibe a Roberto Arlt como escritor excéntrico en el sistema de la literatura argentina, una concepción que Piglia acentúa mediante la imagen del cadáver de Arlt que, por su altura, no cabe por la escalera y tiene que ser extraído de la casa por la ventana con sogas y cuerdas (Piglia 2000: 37). La hipótesis de Piglia acerca de la excentricidad de Arlt no se agota en su velorio. Piglia encuentra en el modo de escribir de Arlt los rasgos de una ubicación fuera del centro, en los márgenes de la sociedad y de la literatura: "[...] el que escribe es un extranjero, un recién llegado que se orienta con dificultad en el vértigo de una ciudad desconocida" (Piglia 2000: 38). Es sobre todo en su lenguaje donde la excentricidad se manifiesta de manera evidente:

> [El estilo de Arlt] es un estilo mezclado [...] siempre en ebullición, hecho con restos, con desechos de la lengua. Arlt hablaba el lunfardo con acento extranjero, ha dicho alguien tratando de denigrarlo. Creo que ésa es una excelente definición del

efecto de su estilo. Hay algo a la vez muy exótico y muy argentino en el lenguaje de
Arlt, una relación de distancia y extrañeza con la lengua materna, que es siempre la
marca de un gran escritor (Piglia 2001: 21).

La distancia y la extrañeza dentro de la misma lengua dejan sus rasgos en el
modo de escribir y conducen a que Piglia, en otro texto, haya señalado a Roberto Arlt como "lector de traducciones" (Piglia 1973: 26s). Piglia, de este
modo, ha establecido una lectura fuerte[1] —y excelente—, pero casi nunca puesta en tela de juicio.

Dejando de lado —de momento— lo que esta hipótesis significa para el trabajo del propio Piglia, quiero partir de lo que a continuación quiero llamar
"lenguaje traducido" y discutir lo que la hipótesis significa, más allá de la lectura de Piglia, para la obra de Arlt en un contexto más amplio, en la cultura argentina. ¿Dónde se podría ver esa marca del lenguaje "extranjero" en los textos de
Arlt? ¿Qué es lo que puede ser entendido como "traducción" en este caso?
¿Qué implica asignarle a Arlt el rol de "lector de traducciones"? ¿Qué significa
esto para un modelo de la traducción? ¿Qué tradiciones encuentra esta necesidad de traducir en el contexto del sistema literario argentino? Quiero detener-
me en tres enfoques, tres instantáneas: tres momentos de traducción.

2. INSTANTÁNEA I: ¿TRADUCIR = "ESCRIBIR MAL"?

En el prólogo de *Los Lanzallamas*, Roberto Arlt nota amargamente: "[...] se dice
de mí que escribo mal. Es posible. De cualquier manera, no tendría dificultad de
citar a numerosa gente que escribe bien y a quienes únicamente leen correctos
miembros de sus familias" (Arlt 1987: 189). La acusación de "escribir mal" se
convierte en el rasgo característico de su estilo, en la "terrible fuerza de escribir
'mal'" a la que Julio Cortázar (1981: vii) se refirió en su ya clásico prólogo a la
obra de Arlt. "Escribir mal", para los que defienden la pureza de un lenguaje nacional, implica una serie de "carencias idiomáticas" (Cortázar 1981: v), faltas ortográficas, la introducción del habla popular en la literatura y, en especial, del uso
del lunfardo[2]; para Arlt, en cambio, "escribir mal" suponía "un mal necesario

---

[1]   Su ensayo sigue siendo muy influyente en los estudios literarios; así, Graciana Váz-
        quez Villanueva (2004: 6 ss.) basa el argumento principal de su ensayo "Los linajes
        de la traducción en la Argentina" en la hipótesis de Piglia.
[2]   Rita Gnutzmann (1984: 187 ff.) le ha dedicado un estudio extenso al uso del lunfardo
        y de las palabras extranjeras en la obra de Arlt.

frente a los bienes económicos, sociales, culturales y, en representación de todos ellos, lingüísticos, gramaticales, sintácticos, de un sistema que consideraba opresor y oprobioso" (Goloboff 2003: 8). "El conflicto", como afirma Goloboff en su análisis de lo oral en los textos de Arlt, Cortázar y Puig,

> recorre la historia de la cultura y el pensamiento argentinos desde Echeverría y Alberdi, y la de la literatura desde la gauchesca, y se entronca con uno de los dilemas de la cultura occidental; es, en última instancia (y si lo que se quiere con aquellos calificativos es hacer hablar el habla mala de los escritores buenos) el de un así caracterizado enfrentamiento entre dos culturas: la de las élites, identificada por la escritura; la popular, identificada por la tradición oral (Goloboff 2003: 9).

Visto de este modo, las supuestas "carencias" son la renunciación a cualquier uso reglamentario del lenguaje, a las normas establecidas[3], lo que nos lleva de vuelta a la excentricidad anotada por Piglia: Arlt escribe desde los márgenes lingüísticos, desde un trasfondo de inmigración. Esta, sin embargo, es una excentricidad en el centro de la sociedad: los márgenes lingüísticos que se suman a los márgenes urbanos tematizados a lo largo de su obra constituyen el núcleo de la sociedad argentina, una sociedad de inmigrantes en la que los distintos lenguajes[4], dialectos y tonos se mezclan e impiden la pureza de cualquier construcción nacional.

Los "defectos" en el estilo de Arlt, por lo tanto, se relacionan con la inmigración[5], con el habla popular, pero también se los ha atribuido a la lectura de

---

[3]   Esta rebeldía, sin embargo, vuelve a reproducir mecanismos dominantes, como ha observado Civantos en su excelente análisis en cuanto a lenguaje y género: "[...] Arlt does not seem to realize that, just like Borges and his brethren, he also uses words to create a form of distinction, and that this process of obtaining distinction perpetuates other hierarchies. Arlt carries out an inverted, yet structurally parallel, version of Borges' possession of 'legitimate' language by shifting power and authenticity from one type of linguistic register and bodily hexis to another: from the elegant language and manners of the ('dandy') elite to the rough, violent language and bearing of the ('truly macho') man of the lower classes. Ironically, though Arlt displaces the dominant cultural position, he replaces it with another equally dominant one, that is, by reproducing the original structure" (Civantos 2005: 129).

[4]   Véase también Civantos (2005: 110).

[5]   También Cortázar, en su prólogo, relaciona las deficiencias lingüísticas con el trasfondo de inmigración: "Algo muy claro y muy profundo me dice que Roberto Arlt, hijo de inmigrantes alemanes y austríacos, no tuvo esa suerte [de disponer de una biblioteca excelente en la casa familiar], y que cuando empezó a devorar libros y a llenar cuadernos de adolescente, múltiples formas viciadas, cursis o falsamente 'cultas' del habla se habían encarnado en él y sólo lo fueron abandonando progresivamente y

traducciones. "Las horribles traducciones españolas", como nota por ejemplo José Bianco (cit. por Piglia 1973: 28s.), según esta lectura refuerzan el estilo deficiente de la escritura, justamente porque el estilo de las traducciones es igualmente objetable. Siguiendo esta hipótesis, el estilo "deficiente" de Arlt es producto directo de su lectura de traducciones, como razonan los personajes de *Respiración artificial*, de Ricardo Piglia:

> Arlt se zafa de la tradición del bilingüismo; está afuera de eso, Arlt lee traducciones. Si en todo el siglo XIX y hasta Borges se encuentra la paradoja de una escritura nacional construida a partir de una escisión entre el español y el idioma en que se lee, que es siempre un idioma extranjero, basta ver la marca del galicismo en Sarmiento, en Cané, en Güiraldes para entender lo que quiero decir, Arlt no sufre ese desdoblamiento entre la lengua de la literatura que se lee en otro idioma y el lenguaje en que se escribe: Arlt es un lector de traducciones y por lo tanto recibe la influencia extranjera ya tamizada y transformada por el pasaje de esas obras desde su lenguaje original al español. [...] De allí que el modelo del estilo literario ¿dónde lo encuentra? Lo encuentra donde puede leer, esto es, en las traducciones españolas de Dostoievski, de Andreiev. Lo encuentra en el *estilo* de los pésimos traductores españoles, en las ediciones baratas de Tor (Piglia 1980: 170-171).

¿Qué implica esto para un modelo de la traducción? La teoría de los personajes de Piglia remite a una concepción de la traducción que sigue subordinándola a un supuesto "original"[6]. Por la supuesta "deficiencia" de su lenguaje, la traducción no puede alcanzar el "original". El resultado de esta concepción es una marginalización simbólica y económica de los traductores, que los convierte en "traduttore traditore"[7], como reza el dicho italiano. Al mismo tiempo,

---

nunca, creo, del todo" (Cortázar 1981: v). Más adelante, Cortázar subraya: "Simplemente, cuarenta años después, digo lo que jamás dijeron y ni siquiera pensaron muchos escritores o lectores del grupo de Florida, que en su día cayeron sobre los libros de Arlt con el fácil sistema de mostrar tan sólo sus falencias y sus imposibilidades, como él mismo lo denunciara amargamente en el prólogo de *Los lanzallamas*. Y si es cierto que un escritor no es sino que se hace, sea de Boedo o de Florida, a mí me duele comprender cómo las circunstancias me facilitaron el camino en la misma época en que Arlt tenía que abrirse paso hacia sí mismo con dificultades instrumentales que otros habían superado rápidamente gracias a los colegios selectos y los respaldos familiares. Toda su obra es prueba de esa desventaja que paradójicamente me la vuelve más grande y entrañable" (Cortázar 1981: vi).

[6] Vieira (1998) esboza el desarrollo (y rechazo) de esta jerarquía en las teorías de la traducción.

[7] En su clásico ensayo "Las dos maneras de traducir", Borges (2007: 313) sospecha que la sentencia italiana se aplica tan a menudo a los traductores por su fácil memorabilidad.

es un modo de ver de la traducción que relaciona su estilo deficiente con la deficiencia de una literatura nacional propiamente dicha. Según esta concepción, la producción literaria "propia" o nacional queda devaluada por la influencia de la "mala" calidad de literatura extranjera traducida que se importa al sistema literario.

En la literatura argentina, este cortocircuito tiene una larga tradición[8], también aparte de la discusión en torno al idioma nacional[9]. Se encuentra, contradictoriamente, en el gran traductor Cortázar, a la hora de reclamar la necesidad de liberarse del lenguaje "translatese" (Cortázar 1967: 159) para poder constituir un estilo literario "propio"[10]. Se encuentra en corrientes de tinte más nacional todavía, como en Martínez Estrada (1967: 198 s.), cuando en su ensayo *Literatura propia y apropiada* denuncia el uso abundante de traducciones en el sistema literario nacional como causa de una carencia cultural. De esta manera, Martínez Estrada propone que

> Si la obra ha sido traducida, el idioma que hablamos y en que esa obra extraña se nos ofrece, nos lleva a convivir [...] con los personajes y la historia en que actúan, y ella da lugar a una ilusión que no es completa ni perenne (Martínez Estrada 1967: 198).

Las traducciones, según Estrada, causan una "ansiedad de ausencias por el trato ficticio con fantasmas" (Martínez Estrada 1967: 198). Por consecuencia, esta concepción limita la posición de la traducción en un sistema literario a una posición subyugada e imparcial por sus "faltas" ante todo supuesto "original". El miedo a los efectos de las traducciones se encuentra, finalmente,

---

[8]   Para el rol de la traducción en la literatura y cultura argentina véase Panesi (1994) y Willson (2004).

[9]   Un resumen de esta discusión se encuentra en Civantos (2005: 109-112).

[10] En su ensayo, Cortázar anota: "Pensé [...] en la influencia neutralizadora y desvitalizadora de las traducciones en nuestro sentimiento de la lengua. Entre 1930 y 1950 el lector rioplatense leyó cuatro quintos de la literatura mundial contemporánea en traducciones, y conozco demasiado el oficio de trujamán como para no saber que la lengua se retrae allí a una función ante todo informativa, y que al perder su originalidad se amortiguan en ella los estímulos eufónicos, rítmicos, cromáticos, escultóricos, estructurales, todo el erizo del estilo apuntando a la sensibilidad del lector, hiriéndolo y acuciándolo por los ojos, los oídos, las cuerdas vocales y hasta el sabor, en un juego de resonancias y correspondencias y adrenalina que entra en la sangre para modificar el sistema de reflejos y de respuestas y suscitar una participación porosa en esa experiencia vital que es un cuento o una novela. A partir de 1950 el gran público del Río de la Plata descubrió a sus escritores y a los del resto de América Latina; pero el mal ya estaba hecho [...]" (Cortázar 1967: 151 ss.).

también en el "horror a la mezcla" (Piglia 1980: 136) que Lugones tiene ante un lenguaje híbrido, un lenguaje que pueda reflejar la mezcla babélica de la sociedad porteña.

Categorizar a Arlt como "lector" de traducciones remite a esta desvalorización de la traducción *per se*[11]: el lenguaje, siguiendo esta hipótesis, es corrompido por la experiencia de la inmigración. Continuando en esta misma hipótesis, Beatriz Sarlo (1997: 38) ha introducido una distinción jerárquica entre traductores —los que propiamente traducen dentro de un sistema institucionalizado de la traducción— y los lectores de traducciones, es decir, en el caso concreto: una distinción entre los traductores del grupo Sur[12] y entre los que solamente leen traducciones, como es el caso de Arlt:

> Una línea visible separa a los escritores que pueden leer (escribir, hablar, traducir) lenguas extranjeras de quienes están condenados a leer traducciones, como es el caso de Arlt. [...] Arlt está anclado en malas traducciones y no puede ser traductor (Sarlo 1997: 38).

Por consiguiente, a los que son simplemente "lectores" de traducciones se les niega el acceso al ámbito de la industria de la traducción. A la primera deficiencia del lenguaje corrompido por la inmigración se añade la imposibilidad social y económica de leer en una lengua extranjera de prestigio, lo que, en este caso, quiere decir: en francés o inglés. En cambio, el italiano o el alemán no cuentan con el prestigio de las lenguas hegemónicas y, por lo tanto, según esta lectura, tampoco valen como lenguajes de traducción.

A pesar de su intento de reconciliación del estilo de Arlt esta distinción reproduce varias jerarquías relacionadas con la traducción. A la jerarquía entre "original" y "traducción" que concibe la traducción como necesariamente carente, de este modo se añade una jerarquía entre "traductores propios" —los que operan a partir del uso de una coiné— y "lectores" de traducciones que nunca pueden llegar a ser traductores ellos mismos. Estos últimos, al mismo

---

[11] El mismo Arlt, en la nota *Por qué no se vende el libro argentino*, afirma que "[los libros argentinos] tienen, término medio, 20.000 palabras, una hermosa carátula, letra grande y cuestan dos pesos. Los libros extranjeros tienen de 40 a 60.000 palabras y cuestan de sesenta a ochenta centavos. Y además, están bien escritos. Como se ve, la diferencia es notable, en lo que atañe al bolsillo del lector. Naturalmente que las obras de sesenta y ochenta centavos a que me refiero son libros maestros, es decir, de los mejores novelistas europeos" (Arlt 1981: 248).

[12] Para un excelente análisis de los traductores y traductoras en Sur véase Willson (2004).

tiempo, son incapaces de "escribir bien". A la dicotomía bueno/malo que supuestamente distingue la traducción del original se añade la de legítimo/ilegítimo y por último, la de verdadero/falso, constituyendo todas ellas dicotomías que se prolongan al modo de escribir: el que escribe "mal" es un falsificador, como ha notado Leopoldo Lugones:

> Al adoptar así la misión de comunicar ideas y emociones, el escritor contrae consigo mismo la obligación de que sean nobles y hermosas, y con sus semejantes, la de expresarlas bien, no según se le antoje, sino como mejor pueda. Porque de otro modo, resultará un mal hombre y un falsario (Lugones en *La Nación*, cit. por Civantos 2005: 111 s.).

En el caso de Arlt, "lector de traducciones", a la relación del "lenguaje traducido" con el "escribir mal" se añade la restricción de llevar a cabo una operación de traducción, hecho que implica un concepto de traducción limitado a procesos interlinguales. Sin embargo, si se amplía este concepto de traducción, Roberto Arlt sí puede ser considerado traductor y esto a varios niveles. En Arlt, la supuesta deficiencia se vuelve potencial: la traducción en el "origen" de la escritura implica un lenguaje necesariamente híbrido, mezclado, liberado de la ficción de la "pureza"[13].

En este sentido, Arlt correspondería a lo que Anthony Pym (1995: 5) ha denominado "living translator". Este, en el modelo de traducción que lleva implícito, también traspasa la distinción entre "traductores propios" y "lectores de traducciones"; distinción que se inscribe en otros tantos modelos binarios de la traducción a los que han estado apegados los estudios sobre este tema, desde al menos las distinciones de Schleiermacher hasta las de Lawrence Venuti[14]. Todos estos modelos binarios no logran dar una idea cabal del proceso de la traducción porque, siguiendo a Pym, se olvidan de un agente importante: del "living translator", un traductor vivo, que no actúa como un agente imparcial, sino que contribuye en gran medida a esta "contaminación" en la traducción[15].

---

[13]   Véase también Civantos (2005: 121).

[14]   Venuti (1996), uno de los ya más importantes pensadores de los Translation Studies, en su acercamiento a una traducción ética, recurre a la dicotomía entre traducción extranjerizante y domesticadora establecida por Schleiermacher.

[15]   Pym, por consiguiente, define al traductor vivo siguiendo un enfoque sociológico, hecho que no hacemos en este ensayo: "In defining translation strategies in terms of good and bad, resistant and transparent, Venuti unthinkingly reproduces Schleiermacher's exclusion of intercultural communities. Despite his political support of translators as members of a (receiving) society, Venuti fails to see that a so-

3. INSTANTÁNEA II: "USTEDES LOS GRAMÁTICOS"

El tema de la traducción en Arlt no solamente aborda cuestiones de estilo. En las *Aguafuertes porteñas*, Arlt va más allá de la apropiación de un estilo "traducido": actúa como traductor. Aguafuertes como "El origen de algunas palabras de nuestro léxico popular", "Divertido origen de la palabra 'squenun'" o "El furbo" constituyen entradas en un imaginario diccionario del lunfardo, entradas que se dirigen en contra de los "gramáticos"[16]. En "El origen de algunas palabras de nuestro léxico popular" se presenta como "cronista meditabundo y aburrido" (Arlt 1981: 69) y continúa:

> Dedicaré todas mis energías a hacer el elogio del "fiacún", a establecer el origen de la "fiaca", y a dejar determinados de modo matemático y preciso los alcances del término. Los futuros académicos argentinos me lo agradecerán, y yo habré tenido el placer de haberme muerto sabiendo que trescientos sesenta y un años después me levantarán una estatua (*ibid.*).

Arlt se ubica a sí mismo como "filólogo del Lunfardo" y en las operaciones de traducción intralinguales propone un modelo dialógico de la traducción en el cual el autor, mediante su trabajo de traducción, se acerca al lector. "Hacemos esta aclaración para colaborar en el porvenir del léxico argentino, para evitar confusiones de idioma tan caras a la academia de fósiles y para que nuestros devotos lectores comprendan definitivamente […]" (Arlt 1981: 86), como el autor subraya irónicamente en "Apuntes filosóficos acerca del hombre que 'se tira a muerto'". Las operaciones de traducción que Arlt realiza en las *Aguafuertes*, se inician en una interacción directa del autor-traductor con su público: el autor-traductor sale a la calle, anota lo que ha escuchado en los cafés. La traducción, de este modo, retoma de manera directa la moción del *flâneur* como figura que establece la conexión entre el movimiento y las imágenes narradas de la ciudad, como en "Apuntes filosóficos acerca del hombre que 'se tira a muerto'":

---

ciology of translators themselves might be the most fruitful exit from Schleiermacher. The key to this sociological rather than theoretical genealogy is to focus on the Blendlinge, the people in the middle, the intermediaries who form intercultural communities of one kind or another. After all, the existence of such people sets up the very possibility of translation, well prior to any binarism of good and bad strategies" (Pym 1995: 19).

[16] Según Rita Gnutzmann (1984: 189), la riqueza de palabras lunfardas en los textos de Arlt ha servido como fuente de ejemplos para el *Diccionario de voces lunfardas y vulgares*, de Fernando Hugo Casullo.

Hay una rueda de amigos en un café. Hace una hora que "le dan a los copetines", y de pronto llega el ineludible y fatal momento de pagar. Unos se miran a los otros, todos esperan que el compañero saque la cartera, y de pronto el más descarado o el más filósofo da fin a la cuestión con estas palabras: —Me tiro a muerto. El sujeto que anunció tal determinación, acabadas de pronunciar las palabras de referencia, se queda tan tranquilo como si nada hubiera ocurrido; los otros lo miran, pero no dicen oste ni moste; el hombre acaba de anticipar la última determinación admitida en el lenguaje porteño: Se tira a muerto. ¿Quiere ello decir que se suicidará? No, ello significa que nuestro personaje no contribuirá con un solo centavo a la suma que se necesita para pagar los copetines de marras. Y como esta intención está apoyada por el rotundo y fatídico anuncio de "me tiro a muerto", nadie protesta (Arlt 1981: 86).

La traducción como parte inherente a la nota periodística sirve como modo de volver a establecer esta relación interactiva entre autor-traductor y lector, relación que se refuerza, en otra nota, por la imagen de la analogía entre gramática y boxeo. Así se afirma en "El idioma de los argentinos":

> La gramática se parece mucho al boxeo. [...] Los pueblos bestias se perpetúan en su idioma, como que, no teniendo ideas nuevas que expresar, no necesitan palabras nuevas o giros extraños; pero, en cambio, los pueblos que, como el nuestro, están en continua evolución, sacan palabras de todos los ángulos, palabras que indignan a los profesores [...] (Arlt 1981: 154)[17].

Si "los pueblos están en continua evolución", como prosigue la nota, y "sacan las palabras de todos los ángulos", la traducción se vuelve un modo de transmitir esta cultura en proceso, una cultura en la que el idioma no tiene "original" (cf. también Civantos 2005: 121).

¿De qué modo se traduce a nivel textual? En sus textos, Arlt recurre a varias lenguas extranjeras para caracterizar a sus personajes (cf. Gnutzmann 1984: 193s.). Abundan los italianismos, pero también el francés y el inglés cuentan con presencia, así como varios dialectos españoles que se juntan a los personajes turcos, judíos o polacos, todos ellos presentados en sus particularidades lingüísticas (cf. Gnutzmann 1984: 195).

---

[17]   Civantos (2005: 118 s.) analiza la nota bajo los aspectos de lenguaje y masculinidad. La metáfora del boxeo vuelve a aparecer en Cortázar, donde ya no se refiere a lenguaje y cultura, sino que se convierte en metáfora poetológica: "Un escritor argentino, muy amigo del boxeo, me decía que en ese combate que se entabla entre un texto apasionante y su lector, la novela gana siempre por puntos, mientras que el cuento debe ganar por knockout. Es cierto, en la medida en que la novela acumula progresivamente sus efectos en el lector, mientras que un buen cuento es incisivo, mordiente, sin cuartel desde las primeras frases" (Cortázar 1994: 372).

Para las traducciones del lunfardo, en algunos casos se sirve de estrategias que
marcan las palabras como cuerpo extraño en el discurso del texto, como las comillas o notas al pie[18]. En el conjunto de la obra de Arlt, como ha demostrado meti-
culosamente Rita Gnutzmann (1984: 191 s.), no se puede hablar de una estrategia
en cuanto a la marcación de palabras lunfardas. Sin embargo, el uso del lunfardo
en los textos de Arlt ha conducido a numerosas hipótesis. Como ha observado,
otra vez, Piglia, "no es casual, que [...] las palabras del lunfardo se citen entre comillas: idioma del delito, debe ser señalado al ingresar en la literatura" (Piglia
1973: 27). Para Piglia, el recurso a la traducción lleva consigo una apropiación de
la literatura extranjera. Al mismo tiempo, el uso del lunfardo implica una ejecución del poder a través de la palabra. En su ensayo, Piglia precisa:

En este sentido, Arlt actúa, incluso, como 'traductor' y las notas al pie ex-
plicando que 'jetra' quiere decir 'traje' o 'yuta' 'policía secreta', son el signo de
cierta posesión. Si como señala Jakobson, el bilingüismo es una relación de poder a través de la palabra, se entienden las razones de este simulacro: ese es el
único lenguaje cuya propiedad Arlt puede acreditar (Piglia 1973: 27).

Mediante su ensayo, Piglia ha establecido una lectura fuerte que sigue influ-
yendo la recepción de Roberto Arlt hasta hoy y, sobre todo, le ha servido al
mismo Piglia para posicionarse en un linaje con Arlt a través del recurso a la falsificación, el robo y la apropiación. De este linaje también proviene el modo en
el que Piglia construye su "Homenaje a Roberto Arlt" como traducción
"falsificada"[19]. La apropiación, por lo tanto, en este caso, es mutua y se vuelve
instrumento literario.

En Arlt, el tema de la falsificación aborda todos los tipos de literatura, no
solamente las traducciones, cuando apunta al referirse al oficio del escritor en

---

[18]   Esta marcación requerida por el "otro" lenguaje desaparece en escritores posteriores: en Cortázar, el recurso a varios registros y lenguajes se inscribe directamente
en el discurso literario, mientras la "ruptura" pasa a otros niveles. Mario Goloboff
(2003: 9) traza las continuidades entre Arlt, Cortázar y Puig, y acentúa la práctica
de la traducción como parte inherente de los textos de Puig: "A diferencia de Arlt,
quien vivió su infancia y su primera juventud en un hogar impregnado de lenguas
extranjeras, y donde se hablaba un dificultoso español, y a diferencia de Cortázar,
quien habló antes el francés que el español, y se formó en (por lo menos) dos lenguas
simultáneamente, la impresión en Puig de la lengua extranjera que más actuará en él,
el inglés, parece no venir del ámbito familiar; no ser, en todo caso familiar, sino del
medio y de los medios. Las marcas, pues, de lenguas extranjeras (salvo, quizá, la italiana) han sido ya pasadas por otras escrituras. Puig las somete a procesos de traducción y de adaptación".

[19]   Para un análisis extenso del linaje Piglia-Arlt véase Rath (2013).

"La inutilidad de los libros": "La gente recibe la mercadería y cree que es materia prima, cuando apenas se trata de una falsificación burda de otras falsificaciones, que también se inspiraron en falsificaciones" (Arlt 1981: 188). La base de toda literatura, en este caso, es la falsificación. Para la traducción, esto significa que no existe un "original", hecho que también aparece en otros "ángulos" de su obra.

4. INSTANTÁNEA III. BORGES Y ARLT: LAS MIL Y UNA TRADUCCIONES

De hecho, en el prólogo de *Los lanzallamas*, Arlt se refiere de manera explícita a la función de las traducciones dentro del sistema literario como medio democratizador:

> James Joyce no ha sido traducido al castellano, y es de buen gusto llenarse la boca hablando de él. El día que James Joyce esté al alcance de todos los bolsillos, las columnas de la sociedad se inventarán un nuevo ídolo a quien no leerán sino media docena de iniciados (Arlt 1987: 190)[20].

El uso de traducciones, en cuanto al propio Arlt, va más allá de una democratización de la lectura. Según Mirta Arlt, Arlt estudiaba inglés haciendo uso de un libro muy particular: *Las mil y una noches* (cf. Majstorovic 2006: 110)[21]. Es decir, Arlt estudiaba inglés no con un texto escrito en inglés, sino a partir de una traducción[22], la traducción de un libro, incluso, del que es muy difícil ha-

---

[20]   También se alude al tema en *Respiración artificial*: "Arlt es el primero, por otro lado, que defiende la lectura de traducciones. Fíjate lo que dice sobre Joyce en el Prólogo a *Los lanzallamas* y vas a ver" (Piglia 1980: 170-171).

[21]   Waisman (2003) propone una lectura de la presencia de *Las mil y una noches* en la literatura argentina.

[22]   Laura Juárez (2010: 129) hace hincapié en el rol de traductor que Arlt asume en las *Aguafuertes* sobre África: "[...] [E]n las notas del diario la voz del cronista opera como traductor y mediador; es la voz que explica lo exótico y lo ubica en los parámetros culturales e imaginarios de sus lectores. De allí que lo extraño, a través de las comparaciones, el vocabulario y las imágenes introducidas se familiarice y adapte un esquema cultural apropiado a su destinatario, el lector habitual a las aguafuertes porteñas. La cualidad de lo exótico se reduce: en las aguafuertes africanas, a diferencia de la ilegibilidad de algunas ficciones, no existen vocablos árabes o referencias a lugares que dejen de ser comentados o traducidos [...] y aparecen permanentemente términos que vinculan ese paisaje con las expresiones nativas y locales del sujeto de mira [...]". Un argumento similar se encuentra en Majstorovic (2006: 111).

blar de un "original", especialmente cuando se trata de sus traducciones: se
sabe de sobra que la traducción que realizó Galland llegó a ser tan conocida en
Europa justamente por anécdotas que no figuran en el primer texto, sino por
las inserciones añadidas por el propio Galland[23]. Pero incluso dejando de lado
la traducción al francés, la cantidad de versiones existentes en el ámbito arábico
dificultan la noción de un "original puro".

El recurso a la traducción de *Las mil y una noches* lo lleva a Arlt a un punto
de encuentro con uno de los traductores argentinos más conocidos, con Jorge
Luis Borges[24]. Este, en su ensayo "Los traductores de las 1001 noches" propone un avance teórico a las traducciones de *Las mil y una noches* sin dejar de subrayar que todas estas son versiones válidas. Incluso la traducción de Richard
Burton, que aplica un modo de traducir que oprime partes del primer texto y
añade otras con gran libertad, según Borges, representa "un buen falseo" (Borges 1974: 406). Al igual que para Arlt todo tipo de literatura se basa en falsificaciones, para Borges la "falsificación" que el traductor de *Las mil y una noches*
propone, precisamente constituye el mérito de la traducción. En Borges y en
Arlt, aunque de lados distintos, falsificaciones y versiones heterogéneas se encuentran en el centro de una concepción de la literatura que incluye, al mismo
tiempo, una concepción de la traducción. La traducción, en el caso de Arlt, llega a ser una estrategia inherente de hacer la literatura.

BIBLIOGRAFÍA

ARLT, Roberto (1981): *Obra completa*, tomo II. Buenos Aires: Carlos Lohlé.
— (1987): "Palabras del autor", en: Arlt, Roberto: *Los siete locos. Los lanzalla-
    mas*. Caracas: Biblioteca Ayacucho, 189-190.
BORGES, Jorge Luis (1974): "Los traductores de las 1001 noches", en: Borges,
    Jorge Luis: *Obras completas 1923-1972*. Buenos Aires: Emecé, 397-413.
— (1926/2007): "Las dos maneras de traducir", en: Borges, Jorge Luis: *Textos
    recobrados 1919-1929*. Buenos Aires: Emecé, 313-317.
CIVANTOS, Cristina (2005): "Language, literary legitimacy and masculinity in the
    writings of Roberto Arlt", en: *Latin American Literary Review* 33, 65, 109-134.
CORTÁZAR, Julio (1967): *La vuelta al día en ochenta mundos*, tomo I. México:
    Siglo XXI.

---

[23]   Véase Kristal (2002: 71 s).
[24]   Para el tema de la traducción en Borges, véase Waisman (2005).

— (1981): "Roberto Arlt: Apuntes de relectura", en: Arlt, Roberto: *Obra completa*. Buenos Aires: Carlos Lohlé, iii-xi.

— (1962/1963/1994): "Algunos aspectos del cuento", en: Cortázar, Julio: *Obra crítica 2*. Madrid: Alfaguara, 365-385.

GNUTZMANN, Rita (1984): *Roberto Arlt o el arte del calidoscopio*. Vitoria: Universidad del País Vasco.

GOLOBOFF, Mario (2003): "El camino de la oralidad", en: *Cuadernos Hispanoamericanos* 634, 7-12.

JUÁREZ, Laura (2010): *Roberto Arlt en los años treinta*. Buenos Aires: Ediciones Simurg.

KRISTAL, Efraín (2002): *Invisible Work. Borges and Translation*. Nashville: Vanderbilt University Press.

MAJSTOROVIC, Gorica (2006): "From Argentina to Spain and North Africa: Travel and Translation in Roberto Arlt", en: *Iberoamericana* VI, 21, 109-114; <http://www.iai.spkberlin.de/fileadmin/dokumentenbibliothek/Iberoamericana/2006/Nr_21/21_Majstorovic.pdf> (1 de diciembre de 2010).

MARTÍNEZ ESTRADA, Ezequiel (1967): "Literatura propia y apropiada", en: Martínez Estrada, Ezequiel: *Para una revisión de las letras argentinas*. Buenos Aires: Losada, 197-200.

PANESI, Jorge (1994): "La traducción en la Argentina", en: *Voces* 6, 2-7.

PIGLIA, Ricardo (1973): "Roberto Arlt: una crítica de la economía literaria", en: *Los Libros*, 22-27.

— (1980): *Respiración artificial*. Barcelona: Anagrama.

— (2000): "Un cadáver sobre la ciudad", en: Piglia, Ricardo: *Formas breves*. Barcelona: Anagrama, 35-39.

— (1984/2001): "Sobre Roberto Arlt", en: Piglia, Ricardo: *Crítica y ficción*. Barcelona: Anagrama, 21-28.

PYM, Anthony (1995): "Schleiermacher and the Problem of Blendlinge", en: *Translation and Literature* 4, 5-30; <http://usuaris.tinet.cat/apym/on-line/intercultures/blendlinge.pdf> (1 de diciembre de 2010).

RATH, Gudrun (2013): *Zwischenzonen. Theorien und Fiktionen des Übersetzens*. Wien/Berlin: Turia + Kant.

SARLO, Beatriz (1997): "Oralidad y lenguas extranjeras. El conflicto en la literatura argentina del primer tercio del siglo XX", en: Berg, Walter Bruno/ Schäffauer, Markus (eds.): *Oralidad y argentinidad. Estudios sobre la función del lenguaje hablado en la literatura argentina*. Tübingen: Narr, 28-41.

VÁZQUEZ VILLANUEVA, Graciana (2004): "Los linajes de la traducción en Argentina: política de la traducción, génesis de la literatura", en: *Hermeneus*.

Revista de Traducción e Interpretación 6, 1-13; <http://recyt.fecyt.es/index. php/HS/article/viewFile/6159/6793> (1 de diciembre de 2010).

VENUTI, Lawrence (1996): "Translation as a social practice or, the violence of translation", en: Rose, Marilyn (eds.): *Translation Horizons Beyond the Boundaries of Translation Spectrum.* Translation Perspectives IX. New York: State University of New York, 195-213.

VIEIRA, Else Ribeiro Pires (1998): "New Registers for Translation in Latin America", en: Malmkjaer, Kirsten/Bush, Peter (eds.): *Literary Translation and Higher Education.* Amsterdam: John Benjamins, 171-195.

WAISMAN, Sergio (2003): "The thousand and one nights in Argentina: Translation, Narrative, and Politics in Borges, Puig and Piglia", en: *Comparative Literature Studies* 40, 4, 351-371.

— (2005): *Borges and Translation: the Irreverence of the Periphery.* Lewisburg: Bucknell University Press.

WILLSON, Patricia (2004): *La constelación del sur. Traductores y traducciones en la literatura argentina del siglo XX.* Buenos Aires: Siglo XXI.

La operación Aira: literatura argentina y procedimiento

Jens Andermann

> *"... es necesario leer muchos libros para aprender a despreciarlos"*
> (Roberto Arlt, "La inutilidad de los libros")

RESUMEN

La modernidad literaria argentina se caracteriza como pocas por su reflexión constante sobre la propia práctica textual, pero también sobre las relaciones políticas y económicas que esta mantiene con la lengua como recurso. La dicotomía Borges-Arlt, que (hasta hace poco) proporcionaba el eje organizador del sistema literario argentino, puede entenderse también a partir de las diferentes implicaciones de esta economía de la lengua y su despliegue autorreflexivo en procedimientos escriturales. La literatura de César Aira representa la última vuelta de tuerca y (quizás) el agotamiento de este sistema literario cuyos valores estéticos somete a una revisión radical a partir de la proliferación de una textualidad sobreabundante que agota la posibilidad de ser leída como "obra". El capítulo analiza los "procedimientos" de esta operación de repliegue y agotamiento sobre la tradición literaria moderna poniéndolos en relación (y contraste) con la estética borgeana y arltiana.

En la literatura argentina, los procedimientos —lo "metaliterario", el repliegue de la escritura sobre sus propias operaciones y las de otras escrituras— fueron siempre la alternativa a la nacionalidad, al "color local", incluso cuando ese color local haya surgido precisamente como resultado de un procedimiento: el primer procedimiento, por así decirlo, el que dio lugar a lo que hoy conocemos como literatura argentina. Es la literatura —sugieren Alberdi, Gutiérrez y Echeverría en sus exposiciones ante el Salón Literario de Marcos Sastre— la que tendrá que proponer y poner en acción experimentalmente modelos de nacionalidad al realizar en la lengua la autonomización de la antigua madre patria colonial, operación cuyo éxito confirmará menos de cien años después el lingüista francés Lucien Abeille en una conferencia que suscitará polémica, tanto por su afán de separar la corriente rioplatense de su cauce hispánico como por fundamentar sus razones *en las formas del habla y no en las de la escritura*. La fórmula (el procedimiento) de la generación de 1837 había sido, como se sabe, *precisamente el inverso:* modernizar las formas (a través de la incorporación de modelos ingleses y franceses de la constelación de figuras y afectos, y hasta de versificación y sintaxis) y simultáneamente exotizar al máximo los contenidos, "transportar la escena —como diría Sarmiento— al límite de la vida bárbara y la civilizada" para hallar allí "las inspiraciones que proporciona a la imaginación el espectáculo de una naturaleza solemne, grandiosa, inconmensurable, callada..."[1]. Captura literaria de la otredad salvaje y de su "teatro", el desierto, que se anticipa a la estatal ofreciéndosele como modelo, esa escritura fronteriza al mismo tiempo construye y mantiene en suspenso a su propio afuera como medio de "americanización" del repertorio formal europeo.

Si, entonces, la frontera se proponía en el romanticismo como un principio doblemente estructurador, la operación —el procedimiento— borgeano de la primera mitad del siglo XX consistirá en invertir y literarizar sus polaridades. Si acoplarse a una tradición hispánica que ya se siente ajena no era una opción posible para el escritor argentino, y el color local y los giros gauchescos no hacían más que comprobar la inautenticidad de la afiliación popular que estos procuraban invocar, dice Borges, lo que caracteriza a la escritura argentina sería precisamente el procedimiento libre, omnívoro, que emana de su orfandad (idea que, unos años antes y con el primitivismo vitalista propio de las vanguardias que al Borges de "El escritor argentino y la tradición" ya le habría parecido excesivo, el brasileño Oswald de Andrade había asociado a la figura del antropófago). "Creo que los argentinos, los sudamericanos en general, estamos en una situación [en la que] podemos manejar todos los temas europeos, manejarlos sin supersticiones, con una irreverencia que puede tener, y ya tiene, consecuencias afortunadas"[2]: la argentina sería, por lo tanto, una literatura en segundo grado, cuya marca nacional no es otra que la reflexividad con que se pliega al

---

[1]   Domingo Faustino Sarmiento (1989).
[2]   Jorge Luis Borges, "El escritor argentino y la tradición" (1989: I, 273).

archivo occidental, su carácter ya siempre, y necesariamente, *meta*literario. Pero implícitamente, también, lo "irreverente" de esta operación remite desde el principio al carácter antinstitucional, irónico y extrabibliotecario, por así decirlo, de una escritura que aspira —desde el coronel Mansilla hasta el Che Guevara— a la conversación más que a la cátedra; un fondo de oralidad propio de una "cultura de mezcla" proclive a los juegos lingüísticos, a la "disimulación" y la picardía, al puro placer de la "tramposa y desatinada palabrería"[3]. Metaliteratura e irreverencia conversacional: es esta puesta en juego de los hallazgos extraviados, contrabandeados de la biblioteca occidental (y, más tarde, de los materiales hallados al margen de esta: la novela negra, Hollywood, el *jazz*), la que caracterizará, de ahí en adelante, a los procedimientos de la literatura argentina, de Cortázar a Saer, de Puig a Piglia.

Hay, por supuesto, todavía otro procedimiento que, más o menos en el mismo momento en que Borges empieza a bosquejar la que será después la fórmula de "El escritor argentino y la tradición", propondrá otra metáfora, más agresiva y muscular, para ese medirse con la escritura europea y terminar superándola:

> Los pueblos bestias se perpetúan en su idioma, como que, no teniendo ideas nuevas que expresar, no necesitan palabras nuevas o giros extraños; pero, en cambio, los pueblos que, como el nuestro, están en una continua evolución, sacan palabras de todos los ángulos, palabras que indignan a los profesores, como lo indigna a un profesor de boxeo europeo el hecho inconcebible de que un muchacho que boxea mal le rompa el alma a un alumno suyo que, técnicamente, es un perfecto pugilista[4].

Escribir como si se fuera administrando un *cross* a la mandíbula, "rompiéndole el alma" a los custodios de la lengua, remite esencialmente a la misma operación que proponía Borges, pero —y ahí se abrirá, ya desde los años veinte y treinta, y definitivamente a partir del 45, una grieta insuturable— esta vez efectuada por alguien que carecía de carné de lector en la biblioteca occidental y se había abierto el paso (como Silvio Astier en *El juguete rabioso*) de noche, forzando la puerta de servicio. En consecuencia, aquello que para los del otro bando (digamos, Florida, aunque no fuera más que para desempolvar un lugar común de la historia literaria) suponía una resignación placentera y una *carte blanche* para desentenderse de la misión política que sus antecesores decimonónicos todavía consideraban ineludible —la literariedad de toda literatura,

---

[3]   Jorge Luis Borges: "El truco" (*ibid.*: 146).
[4]   Roberto Arlt, "El idioma de los argentinos" (1986: 177).

exenta ya de cualquier misión civilizadora—, se convierte en una fuente de angustia para los que tienen que abocarse a ella como profesión: "Es doloroso confesarlo, pero es así —admite Arlt—. Hay que escribir. [...] Para escribir un libro por año hay que macanear. Dorar la píldora. Llenar páginas de frases". La *verdad* de lo literario tiene que buscarse, pues, *en* su carácter de mercancía y no fuera de este (como todavía pueden pretenderlo aquellos para quienes escribir sigue siendo un ocio): "Es el oficio, 'el métier'. La gente recibe la mercadería y cree que es materia prima, cuando apenas se trata de una falsificación burda de otras falsificaciones, que también se inspiraron en falsificaciones"[5]. En la ficción arltiana, "la angustia" de los personajes responde así también a las propias condiciones de producción literaria, al agotamiento del valor en la mercancía que estos viven como una crisis existencial.

En la narrativa reciente, es indudablemente César Aira quien con más fuerza volvió a hacer del procedimiento el eje giratorio de su literatura y la fórmula generadora de textualidad que recombina y también suspende a los procedimientos escriturales de la modernidad literaria argentina y los modelos de autoría que estos habían construido. En su proliferación exponencial, incontenible, de textualidad —Wikipedia registra, hasta 2011, un total de 73 novelas y novelitas y seis libros de ensayos—, habitualmente a un ritmo de dos a cuatro títulos por año, repartidos entre editoriales grandes, menores e ínfimas, la escritura aireana tiende constantemente a la sobreproducción y sobresaturación del mercado y también a esquivar tanto la lectura aficionada como el juicio crítico, ambos incapaces de reencuadrar, como "obra", a esta masa textual en perpetua germinación[6]. Al mismo tiempo, cada nueva adición a la lista se encarga de resistir la puesta en valor al transgredir (habitualmente por el borde inferior) los criterios de "calidad", "originalidad" u "osadía" con que solemos medir un texto literario, incluyendo por supuesto aquellos encarnados por la propia obra de Aira hasta ese momento. Es la vuelta al relato, como indica Sandra Contreras en el estudio más comprehensivo y agudo hasta la fecha del "método Aira", pero la vuelta al relato "como si fuera un punto de vista vanguardista: cómo seguir haciendo arte cuando el arte ya ha sido hecho"[7]. El relato presenta así —como puesta en trama del procedimiento— "un acto de supervivencia artística" que dota de sobrevida al arte después del arte al final de un siglo que había arrancado precisamente por el desmontaje del verosímil narrativo de la novela decimonónica por parte de las vanguardias, al recuperar para la propia narrativa

5   Roberto Arlt, "La inutilidad de los libros" (*ibid.*: 228).
6   Graciela Montaldo (2000).
7   Sandra Contreras (2002: 21).

la que había sido (desde el punto de vista aireano) la pregunta principal de estas
últimas: ¿cómo volver a empezar?:

> Tal como yo lo veo, las vanguardias aparecieron cuando se hubo consumado la
> profesionalización de los artistas, y se hizo necesario empezar de nuevo. Cuando el
> arte ya estaba inventado y sólo quedaba seguir haciendo obras, el mito de la vanguar-
> dia vino a reponer la posibilidad de hacer el camino desde el origen[8].

Si la "profesionalización", como ya lo sabía Arlt, pasa por la aplicación de
la fórmula a la producción más o menos rutinaria de "obras" ('escribir un libro
por año'), entonces la respuesta de las vanguardias, aún válida para Aira, consistía en "reconstruir la radicalidad constitutiva del arte" a través de la rein-
vención del procedimiento mismo, de esta "máquina de hacer obras" que habían representado para la literatura y las artes occidentales las fórmulas
genéricas y sus operaciones formales (el soneto, la novela, la perspectiva linear,
el montaje cinematográfico). Rebobinar el proceso cultural al momento de
pura invención que nace con el procedimiento, y para el que la obra es apenas
la demostración de su funcionamiento, una suerte de apéndice documental
optativo en el que se pone a prueba la fórmula que *es* la obra, o que termina de-
vorando a esta:

> Si el arte se había vuelto una mera producción de obras a cargo de quienes sabían
> y podían producirlas, las vanguardias intervinieron para reactivar el proceso desde
> sus raíces, y el modo de hacerlo fue reponer el proceso allí donde se había entroniza-
> do al resultado. Esta intención en sí misma arrastra los otros puntos: que pueda ser
> hecho por todos, que se libere de las restricciones psicológicas, y, para decirlo todo,
> que la "obra" sea el procedimiento para hacer obras, sin la obra. O con la obra como
> un apéndice documental que sirva sólo para deducir el proceso del que salió[9].

Se trata entonces de una vuelta al origen, un "viaje a la semilla" que volviera
a liberar el móvil de pura invención que subyace y antecede al "arte", en una relectura de la vanguardia que privilegia la dimensión afirmativa, el gesto de apertura hacia la futuridad, sobre la dimensión de negatividad, la ruptura con el pasado y con la institucionalidad del arte y de sus formas consagradas. Esa
dimensión crítica de la ruptura vanguardista no es tanto rechazada o revisada
argumentalmente por Aira —lo que todavía implicaría una actitud crítica de su
parte— como más bien "olvidada", dimensión amnésica que, como veremos,

---

[8]   César Aira (1996).
[9]   *Ibid.* (consultado en octubre de 2012).

cumple una función crucial en la manera peculiar en que Aira "vuelve" hacia las vanguardias y hacia el origen de la modernidad estética.

En el escenario de la crítica —periodística y académica— la operación aireana funcionó, sobre todo en los años noventa, como un verdadero divisor de aguas. Es este, precisamente, el momento en que la escritura de Aira —que, a partir de su debut literario con la *nouvelle Moreira* (1975) y sobre todo con las novelas del llamado "ciclo del desierto" (*Ema la cautiva*, 1981; *La liebre*, 1991) y las ficciones "barrocas" ubicadas en el presente posdictatorial (*La luz argentina*, 1981; *La guerra de los gimnasios*, 1992; *Embalse*, 1992), todavía era posible inscribir en una lógica de pastiche o metaficción posmoderna— radicaliza sus protocolos estético-performativos. Si bien Aira nunca dejará de lado las prácticas de apropiación y reciclaje de materiales ajenos que comenzará a usar en estos y otros textos "iniciales" (método que todavía reconoce una cierta deuda con el procedimiento borgeano delineado en "El escritor argentino"), la *aceleración* vertiginosa del proceso de escribir y publicar, con dos, tres y hasta cuatro títulos anuales, también va a imponer a partir de ahí cambios sobre la propia textualidad aireana. Entre estos se destacan, como veremos, una cierta "negligencia" ostentativa de coherencia estilística y desarrollo verosímil de personajes y tramas, así como el recurso frecuente a formas de diálogo y resolución argumental "bobos", propios de la estética televisiva y publicitaria: una literatura que, abandonando todo cuidado, parece estar precipitándose hacia la "mala escritura" y el papelón. En palabras del escritor Elvio Gandolfo —reseñando *Los misterios de Rosario*, 1994— "el método de Aira sería el del viejísimo '¿es o no es?', usado como herramienta de seducción/rechazo, en un marco de paradójica histeria serena", a fin de "lograr que sus lectores no puedan resolver la pregunta '¿*demasiado inteligente o demasiado idiota?*' en cuanto a su propia figura y su propia obra"[10]. Y agregará (ahora respecto a *La abeja*, 1996): "En todos sus libros hay un núcleo, a veces muy pequeño, de literatura autética. *El llanto*, por ejemplo, empezaba con gran densidad para pisar la cáscara de banana del apuro unas páginas más adelante y convertirse en un falso best seller (ni vendió mucho ni cumplía con las reglas), frustrando a dos puntas"[11].

En una suerte de resumen aforístico del consenso crítico establecido de aquel momento, Gandolfo señala como problemático un modo de autodevaluación en que parece incurrir la ficción aireana más o menos a partir de 1992 —el momento, incidentalmente, en que la moneda nacional argentina "estabili-

---

[10]   Elvio Gandolfo: "El humor es más fuerte" (1994), citado en Contreras (2002: 129).
[11]   Elvio Gandolfo (1996): "Cómo pegar a una mujer" (*ibid.*, 129).

zará" su valor a través de un régimen de convertibilidad ('un peso, un dolar')
que habrá de conllevar, como se sabe, al desmantelamiento del estado de bien-
estar, a la culminación de la transformación económica iniciada bajo la dictadu-
ra militar a través de la privatización y transnacionalización de la industria, y a
la conversión del régimen productivo a una economía tercerizada y financiali-
zada con altísimos índices de informalidad—. Contemporánea de esta "neoli-
beralización de las conciencias" —de cuyos efectos, paradójicamente, la literatura aireana será durante la década de los noventa uno de los sismógrafos más
eficaces, en su manera de convertir en motores de la ficción tópicos cotidianos
como los apagones (*La luz argentina*), los saqueos de supermercados (*La prueba*), los cartoneros (*La villa*) o el pánico moral por la violencia urbana (*Las noches de Flores*)—, la operación Aira consiste en una de sus capas en la superproducción sistemática de "novelitas" vaciadas de todo indicio de "valor literario"
y exponiendo gozosamente sus propios "defectos de fábrica", su falta de arte-
sanía y oficio, consecuencia precisamente de su producción en serie. Como no
puede dejar de observar el propio Gandolfo, sin embargo, de esta manera también emerge algo así como un "estilo Aira", una determinada manera de desa-
fiar desde la escritura misma nuestra idea de lo literario como una forma de trabajo crítico con la lengua o de repliegue autoanalítico de las narrativas sociales.
En palabras de Aira:

> Mis amigos se intrigan, y yo les dejo creer que soy un poseur. Pero es muy fá-
> cil, muy lógico. Lo malo, definido de nuevo, es lo que no obedece a los cánones es-
> tablecidos de lo nuevo, es decir a los cánones a secas; porque no hay un canon de lo
> fallido. Lo malo es lo que alcanza el objetivo, inalcanzable para todo lo demás, de
> esquivar la academia, cualquier academia, hasta la que está formándose en nosotros
> mismos mientras escribamos. Por ejemplo, cuando nos sentimos satisfechos por el
> trabajo bien hecho (horrenda complacencia, a la que deberíamos resistirnos con el
> grito de guerra de Rimbaud: ¡nunca trabajaré!)[12].

Superproducción lúdica ('sin trabajo'), "histeria serena", el procedimiento
aireano estaría caracterizado entonces por una paradójica destrucción de su
propio valor (de su "literariedad") a través de la repetición y la serialización. La
idea es ejemplificada por "Duchamp en México", cuento incluido en *Taxol*
(1997) —"ejemplificada" en un sentido literal, ya que el cuento, la trama narrativa, no pretende ser en realidad sino "un esquema", una suerte de plano o ma-
queta, "género nuevo y promisorio: no las novelas, de las que ya no puede es-

---

12   César Aira (1995.)

perarse nada, sino su plano maestro, para que la escriba otro [...]. El beneficio
está en que ya no habrá más novelas, al menos como las conocemos ahora: las
publicadas serán los esquemas y las novelas desarrolladas serán ejercicios priva-
tivos que no verán la luz" —[13]. El argumento —o proyecto de argumento— es
el siguiente: un escritor, César Aira, está de viaje turístico en la ciudad de México, pero como detesta las actividades turísticas y sólo anhela el momento de la
vuelta desde que llegó al país, decide gastar su tiempo haciendo compras, aprovechando la devaluación monstruosa de la moneda mexicana y la posibilidad,
en consecuencia, de acceder a los libros usados (única mercancía a la que, siendo pobre, puede aspirar) prácticamente sin gasto alguno. En la primera tienda
—la librería de un almacén Sanborn's— encuentra por azar un libro ilustrado
sobre Duchamp, importado, que compra a un precio que le parece ínfimo. Sin
embargo, esa misma tarde encuentra el mismo libro en otra librería de usados, a
un precio aún menor y, "si el precio en sí era insignificante para mi ilusoria
opulencia de extranjero, la diferencia lo era más aún. De todos modos era una
diferencia; no se me ocurría qué podía hacer con los cuatro pesos de 'ganancia',
pero [...] sin pensarlo más, pero todavía un poco menos que antes, lo compré y
salí con mi Duchamp bajo el brazo"[14]. Previsiblemente, a los pocos pasos se
cruzará con otro Duchamp todavía un poco más barato que los anteriores e irá
acumulando ejemplares a "ahorros" cada vez mayores (aunque todavía ínfimos
debido al escaso valor de la moneda nacional), los cuales, además, se verán au-
mentados todavía por las posibilidades paulatinamente más extensas de calcular las sumas ahorradas. Además de sumar las diferencias respecto del tomo
"original" con aquellas que cada nuevo ejemplar mantiene respecto del que lo
antecede, podrían también multiplicarse los resultados por la cantidad de instancias de ahorro, etc. Naturalmente, con cada nuevo gasto (con cada Duchamp
hallado a precio aún más barato que los anteriores) aumenta también el número
de posibilidades de calcular el "ahorro", de manera que "Aira" ya a partir del
cuarto o quinto ejemplar habrá acumulado sumas millonarias de "ganancias",
y así seguido hasta el final del cuento-esquema que no es, en realidad, sino una
secuencia de operaciones matemáticas cada vez más estrafalarias:

> En fin. Los diez ejemplares habían sido comprados a diez precios distintos, en
> escala descendente: noventa y nueve, noventa y cinco, ochenta y cinco, ochenta y
> dos, ochenta, setenta y nueve, setenta y dos, sesenta, cincuenta y seis, cincuenta y
> tres. La serie de diferencias unitarias era de cuatro, diez, tres, dos, uno, diecisiete,

---

[13]   César Aira (1997b: 16-17.)
[14]   *Ibid.*: 18.

tres, tres, tres. La suma daba cuarenta y seis, que era, por supuesto, la diferencia máxima alcanzada hasta ese momento, entre el primer precio (noventa y nueve) y el último (cincuenta y tres). La serie completa de estas diferencias máximas "de atrás para adelante", era: cuarenta y seis, cuarenta y dos, treinta y dos, veintinueve, veintiséis, nueve, seis y tres. Esas tres series constituían la trenza original sobre cuyas curvas recurrentes tenía lugar todo el sistema de metamorfosis numéricas. Ya sé que no parece muy racional, pero confío en que alguien, alguna vez, va a ponerse a hacer las cuentas, una por una, como las hice yo, y quizás para él, al contrario de lo que me pasó a mí, la realidad se vuelva real[15].

Fábula, entonces, que aspira a la práctica o, más bien, a generar nuevas prácticas con-fabulatorias, "Duchamp en México" despliega como narración algo que dice ser una mera receta o un manual para narraciones aún por inventar: la aventura del hallazgo de la fórmula mágica, alquímica, para convertir el derroche en ganancia —para generar valor, plusvalía literaria, de la puesta-en-serie alucinatoria, nonsénsica, de elementos vacíos y abstractos (los números)—. Como en casi todas las "novelitas" de Aira, lo que se narra no es por lo tanto otra cosa que el propio mito de origen de la narración, esto es, el hallazgo "milagroso" de un modo feliz de escribir y de vivir "sin trabajo", del cual habría surgido también el propio texto que leemos. Pero al mismo tiempo, esa alquimia literaria, la fórmula mágica de la cual el texto ya solo sería "un apéndice documental y que sirviera sólo para deducir el proceso del que salió", nunca adquiere el nivel de generalidad que la elevara por encima del material narrativo singular que ejemplifica su funcionamiento. El "procedimiento aireano" —la fórmula para la producción de literatura sin esfuerzo, la pura puesta en juego de la lengua— continúa pues aferrado a la singularidad y contingencia de la trama narrativa y por lo tanto carece de todo valor en cuanto "fórmula mágica". O, más bien, su magia siempre es particular, contingente y única a la vez que formulaica y serial; solo al pasar por la narración, la puesta-en-trama, consigue su meta de abrir un continuo y de liberar a la narración del lastre del sentido orientándola hacia un horizonte de pura invención.

El congreso de literatura (1997) ilustra bien —como casi cualquier otro texto aireano— esa relación particular entre autorreflexividad constructivista y vuelta al relato en un movimiento hacia la pura invención, la "huida para adelante" del verosímil narrativo a escalones cada vez más altos de "lo malo". Aquí el "escritor César Aira", invitado a participar en un congreso de literatura en Mérida, Venezuela, es también "en otro nivel más de discurso" —que no es

---

[15] *Ibíd.*: 44.

sino la "fábula anterior" de la que "se sirve de lógica inmanente"[16] la fábula principal— un científico loco aspirante al dominio del mundo a través de la clonación de seres (procedimiento sumamente literario, como no tarda en advertirnos el texto, ya que se trata esencialmente de procesos de figuración y serialización como la metáfora y la metonimia). De todas formas, la incapacidad de los clones (o engendros literarios del escritor/científico loco) para imponerse como fuerza conquistadora, debido a sus limitaciones en tanto creaciones de su "clonador" a enfrentar imaginariamente la contingencia del devenir real, hace que "Aira" decida aprovechar la invitación al congreso literario para realizar su gran hazaña —la de clonar a un "genio literario" que forzosamente habrá de imponer a su propio engendrador frankensteiniano la voluntad superior de su genio (su estilo de "gran escritor"): Carlos Fuentes—. Sirviéndose de una superavispa generada de una compleja mixtura genética, "Aira" apenas aterriza en Mérida obtiene una célula del laureado mexicano y la deposita en un clonador colocado en la altura conveniente de las montañas circundantes de la ciudad, dejando que el proceso de gestación siga su curso de siete días (tiempo, casualmente, que durarán también las jornadas literarias). Cumplido su propósito, "Aira" pasa los días reposando al lado de la piscina del hotel y sin interesarse por el congreso que transcurre a su alrededor, hasta que un grupo de estudiantes lo convida a asistir a la representación teatral de su pieza "En la corte de Adán y Eva" —dedicada, aparentemente, a la primera clonación de la historia y los problemas maritales resultantes para Adán de la súbita aparición de su nueva amante, ya que, en la pieza, él ya está casado... con Eva, cuyo desdoblamiento en amante y esposa estaría relacionado de un modo algo complicado con la invención, por parte del héroe, del exoscopio, aparato óptico de parecido lejano con el Gran Vidrio de Duchamp y capaz, como este, de desdoblar y apagar mediante espejismos sutiles a seres y objetos—. Avergonzado por la —literalmente— aparatosidad de su engendro dramático, "Aira" se emborracha en compañía de los jóvenes actores y casi se olvida del final inminente de la clonación del Genio, cuando, desde las montañas circundantes, enormes gusanos de seda azules empiezan a bajar hacia la ciudad causando caos y desastres. Solo en el último momento, nuestro héroe encuentra la solución del enigma y detiene la catástrofe apocalíptica: los gusanos no son sino clonaciones monstruosas —en formato "Genio"— de una célula de la corbata azul de Carlos Fuentes que la avispa había confundido con las del propio novelista. Por suerte, "Aira" todavía conserva el exoscopio de la representación teatral y, así, consigue rectificar

---

[16]   César Aira (1997a: 28).

el error devolviendo a la inexistencia a las monstruosas creaciones de su fantasía desmesurada.

En esta fábula replegada sobre sí misma se destacan cuatro elementos de
presencia recurrente, en mayor o menor medida, en la ficción aireana: la auto-
ficción (que tiende a representar al Aira-personaje en diferentes guisos de *nerd*
literario, de "escritor no-profesional", como el inventor, el curandero, el mago,
etc.); la autorreflexividad (la exposición, apenas disfrazada por la "fábula", del
propio procedimiento de creación textual, supuestamente improvisada y des-
prolija, a manera de un *bricoleur* escritural; carácter que es al mismo tiempo
desmentido o suspendido por el grado abismal de sofisticación autorreflexiva
del texto); la incorporación de elementos *trash* no solo a modo de adornos o
piezas de museo, sino amalgamándolos en la misma factura de la narración
donde abundan los diálogos cliché, las resoluciones de situaciones dramáticas
por formas de *deus ex machina* y otras modalidades propias del melodrama te-
levisivo y del *reality*; y, por fin, la aceleración de la temporalidad del relato, la
precipitación hacia un final apocalíptico donde la imposibilidad de volver a en-
tretejer los hilos narrativos desplegados se "resuelve" en un trance de destrucción que solo en el último minuto es evitada de forma milagrosa, reabriendo camino a la continuidad. Invención, amenaza y salvación de continuidad: estos
son, entonces, los tres "movimientos" de la partitura aireana sobre la que cada
una de sus "novelitas" encontrará nuevas vueltas, nuevas variaciones.

El propio Aira ha teorizado abundantemente sobre esta "escritura mala", la
que, a diferencia de la relación "angustiada" con la lengua "alta", propia todavía de un Roberto Arlt —la agresión que proviene del deseo impelido o, *más
bien*, del rechazo por parte de esta lengua que vuelve a exhibirse como marca y
como blasón de honor en la lengua "baja" en la que se interpela al lector—, es
vivida aquí como un proceso de liberación, un camino hacia un más allá de la
represión[17]:

> Escribir mal, sin correcciones, en una lengua vuelta extranjera, es un ejercicio de
> libertad que se parece a la literatura misma. De pronto, descubrimos que *todo nos
> está permitido*. [...] El territorio que se abre ante nosotros es inmenso, tan grande que
> nuestra mirada no alcanza a abarcarlo entero... Los pensamientos huyen muy rápi-
> do en todas direcciones... El vértigo nos arrastra, la calidad queda atrás... La prosa se
> disuelve, cuanto peor se escribe, más grande es todo, en una inmensidad ya sin an-
> gustia, exaltante[18].

---

[17]   César Aira (1993 : 62-65).
[18]   César Aira (1991a : 61).

Escribir mal es un atajo para huir de la interpretación, la captura crítica en un régimen de medibilidad del "valor" literario según pautas de género, estilo, verosimilitud y coherencia formal: en tanto producción deliberada de desmesura, de abrir la forma narrativa de la que se parte hacia lo inconmensurable, "el trabajo del escritor [...] va contra la interpretación. Recuerden la frase de Jasper Johns: 'El arte es hacer una cosa, después otra cosa, después otra cosa...'"[19]. El género novelesco —o, *más precisamente, la novela breve, la nouvelle*— es la forma que mejor se pliega a tal proyecto de apertura y disolución formal, dada su tendencia inherente a la indeterminación, a las líneas de fuga que el cuento, en cambio, debe contener y replegar hacia su interior debido a su necesidad de economía narrativa. "La novela es *lo que pasa*, el cuento *lo que pasó*", razón por la cual este último tiende hacia la forma cerrada (hacia la "perfección") y aquella hacia la forma abierta, hacia un "tiempo que se espacializa para admitir los encajonamientos", un tiempo por lo tanto implícitamente amnésico y tendiente a la precipitación en lugar de la cristalización del significado que sería la marca del cuento y de la memoria: "La memoria tiende al significado, el olvido a la yuxtaposición. La memoria es el hallazgo del significado, el corte a través del tiempo. El olvido es el imperativo de seguir hacia adelante"[20]. La novela breve es, entonces, la forma idónea para mantener el balance entre indeterminación o potencialidad que se abre a través de la apertura del marco genérico hacia la pura invención o futuridad, y la amnesia (el no mirar hacia atrás) que mantiene en suspenso al significado y esquiva la clausura del sentido. La novela larga, en cambio, tarde o temprano tendrá que infringir esa temporalidad amnésica al tener que ordenar —o volver sobre— las subtramas y capas temporales que va desplegando. Es decir, la continuidad, la pura sucesión hipotáctica ('una cosa, después otra cosa, después otra cosa'), deberá dar paso en algún momento a un régimen paratáctico de elementos de donde surgirá un significado, una estructura dotada de sentido, y es en este momento, habitualmente, en que tiene lugar en las novelitas aireanas "la catástrofe", la aceleración apocalíptica que obtura el ordenamiento de la trama y, así, vuelve a abrir un horizonte de continuidad, de "supervivencia". No es otro el procedimiento que describe Aira como "la huida hacia adelante":

> Con la novela, de lo que se trata, cuando uno no se propone meramente producir novelas como todas las novelas, es de *seguir escribiendo*, de que no se acabe en la segunda página, o en la tercera, lo que tenemos que escribir. Descubrí que si uno hace

---

[19]   César Aira (1991b : 31).
[20]   *Ibid.*: 32-33.

las cosas bien, todo puede terminarse demasiado pronto; al menos pueden terminarse las ganas de seguir, el motivo o el estímulo válido, dejando en su lugar una inercia mecánica. De modo que haciéndolo no bien (o mejor: haciéndolo mal) quedaba
una razón genuina para seguir adelante: justificar o redimir con lo que escribo hoy
lo que escribí ayer. Hacer un capítulo dos que sea la razón de ser de las flaquezas del
capítulo uno, y dejar que las del capítulo dos las arregle el tres. Mi estilo de "huida
hacia adelante" [...] me hacen preferible este método al de volver atrás y corregir; he
llegado a no corregir nada, a dejar todo tal como sale, a la completa improvisación
definitiva. Más que eso: encontré en ese procedimiento el modo de escribir novelas,
novelas que avanzan en espiral, volviendo atrás sin volver, avanzando siempre, iden-
tificadas con un tiempo orgánico [...] La exaltación a que da lugar el procedimiento
hace parecer melancólica en comparación la prudencia de escribir bien, razonablemente, con una cautela que desde esta perspectiva podemos ver como estéril y en última instancia mortífera, por inadecuada a la economía temporal de los seres vivos,
buena sólo para los objetos[21].

Ética de la invención, pues, que plantea también la necesidad de una lectura
cómplice (y que, al derramarse de las novelitas de Aira en el espacio de la literatura en su totalidad, habrá de producir un efecto de "innovación", de ver con
ojos nuevos a todo un mundo de escrituras-procedimientos). Leer, desde ahí,
significa llevar "adelante la lectura. Y si alguien quiere buscar el significado,
debe hacerlo en lo que sigue, no en lo que ha leído"[22]. La literatura de Aira (y la
de aquellos que, en sus ensayos sobre literatura, construye como precursores y
aliados: Copi, Raymond Roussel, Mário de Andrade) colabora activamente en
la gestación de un lector afín a su ética de la invención y la transgresión de los
criterios de "buena literatura", un lector que, al llevar esta nueva práctica de
leer más allá del propio texto aireano, a la literatura como tal, también se convertirá en una suerte de agente secreto, de "clon" del escritor/científico loco en
su afán por dominar el mundo (el de los libros). Las consecuencias de esta escritura que —como antes lo hicieron las de Borges, Arlt, Puig, Lamborghini— no
busca complacer a los lectores existentes sino, en cambio, forjar nuevos lectores
a su propia medida, se hacen más patentes en dos órdenes de lectura "profesional" que los libros de Aira interpelan y desafían en su modo de proliferar y so-
bresaturar al "mercado de libros", a la institución literaria: la crítica y la traducción.

¿Cómo traducir una escritura que trabaja declaradamente en contra de la
obra a la que propone transformar en mero apéndice de su propio procedimiento
de reproducción y autopoiesis, es decir, del procedimiento como un modo de

---

[21]   César Aira (1994: 2-3).
[22]   Aira: *Copi, op. cit.*, 30.

mantener en movimiento a la escritura como práctica inventiva más allá de los límites de la obra que atraviesa? Es esta la pregunta que abre el ensayo que Aira le dedica a Edward Lear, el inventor del *limerick*, forma poética que representa, para Aira, el ejemplo más acabado de una escritura reducida a un procedimiento tan elemental como infinito en su combinatoria de posibilidades igualmente surgidas del puro azar de la rima y las afinidades métricas entre palabras, cuyo efecto humorístico emerge precisamente por el contraste entre la perfección miniaturesca de la estructura y el sinsentido de su "contenido". El *limerick*, como la forma más acabada del *nonsense* literario, es también la elevación de la literariedad a su punto más alto al liberarla de la carga del significado y, así, al entregarse al puro goce de los elementos lingüísticos —los cuales, una vez definida la fórmula, pueden expandir y recombinarse en forma libre y automática, ya sin necesidad del trabajo de un autor—, "el hallazgo del formato tiene la virtud de dejar que la obra se haga sola"[23]. ¿Qué traducir, entonces, si el "contenido", la "sustancia" de la obra original acaba de pasar en su totalidad al lado del procedimiento, de la mera técnica o del artificio? ¿Cómo traducir un procedimiento —y, más específicamente, el procedimiento de una "huida hacia adelante" que renuncia a la corrección y la vuelta autocrítica sobre lo ya escrito, que es precisamente como el traductor debería volver sobre el texto original—? ¿Cómo traducir un procedimiento abocado a la invención y al avance amnésico, si no fuese escribiendo de nuevo, empezando desde cero en otro idioma, en una suerte de versión negativa de Pierre Menard?

Similar es la pregunta que la narrativa de Aira le formula a la crítica literaria, como una forma de saber constituida precisamente en la vuelta reflexiva sobre lo ya escrito y, por lo tanto, abocada a la puesta en valor del objeto literario a partir de la exposición de su estructura significante y sus operaciones formales. Como la propia noción de estructura sugiere, esta crítica está basada fundamentalmente en la noción del texto como un todo acabado y en la relectura como el camino de acceder a la revelación de su plenitud: es decir, es un aparato crítico intrínsecamente aliado a (y reproductor de) la "buena escritura" en tanto acumulación, densidad, complejidad de sentidos. Como tal, es también uno de los blancos de la operación Aira, en su propulsión a la huida hacia adelante, la profusión de tramas sin espesor y que parecen agotarse en su precipitación. ¿Habría que leer, entonces, *acríticamente*, para no traicionar esta escritura y para apropiarse de su procedimiento? Creo que no: más bien, como sugiere el propio Aira en su ensayística literaria, existe también la alternativa de explorar el potencial crítico de este pro-

---

[23]   César Aira (2004: 50).

pio procedimiento, llevándolo hacia otras textualidades que las que lo origina-
ron, y experimentar con los efectos que genera, en tanto máquina de lectura, al
aplicarse a la literatura de Alejandra Pizarnik, de Osvaldo Lamborghini, de Roberto Arlt, Franz Kafka o Herman Melville. Aquello que, como máquina de lectura, nos hace ver la lupa del procedimiento aireano es precisamente aquello en
que estas otras escrituras se le asemejan, el particular "efecto de persistencia del
proceso de escritura en el texto escrito"[24] que posee cada una de ellas. Genera entonces un efecto de realidad bastante peculiar, distinto del verosímil que producen las escrituras y estéticas miméticas, en tanto le devuelve al texto su carácter de
práctica material y corporal, poniéndolo en una relación de contigüidad con la
vida, que es propia de *un acto* y no de un texto-objeto. El procedimiento —marca
constitutiva de la literatura argentina que la operación Aira actualiza y desafía—
no es a fin de cuentas sino un modo de concebir a la escritura como acción.

BIBLIOGRAFÍA

AIRA, César (1991a): *Nouvelles impressions du Petit Maroc.* Ed. bilingüe, trad.
    al francés de Christophe Josse. Saint-Nazaire: Arcane.
— (1991b): *Copi.* Rosario: Beatriz Viterbo.
— (1993): "Arlt", en: *Paradoxa* 7, 55-71.
— (1994): "Ars narrativa", en: *Criterion* 8, 1-3.
— (1995): "La innovación", en: *Boletín del Centro de Estudios de Teoría y Crí-
    tica Literaria* (Universidad Nacional de Rosario) 4, 29-33.
— (1996): "La nueva escritura", en: *La Jornada Semanal,* 12 de abril de 1996;
    <http://www.literatura.org/Aira/caboom.html> (octubre de 2012).
— (1997a): *El congreso de literatura.* Buenos Aires: Tusquets.
— (1997b): *Taxol.* Buenos Aires: Simurg.
— (2004): *Lear.* Rosario: Beatriz Viterbo.
ARLT, Roberto (1986): *Aguafuertes porteñas.* Buenos Aires: Hyspamérica.
BORGES, Jorge Luis (1989): *Obras completas.* Buenos Aires: Emecé.
CONTRERAS, Sandra (2002): *Las vueltas de César Aira.* Rosario: Beatriz Viterbo.
MONTALDO, Graciela (2000): "An Obscure Case: Bizarre Aesthetics in Argen-
    tina (Books, Culture Industries and Fictions)", en: *Journal of Latin Ameri-
    can Cultural Studies* 9, 2, 181-192.
SARMIENTO, Domingo Faustino (1989): *Facundo.* Buenos Aires: Losada.

---

[24] *Ibid.*: 11.

Roberto Arlt y el lunfardo

Oscar Conde

Resumen

El lugar de enunciación que Arlt ocupa dentro de la literatura argentina no es ajeno a su vocación por elevar el lenguaje de la calle a la categoría de idioma nacional, operación que lo consolida entre el público lector del diario *El Mundo* y al mismo tiempo lo recorta como una figura única dentro del campo literario argentino. La recurrencia al habla popular en sus novelas y, en particular, su uso del lunfardo —e incluso su preocupación por registrar y explicar nuevas palabras (*squenún, tongo, chamuyar, pechazo, berretín, furbo, garrón*) y nuevas expresiones (*tirar la manga, tirarse a muerto, el manya orejas*)— tienen, sin embargo, antecedentes. Además de Juan José de Soiza Reilly, puede considerarse un modelo para Arlt en el plano lingüístico Last Reason —pseudónimo del periodista uruguayo Máximo Sáenz—, quien en 1925 había recopilado en el libro *A rienda suelta* sus popularísimas crónicas de *turf*, en las que revela su maestría en el uso del lunfardo. De hecho, el propio Arlt manifiesta abiertamente su admiración por la tradición costumbrista, iniciada en el periodismo argentino a fines del siglo XIX, en su aguafuerte "La crónica n.° 231": "Escribo en un 'idioma' que no es propiamente el castellano, sino el *porteño*. Sigo una tradición: Fray Mocho, Félix Lima, Last Reason...".

La discusión en torno a la naturaleza del lunfardo casi no había comenzado en la década de 1920. Por entonces se aceptaba acríticamente lo que todavía hoy algunos siguen repitiendo: que el lunfardo es un léxico de la delincuencia o, aun peor, un habla carcelaria. Quizá por esta razón Borges postulaba en 1926 la existencia del *arrabalero*, un remedo —según él— del lunfardo ladronil, utilizado por los sectores más humildes. A mediados de la década del 20 el tema del habla popular fue central en la prosecución de la polémica en torno al idioma iniciada en 1900 con la publicación de *Idioma nacional de los argentinos*, de Lucien Abeille. En "Invectiva contra el arrabalero", Borges aceptaba que unos pocos escritores se servían hábilmente de este vocabulario, por más que a él le resultara ineficiente y criticable:

> Algunos lo hacen bien, como el montevideano Last Reason y Roberto Arlt; casi todos, peor. Yo, personalmente, no creo en la virtualidad del arrabalero ni en su dictadura de harapos. Aquí están mis razones: la principal estriba en la cortedad de su léxico. Me consta que se renueva regularmente, y que los reos de hoy no hablan como los compadritos del Centenario, pero se trata de un juego de sinónimos y eso es todo. Por ejemplo: ahora dicen cotorro en vez de bulín (Borges 1993 [1926]: 122).

Es curioso que en aquel momento Borges haya equiparado a Last Reason y a Roberto Arlt. El primero era, detrás del pseudónimo, el periodista uruguayo Máximo Sáenz, quien en un par de años se había vuelto un popularísimo cronista de *turf* en el diario *Crítica* de Buenos Aires y en 1925 había recopilado cuarenta y cinco de sus columnas en el libro *A rienda suelta*, donde se revela toda su maestría en el uso del lunfardo[1]. En contraposición, de Roberto Arlt apenas se conocían un puñado de artículos publicados en 1926 en la revista *Don Goyo* —en los cuales los lunfardismos son excepcionales— y unos breves adelantos de su novela *Vida puerca*, editada en noviembre de ese mismo año con el título *El juguete rabioso*. Uno de estos adelantos, sin embargo, había impresionado claramente a Borges. Es un pasaje del capítulo cuarto, "Judas Iscariote". Se titulaba "El Rengo", en marzo de 1925 se había publicado en la revista *Proa* —uno de cuyos directores era el propio Borges— y en sus ocho páginas se contaban alrededor de treinta lunfardismos[2]. ¿Y por qué digo que este texto había impresionado a Borges? No solamente porque le alcanza para poner a Arlt a la altura de Last Reason en cuanto al manejo del habla popular, sino además porque el personaje de El Rengo, en el papel de traicionado que cumplirá en *El juguete rabioso* a raíz de la delación de Silvio Astier, perdurará en su memoria durante más de cuatro décadas (cf. Sorrentino 1996: 48-49). Como ha sido referido por Roberto Paoli[3] primero, por Ricardo Piglia[4] después —en el capítulo IV de

---

[1]   Last Reason (2006 [1925]): *A rienda suelta*. Buenos Aires: Biblioteca Nacional-Ediciones Colihue.

[2]   Arlt, Roberto (1925): "El Rengo", en: *Proa* 8, marzo, 28-35.

[3]   Paoli, Roberto (1977): *Borges. Percorsi di significato*. Messina-Firenze: Casa Editrice D'Anna, 26.

[4]   Piglia, Ricardo (1988 [1980]: 172-173).

su novela *Respiración artificial*— y analizado en detalle por Fernando Sorrentino en un artículo de 1996[5], el cuento de Borges "El indigno", incluido en *El informe de Brodie* (1970)[6], constituye claramente una reelaboración del episodio arltiano de la denuncia, al narrar cómo el adolescente Santiago Fischbein delata a Francisco Ferrari ante la policía.

Arlt está presente por entonces en la cabeza de Borges hasta tal punto que en el prólogo de *El informe...* lo menciona por segunda y única vez en toda su obra. En su siempre tenaz empeño por descalificar el lunfardo, Borges escribe allí, no sin ironía: "Recuerdo [...] que a Roberto Arlt le echaron en cara su desconocimiento del lunfardo y replicó: 'Me he criado en Villa Luro, entre gente pobre y malevos, y realmente no he tenido tiempo de estudiar esas cosas'" (Borges 1970: 10)[7].

Cualquiera que haya leído a Roberto Arlt puede dar testimonio de que conocía, y muy bien, el léxico lunfardo, al que habitualmente nombraba con un término completamente inapropiado, pero corriente en la época: caló. Al comienzo de su aguafuerte titulada "El furbo", del 17 de agosto de 1928, escribió:

> El autor de estas crónicas, cuando inició sus estudios de filología "lunfarda", fue víctima de varias acusaciones entre las que las más graves le sindicaban como un solemne "macaneador". Sobre todo en la que se refería al origen de la palabra "berretín", que el infrascripto hacía derivar de la palabra italiana "berreto" y de la del "squenún", que desdoblaba de la "squena" o sea de la espalda en dialecto lombardo (Arlt 1981: 67).

Como recuerda Di Tullio, para Arlt "nuestro caló es el producto del italiano aclimatado" (Di Tullio 2009: 581) y en otros artículos ("El origen de algunas palabras de nuestro léxico popular", del 24 de agosto de 1928; "Divertido origen de la palabra 'squenún'", del 7 de julio de 1928; "El Yetatore", del 21 de julio de 1931) se ocupa también del análisis de distintos italianismos, como *squenún*, *fiacún* y *yetatore*.

---

5   Sorrentino, Fernando (1996).
6   Borges, Jorge Luis, "El indigno" (1970: 23-35).
7   Según cuenta Sorrentino, de acuerdo con la versión que Borges le dio, las palabras de Arlt habrían sido la respuesta de este a los hermanos Raúl y Enrique González Tuñón, quienes lo acusaban de ignorar el lunfardo. Consultado Raúl González Tuñón sobre la veracidad de la anécdota, le respondió a Sorrentino: "En primer lugar, ni Enrique ni yo jamás le reprochamos tal cosa a Arlt (¿qué podía importarnos?); en segundo lugar, Arlt era una persona muy tosca, incapaz de contestar con esa sutileza. Esto ha de ser un invento de Borges" (cf. Sorrentino 1996: 53-54).

Otras varias aguafuertes se consagran al análisis de voces lunfardas[8], sin que pasemos por alto que los lunfardismos se cuelan muchísimas veces en los textos periodísticos de Arlt. Más adelante volveré sobre *El juguete rabioso*, pero incluso prescindiendo de ella basta recorrer las páginas de *Los siete locos* y de *Los lanzallamas* para encontrar palabras lunfardas. En la edición conjunta de ambas novelas realizada por Adolfo Prieto[9] aparece un glosario en el que se recogen voces como *atorranta* ('mujer de dudosa moralidad'), *batidor* ('delator'), *canfinflero* ('proxeneta'), *chamuyo* ('conversación'), *escolaso* ('juego por dinero'), *grela* ('mujer'), *lata* ('ficha metálica utilizada en los prostíbulos para llevar la cuenta del trabajo de las pupilas'), *mula* ('engaño'), *rajar* ('huir'), *relojear* ('mirar'), *tira* ('agente de investigaciones'), *yiranta* ('prostituta') y *yugar* ('trabajar'). Por cuenta propia, me atrevo a sumar *cafishio* ('proxeneta'), *esgunfiar* ('fastidiar'), *merza* ('conjunto de personas de baja condición'), *otario* ('tonto'), *paco* ('fajo de dinero'), *ranero* ('pillo') y *turro* ('inepto', 'maligno'). Hay, de hecho, un pasaje memorable de *Los lanzallamas* (*Día viernes*, "Ergueta en Temperley"), donde Ergueta, un personaje embargado de delirio místico, imagina qué les dirá a quienes encuentre en el *cabaret* al que se propone llevar la palabra de Dios:

¿Saben a qué vino Jesús a la tierra? A salvar a los turros, a las grelas, a los chorros, a los fiocas. Él vino porque tuvo lástima de toda esa merza que perdía su alma, entre copetín y copetín. ¿Saben ustedes quién era el profeta Pablo? Un tira, un perro, como son los del Orden Social. Si yo les hablo a ustedes en este idioma ranero es porque me gusta... Me gusta cómo chamuyan los pobres, los humildes, los que yugan. A Jesús también le daban lástima las reas. ¿Quién era Magdalena? Una yiranta. Nada más. ¿Qué importan las palabras? Lo que interesa es el contenido. El alma triste de las palabras, eso es lo que interesa, reos (Arlt 1981: 1, 485).

Vuelvo a Last Reason y a la relación con Arlt: en 1926 Borges los emparentaba lingüísticamente. Pero, una vez instalado Arlt como columnista de *El*

---

[8]   Algunas de las que menciona Daniel Scroggins en *Las aguafuertes porteñas de Roberto Arlt* (1981, Buenos Aires: Ediciones Culturales Argentinas) son "Apuntes filosóficos acerca del hombre que se tira a muerto" (11 de julio de 1928), "El parásito jovial" (27 de septiembre de 1928), "El hombre que vive de la caza y de la pesca" (6 de diciembre de 1928), "La gran manga" (24 de marzo de 1929), "Evolución de la palabra *gil*" (11 de abril de 1929), "El manya oreja" (19 de mayo de 1929), "Del tongo y sus efectos" (21 de mayo de 1929), "Influencia de la lorera en la juventud" (1 de julio de 1929) y "La felpiada" (3 de septiembre de 1929).

[9]   Arlt, Roberto (1986): *Los siete locos* y *Los lanzallamas*. Buenos Aires: Biblioteca Ayacucho/Hyspamérica.

Mundo, a mediados de 1928, comienzan a percibirse los intereses en común. Tanto las notas de Last Reason como las aguafuertes arltianas se ocupan de la descripción de distintos tipos porteños, aunque en el primer caso el universo suele circunscribirse a los *burreros*, es decir, a los aficionados al *turf*, a sus esposas o novias y a los demás personajes que pueden hallarse en los hipódromos. Ambos autores plasman en sus textos cierta cosmovisión común: la mirada sobre la vida que tienen los *reos*, categoría que agrupa a los humildes, a los ociosos, a los juerguistas y a los marginales. Ninguno de los dos es ajeno a la ironía, por supuesto.

Lo que varía es el tono. En sus aguafuertes Arlt dispara pequeños dardos envenenados generando tensión; su entonación crispada, agria cuestiona desde los márgenes el orden social; Last Reason, por su parte, conserva siempre el sentido del humor y escribe de forma más distendida. Mientras que Arlt, desde una óptica expresionista, intenta plasmar las consecuencias negativas de la ciudad moderna (el aislamiento y el anonimato, la alienación y la masificación), el cronista uruguayo busca atenuar el malestar exaltando casi siempre la viveza criolla en un tono humorístico y desdramatizador. Hay otra diferencia más: Last Reason se sirve del habla popular de forma natural; Roberto Arlt, en cambio, muestra una constante preocupación por el lenguaje. Como dice Borré, "se interesa por las palabras como objetos y deduce o rastrea etimologías populares, inserta vocablos del lunfardo, palabras de origen italiano y hace referencia a expresiones locales o particularidades del lenguaje rioplatense" (Borré 1999: 135).

En tanto se acepta como evidente que en la producción literaria de Arlt hubo una influencia de la tradición realista de la novela europea, no pueden hallarse filiaciones ni descendencias dentro de la literatura argentina. En los últimos años, sin embargo, críticos como Josefina Ludmer o Juan Terranova han insistido en la figura de Juan José de Soiza Reilly como precursor de Arlt[10]. Sin duda, De Soiza Reilly ejerció su influencia en el joven Arlt: él fue quien logró que en 1918 Arlt publicase su primer cuento en la *Revista Popular*, luego le habría prologado la *nouvelle* perdida *Diario de un morfinómano* (editada en 1920 en la revista *La novela cordobesa*) y es mencionado no solo en el ensayo ficcional *Las ciencias ocultas en la ciudad de Buenos Aires* (1920), sino también en *El juguete rabioso*.

---

[10]   Cf. Ludmer, Josefina (1999): *El cuerpo del delito. Un manual*. Buenos Aires: Perfil; y Terranova, Juan (2006): "El escritor perdido", en: *El Interpretador* 28, septiembre; <http://www.elinterpretador.net/28JuanTerranova-ElEscritorPerdido.html> (2 de diciembre de 2010).

Todo esto es evidente. Menos estudiado es cómo y en qué medida Last Reason ha sido, en el plano lingüístico, un modelo para Arlt. A modo de ejemplo, cito unas líneas de la columna "De cómo hice rodar al célebre Tagore" para que se advierta el estilo:

> Me rechiflé y le chamuyé a la gurda.
> —Gran bacán del soprálito larguía que la vas de contursi altisonante...
> —Prosa, prosa, hijo mío; me revienta el sover.
> —Y bueno, te lo bato en prosa. Viejo Tagore, filósofo, poeta, viajero distingui-do, salud. Mi programa filosófico es simple, claro y prepotente. Vivo sin dolores, juego con la vida que a vos te resulta cosa seria; me meto en un tonel pero no para esconderme sino para escabiarlo; cacho la linterna e ilumino la pista para dar con el ganador de la primera. Diógenes buscaba un hombre ¡otario!, yo busco a una mujer, y si la encuentro, muerdo si me dejan, y sigo viaje[11] (Last Reason 2006: 171).

El final de la crónica es desopilante: con un Tagore poseso, dando cortos saltitos sentado en una silla como si fuese un *jockey*. Bastan las líneas citadas para advertir que la combinación de un lenguaje formal con el lunfardo y el lenguaje de barrio le confiere al texto cierto valor paródico y lo carga de ironía. A través de un código común, se busca la complicidad con el lector y, al mismo tiempo, se muestra que es posible hacerle frente a cualquiera —aun a un filóso-fo de fama mundial— con estas armas propias del *reaje*.

En más de una ocasión Arlt manifestó su admiración por Last Reason. Así en la aguafuerte titulado "La crónica n° 231", del 31 de diciembre de 1928, escribió:

> Escribo en un "idioma" que no es propiamente el castellano, sino el porteño. Sigo una tradición: Fray Mocho, Félix Lima, Last Reason... Y es acaso por exaltar el habla del pueblo, ágil, pintoresca y variable, que interesa a todas las sensibilidades. Este léxico, que yo llamo idioma, primará en nuestra literatura a pesar de la indigna-ción de los puristas, a quienes no leen [*sic*] ni leerá nadie (Arlt 1998b: 369).

Con estas contundentes palabras Arlt deja en claro dos cosas: 1) que se re-conoce dentro de la tradición costumbrista, iniciada en el periodismo argentino

---

[11] Ofrezco un pequeño glosario de vocablos y expresiones lunfardos. *Rechiflarse* ('enojarse'); *chamuyar* ('hablar'); *a la gurda* ('de modo excelente'); *bacán* ('señor'); *soprálito* (deformación del italianismo *soprabito*, 'abrigo'); *larguía* ('largo'); *contursi* ('poeta', por Pascual Contursi, autor de *Mi noche triste*, el primer tango canción); *re-ventar* ('molestar'); *sover* (forma vésrica de *verso*); *batir* ('decir'); *escabiar* ('beber'); *cachar* ('tomar con las manos'); *la primera* ('la primera carrera de una reunión turfís-tica'); *otario* ('tonto').

a fines del siglo XIX y cuyo mayor referente era en aquel momento Last Reason y 2) que considera al "porteño" un "léxico", aun cuando lo denomina "idioma". Estas intuiciones de Arlt son asombrosas. Recién en la segunda mitad del siglo XX, los lunfardólogos José Gobello y Mario Teruggi demostraron que el lunfardo no fue ni es solamente una jerga de la delincuencia, sino un vocabulario popular[12].

El 3 de septiembre de 1929, en "¿Cómo quieren que les escriba?" Arlt responde a las críticas que el español Américo Castro, primer director del Instituto de Filología Hispánica en la Facultad de Filosofía y Letras de la Universidad de Buenos Aires, en 1923 había formulado contra el habla rioplatense:

> Vez pasada, en *El Sol* de Madrid apareció un artículo de Castro hablando de nuestro idioma para condenarlo. Citaba a Last Reason, lo mejor de nuestros escritores populares, y se planteaba el problema de a dónde iríamos a parar con este castellano alterado por frases que derivan de todos los dialectos. ¿A dónde iremos a parar? Pues a la formación de un idioma sonoro, flexible, flamante, comprensible para todos, vivo, nervioso, coloreado por matices extraños y que sustituirá a un rígido idioma que no corresponde a nuestra psicología (Arlt 1998a: 371-372).

El respeto por Last Reason se ve reflejado en la frase "lo mejor de nuestros escritores populares". Unos meses después, el 17 de enero de 1930, repite la nómina de sus modelos en "El idioma de los argentinos": "Last Reason, Félix Lima, Fray Mocho y otros, han influido mucho más sobre nuestro idioma, que todos los macaneos filológicos y gramaticales [...]" (Arlt 1981: 2, 155). El orden cronológico de "La crónica n.º 231" ha sido invertido y, en razón de ello, Last Reason aparece ahora en el primer lugar de la nómina.

El lenguaje —y puntualmente el uso del lunfardo— es en Arlt y en Last Reason una señal de clase, una forma de posicionarse en sus roles. Pero Last Reason, al igual que de Soiza Reilly, no tenía un complejo de inferioridad. Ninguno de los dos se sentía excluido de la élite intelectual. Como lo ha demostrado Sarlo, Arlt sí. Además del uso del lunfardo, otros dos elementos constituyen en su obra la marca del escritor pobre: la exhibición de saberes técnicos, que para esta estudiosa son "los saberes del pobre, de los excluidos de la cultura de elite" (Sarlo 2007: 235), y la hipérbole, por medio de la cual repara el bache de quien "duda de su legitimidad simbólica" y se propone siempre "decir más, para que por lo menos algo de lo dicho sea escuchado" (Sarlo 2007: 230).

---

[12]   Cf. Gobello, José (1963): *Vieja y nueva lunfardía*. Buenos Aires: Freeland; Gobello, José (1996): *Aproximación al lunfardo*. Buenos Aires: EDUCA; y Teruggi, Mario (1974): *Panorama del lunfardo*. Buenos Aires: Cabargón.

La claridad de Arlt con relación al valor del lunfardo se manifiesta también en este par de párrafos incluidos en "¿Cómo quieren que les escriba?", presunta respuesta a una carta enviada por un lector:

> Y yo tengo esta debilidad: la de creer que el idioma de nuestras calles, el idioma en que conversamos usted y yo en el café, en la oficina, en nuestro trato íntimo, es el verdadero. ¿Que yo hablando de cosas elevadas no debía emplear estos términos? ¿Y por qué no, compañero? Si yo no soy ningún académico. Yo soy un hombre de la calle, de barrio, como usted y como tantos que andan por ahí. Usted me escribe: "no rebaje más sus artículos hasta el cieno de la calle". ¡Por favor! Yo he andado un poco por la calle, por estas calles de Buenos Aires, y las quiero mucho, y le juro que no creo que nadie pueda rebajarse ni rebajar al idioma usando el lenguaje de la calle, sino que me dirijo a los que andan por esas mismas calles y lo hago con agrado, con satisfacción.
>
> [...]
>
> Créanme. Ningún escritor sincero puede deshonrarse ni se rebaja por tratar temas populares y con el léxico del pueblo. Lo que es hoy caló, mañana se convierte en idioma oficializado (Arlt 1998a, 371-373).

Un tema que ha generado discusiones interminables es el entrecomillado de los lunfardismos no solo en las aguafuertes, sino también en las novelas. Hay quienes, como David Viñas en su libro *De Sarmiento a Cortázar*, critican esta práctica; hay otros que, como Raúl Larra en *Roberto Arlt. El torturado*, piensan que "ese detalle habrá corrido por cuenta del editor o del diario *El Mundo* y no de Arlt" (Ulla 1990: 67).

Equivocadamente Piglia, en un legendario artículo de 1973, parece creer que únicamente Arlt entrecomillaba los lunfardismos. Así escribe:

> No es casual, que en esta apropiación degradada, las palabras lunfardas se citen entre comillas: idioma del delito, debe ser señalado al ingresar en la literatura. En este sentido, Arlt actúa, incluso, como un "traductor" y las notas al pie explicando que "jetra" quiere decir "traje", o "yuta", "policía secreta", son el signo de una cierta posesión. [...] Ese es el único lenguaje cuya propiedad él puede acreditar (Piglia 1973: 27).

La conclusión no es descabellada, pero no se sigue de las premisas. Por cierto, esta práctica, aunque discontinua, era bastante corriente en esos años. Este entrecomillado de los términos lunfardos aparece tanto en novelas de autores reconocidos —por ejemplo, *Historia de arrabal* (1922), de Manuel Gálvez— como en distintos escritores populares: los poetas Dante A. Linyera y Carlos de la Púa, el letrista de tango Enrique Santos Discépolo y los prosistas Félix Lima y Luis C. Villamayor, por citar unos pocos.

La explicación es sencilla: cada autor quiere dejar en claro que él *sabe* que aquello que está poniendo entre comillas pertenece a otro registro, a otro nivel de lengua. Por eso no puedo acordar con Di Tullio cuando sostiene que los lunfardismos entrecomillados en Arlt "marcan un extrañamiento" (Di Tullio 2009: 593). En la misma línea va Ulla, cuando afirma que en opinión de Noé Jitrik "hubo en Arlt una voluntad de exhibir esas palabras por medio de comillas, como si fueran un cartel" (Ulla 1990: 89-90). No hay nada de eso, a mi juicio, pues se trata de una práctica generalizada en el periodismo y la literatura de la época: no solo se ponían entre comillas las palabras lunfardas, sino cualquier término o locución en lengua extranjera, registro coloquial o de connotaciones irónicas.

Pero hay algo peor que la discusión por el entrecomillado: como lo han notado ya Ulla (1990: 87) y Sorrentino (1996: 54), los lunfardismos en Arlt *no siempre* están entrecomillados. Esta evidencia hace que Sorrentino tilde a nuestro autor de "extranjero lingüístico", alguien

> que no podía percibir el "sabor" y la "temperatura" de ciertas palabras usuales, que él, al parecer, tomaba por "incorrectas", según indica el hecho de que las colocase —aunque no sistemáticamente— entre comillas; por ejemplo, entrecomilla *shofica* [rufián], *chorro* [ladrón], *cana* [policía], etc., pero no *amuré, bagayito, junado,* etc. (Sorrentino 1996: 54).

Haré un rápido reconocimiento sobre el texto de la primera edición de *El juguete rabioso* (Editorial Latina). No son solo lunfardismos los vocablos entrecomillados. En esta novela el mismo tratamiento reciben los xenismos: el anglicismo *trolley* ('trolebús'), los galicismos *couplet* ('cuplé') y *surmenage* ('agotamiento'), los italianismos *bagazza* (por confusión del autor con *bagascia*, 'mujer de mala vida') y *strunsso* ('excremento').

Al comienzo del capítulo primero Arlt pone también entre comillas la palabra *entregas*, que da cuenta de los libros que el zapatero andaluz le alquila periódicamente a Silvio Astier. Asimismo se entrecomilla la variante *reló* (por *reloj*) y dos líneas más arriba, la construcción nominal *la caja*, que en español estándar significa, igual que en el Río de la Plata, 'espacio destinado a guardar el dinero en un comercio'. Igualmente en el capítulo primero, cuando se habla de las piezas de artillería fabricadas caseramente por Astier, el personaje narra:

> A ciertos peones de una compañía de electricidad les compré un tubo de hierro y varias libras de plomo. Con esos elementos fabriqué lo que yo llamaba una culebrina o "bombarda".

Tratándose de dos voces españolas, podríamos preguntarnos por qué *culebrina* no está entrecomillada y sí lo está *bombarda*. Evidentemente no hay un criterio coherente.

Adentrándonos ya en el terreno del lunfardo, en el capítulo primero el lunfardismo *leonera* ('cárcel') aparece primero sin comillas y unas pocas páginas más adelante, entre comillas. Presento ahora un pequeño listado de casos en los cuales los lunfardismos aparecen entre comillas:

> no se me rompa el "jetra" (p. 27); la "yuta" tiene olfato (p. 27); Y si me encuentra un "cana"? (p. 36); siendo "macró" de afición (p. 142); ¿No es cierto, che, Rubio, que tengo pinta de "chorro"? (p. 144); El gallego era un "gil" (p. 145); ¡Si eran unos "grelunes"! (p. 145); En cuanto te "retobabas", te fajaban (p. 145); le dieron con la "goma" (p. 146); plata que no se gasta se "escolaza" (p. 146); "minga" de alegrías, "minga" de fiestas (p. 153); Esto "esgunfia" ya (p. 153); la "cana" "cacha" a los que están prontuariados (p. 154); y nos mandan al "muere" (p. 154).

Ahora hago lo mismo con pasajes de la novela donde los lunfardismos (que resalto en bastardilla) no están entrecomillados:

> *rajemos*, la *cana* (p. 15); *se nos viene al humo* (p. 42); Che, y el *curdelón* ese? (p. 43); lo *amuré* al turco Salomón (p. 143); un *bagayito* de nada (p. 143); un *mango*, le digo (p. 143); y el *matungo* sudado que daba miedo (p. 143); Y Su Majestad me *mandó al brodo* (p. 143); el otro cayó *seco* y Arévalo *rajó* (p. 146); Vení, Rubio, ¿vamos a *requechar*? (p. 146); Vení, Rubio, no seas *otario* (p. 146).

Mucho se insiste en el papel que Ricardo Güiraldes pudo haber desempeñado en la corrección de esta novela. Lo cierto es que ni él ni la editorial han tenido la preocupación o la posibilidad de unificar los criterios. Eso nos deja una sola respuesta posible: el joven Arlt es el responsable único del entrecomillado de los lunfardismos y, en la incoherencia señalada por Sorrentino, es decir, en la cantidad de voces lunfardas no entrecomilladas revela —además de cierta despreocupación— sus dificultades para determinar, como lo hacen otros autores, cuándo un vocablo o una locución corresponden al habla general o al lunfardo.

Ya señalé que la mayor parte de los autores de la época entrecomillaban por lo general los lunfardismos. Un caso especialmente llamativo es el de la novelita *La muerte del pibe Oscar (célebre escrushiante)*, de Luis C. Villamayor, porque los lunfardismos son tantos que el texto ha sido considerado por los principales estudiosos del lunfardo como la primera novela lunfardesca de la historia. Aunque publicada por entregas en la revista *Sherlock Holmes* alrededor de 1913, su versión completa se editó presumiblemente en 1926, el mismo año en que se conoció *El juguete rabioso*. Villamayor entrecomilla minuciosamente las palabras y expresiones lunfardas a lo largo de sus 143 páginas.

En opinión de Sylvia Saítta, por ser *El Mundo* un diario dirigido a la clase media Arlt fue cuestionado más de una vez por la dirección. Las líneas que siguen, que corresponden a la aguafuerte "¿Soy fotogénico?", del 7 de agosto de 1928, parecen confirmarlo:

> Mi director me ha pedido que no emplee la palabra "berretín" porque el diario va a las familias y la palabra "berretín" puede sonarles mal, pero yo pido respetuosamente licencia a las señoras familias para usar hoy esta dulce y meliflua palabra "berretín". ¿Por qué? Pues porque es la única frase que puede definir la manía de cierto escalafón de vagos. Tienen el berretín de ser fotogénicos. ¡Hágame el favor! Es lo único que nos faltaba. Ser fotogénico (reproducido en Borge 2005: 198).

Desde los primeros meses, el autor de las aguafuertes se empeña en "demostrar la productividad narrativa del uso de un lenguaje popular" (Saítta 2000: 60). Lo que no me parece tan claro es que Arlt, como sostiene Saítta, utilice el lunfardo, más que ocasionalmente, "como broma dirigida a la seriedad del periódico, tornando su uso en desafío y medición de fuerzas" (Saítta 2000: 61).

Roberto Arlt no solamente conocía y usaba muy bien el lunfardo, sino también lo defendía como un modo de expresión legítimo. En el ya citado aguafuerte "El idioma de los argentinos" —que remeda el nombre del libro de Borges de 1928, aunque como aquél alude más bien al habla de Buenos Aires— el blanco es el gramático catalán Ricardo Monner Sans. Los siguientes párrafos iniciales pueden dar una idea del tono:

> El señor Monner Sans, en una entrevista concedida a un repórter de El Mercurio, de Chile, nos alacranea de la siguiente forma:
> "En mi patria se nota una curiosa evolución. Allí, hoy nadie defiende a la Academia ni a su gramática. El idioma en la Argentina atraviesa por momentos críticos… La moda del "gauchesco" pasó, pero ahora se cierne otra amenaza, está en formación el "lunfardo", léxico de origen espurio, que se ha introducido en muchas capas sociales, pero que sólo ha encontrado cultivadores en los barrios excéntricos de la capital argentina. Felizmente, se realiza una eficaz obra depuradora, en la que se hallan empeñados altos valores intelectuales argentinos".
> ¿Quiere usted dejarse de macanear? ¡Cómo son ustedes los gramáticos! Cuando yo he llegado al final de su reportaje, es decir, a esta frasecita: "Felizmente se realiza una obra depuradora en la que se hallan empeñados altos valores intelectuales argentinos", me he echado a reír de buenísima gana, porque me acordé de que a esos "valores" ni la familia los lee, tan aburridores son (Arlt 1981: 2, 153).

Arlt completa su crítica "antigramatical" con una gráfica y espontánea respuesta:

> Cuando un malandrín le va a dar una puñalada en el pecho a un consocio, le dice: "te voy a dar un puntazo en la persiana", es mucho más elocuente que si dijera: "voy a ubicar mi daga en su esternón". Cuando un maleante exclama, al ver entrar a una pandilla de pesquisas: "¡los relojié de abanico!" es mucho más gráfico que si dijera: "al socaire examiné a los corchetes" (Arlt 1981: 2, 155).

En estos párrafos se evidencia la inquietud de los puristas ante la difusión de decenas de lunfardismos. Para Monner Sans, el lunfardo ya se había "introducido en muchas capas sociales" y era un peligro que debía ser conjurado. Para Arlt, el uso del lunfardo constituía un modo de diferenciarse, de individualizarse entre los escritores reconocidos por la elite cultural.

La recurrencia al habla popular en las novelas de Arlt es un recurso decisivo para la verosimilitud de sus personajes y lo ayuda a encontrar una posición única, "un lugar de enunciación, una entonación, dentro de la literatura argentina" (Saítta 2000: 62). Con la preocupación reflejada en las aguafuertes, en muchas de las cuales "Arlt ordena, clasifica, registra y organiza la caótica proliferación de términos coloquiales" (Saítta 2000: 62), da cuenta de su vocación por elevar el lenguaje de la calle a la categoría de idioma nacional. Esta doble operación lo consolida entre el público lector del diario *El Mundo* y al mismo tiempo lo recorta como una figura única dentro del campo literario argentino.

Bibliografía

Arlt, Roberto (1981): *Obra completa* (2 tomos). Buenos Aires: Ediciones Omeba.
— (1998a): "¿Cómo quieren que les escriba?", en: *Aguafuertes. Obras completas*, tomo 2, edición y prólogo de David Viñas. Buenos Aires: Losada, 371-373.
— (1998b): "La crónica n.º 231", en: *Aguafuertes. Obras completas*, tomo 2, edición y prólogo de David Viñas. Buenos Aires: Losada, 369-370.
Borge, Jason (2005): *Avances de Hollywood. Crítica cinematográfica en Latinoamérica*, 1915-1945. Rosario: Beatriz Viterbo.
Borges, Jorge Luis (1970): *El informe de Brodie*. Buenos Aires: Emecé.
— (1993 [1926]): "Invectiva contra el arrabalero", en: *El tamaño de mi esperanza*. Buenos Aires: Seix Barral, 121-126.

BORRÉ, Omar (1999): *Roberto Arlt. Su vida y su obra*. Buenos Aires: Planeta.

DI TULLIO, Ángela (2009): "Meridianos, polémicas e instituciones: el lugar del idioma", en: Manzoni, Celina (dir. del vol.): *Rupturas*, vol. 7 de Jitrik, Noé (dir.). *Historia crítica de la literatura argentina*. Buenos Aires: Emecé, 569-596.

PIGLIA, Ricardo (1973): "Roberto Arlt: una crítica de la economía literaria", en: *Los libros* 29, 22-27.

— (1988 [1980]): *Respiración artificial*. Buenos Aires: Sudamericana.

SAÍTTA, Sylvia (2000): *El escritor en el bosque de ladrillos. Una biografía de Roberto Arlt*. Buenos Aires: Sudamericana.

SARLO, Beatriz (2007): *Escritos sobre literatura argentina*. Buenos Aires: Siglo XXI.

SORRENTINO, Fernando (1996): "Borges y Arlt: las paralelas que se tocan", en: *Proa* 25, Buenos Aires, septiembre-octubre, 47-55; <http://www.ucm.es/info/especulo/numero11/arlt_bor.html> (2 de diciembre de 2010).

ULLA, Noemí (1990): *Identidad rioplatense, 1930. La escritura coloquial (Borges, Arlt, Hernández, Onetti)*. Buenos Aires: Torres Agüero Editor.

Las funciones del lunfardo en *Aguafuertes porteñas,* de Roberto Arlt

Jaqueline Balint-Zanchetta

Resumen

En este trabajo centraremos nuestra atención en el problema de las funciones que desempeña el lunfardo en las *Aguafuertes porteñas.* Para ello, tomaremos el término "función" en un sentido amplio. Teniendo en cuenta que las *Aguafuertes porteñas,* de Roberto Arlt, pertenecen a una modalidad de escritura cuyo marco estilístico oscila entre la labor periodística y el quehacer literario, nos interesará, en este espacio, averiguar de qué manera se inserta el lunfardo, vocabulario popular de origen híbrido, dentro de un género igualmente sincrético y qué tipo de motivaciones anima el empleo, a veces discreto y otras exuberante, de las voces lunfardas en estas crónicas urbanas. Asimismo, examinaremos cómo intervienen los lunfardismos en las diversas estrategias estilísticas y comunicativas que animan el discurso del autor, sin olvidar atender a los efectos producidos por este tipo de manipulaciones en el lector.

Introducción

El lunfardo es un léxico inherente a la cultura popular porteña cuyas voces, de procedencia multilingüística, conciernen a diferentes planos de la cultura y de la subcultura urbanas, de la literatura y de la llamada paraliteratura. Si bien las crónicas de Roberto Arlt han podido ser catalogadas dentro de esta u otras categorías más o menos marginales[1], también es cierto que, por estar sometidas a

---

[1]   Para Cortázar, las aguafuertes de Roberto Arlt quedan relegadas al terreno de lo folletinesco (Cortázar 1994: 257).

juicios de valor propios de cada época, dichas etiquetas genéricas son particularmente móviles[2]. Por ello, no es raro que los críticos terminen abriendo las
puertas de la literatura a los textos que años antes estaban fuera o al margen de
ella, como tampoco es extraño que, en cuestiones de lenguaje, ciertos términos
considerados lunfardos o marginales (muchos de ellos empleados por Arlt) es-
calen posiciones en la estratificación lingüística y constituyan, con el tiempo, la
norma estándar del español rioplatense[3].

En este trabajo centraremos nuestra atención en el problema de las funciones que desempeña el lunfardo en las *Aguafuertes porteñas*. Para ello, tomaremos el término "función", en un sentido amplio, como "cada uno de los usos
del lenguaje para representar la realidad, expresar los sentimientos del hablante,
incitar la actuación del oyente o referirse metalingüísticamente a sí mismo"[4].
Dicho concepto, atribuido a los diferentes tipos de empleos de la lengua a fines
estéticos y comunicativos, será matizado o tomado en un sentido más estricto a
medida que vayamos profundizando la reflexión. Para ello, no podremos dejar
de prescindir de algunos principios teóricos aportados por una larga tradición
lingüística, iniciada por los fundadores del Círculo de Praga, continuada por
los estructuralistas y otros semiólogos contemporáneos.

Nuestro propósito no apunta ni a la selección ni a la explicación etimológi-
ca o semántica de los lunfardismos empleados por Roberto Arlt, sino que se limita a indagar el papel que desempeña el lunfardo en las crónicas artlianas. Teniendo en cuenta que las *Aguafuertes porteñas*, de Roberto Arlt, pertenecen a
una modalidad de escritura cuyo marco estilístico oscila entre la labor periodística y el quehacer literario, nos interesará, en este espacio, averiguar de qué manera se inserta el lunfardo, vocabulario popular de origen híbrido, dentro de un
género igualmente sincrético y qué tipo de motivaciones anima el empleo, a veces discreto y otras exuberante, de las voces lunfardas en estas crónicas urbanas.
Asimismo, examinaremos cómo intervienen los lunfardismos en las diversas
estrategias estilísticas y comunicativas que animan el discurso del autor, sin olvidar de atender a los efectos producidos por este tipo de manipulaciones en el
lector.

---

[2] Tengamos también en cuenta que el carácter institucional de los géneros literarios
    depende tanto de los mecanismos de recepción como de la creación de una obra (To-
    dorov 1987: 34).
[3] Teruggi 1978: 19.
[4] Duodécima acepción de la palabra "función" del *Diccionario de la lengua española*
    (2001).

La aguafuerte, una técnica literaria

Comparado con la escritura, el grabado al aguafuerte suele presentarse, con razón, como una metáfora destinada a representar un estilo de crónica periodística particular, cultivado por Roberto Arlt en el diario *El Mundo* a partir de 1928 y hasta 1933[5]. Sabido es que la técnica gráfica del aguafuerte consiste en grabar con una punta seca la capa de barniz con la que se ha recubierto una plancha metálica. El proceso culmina al ser introducida esta última en un baño de ácido nítrico cuya acción corrosiva atacará los espacios trazados por la punta del estilete. La técnica de escritura empleada en las *Aguafuertes porteñas*, de Roberto Arlt, también es producto del manejo preciso, a veces corrosivo e irónico, de la palabra.

Tradicionalmente, el proceso de grabado iconográfico, surgido en el siglo xv, ha tenido por vocación representar temas cotidianos, costumbristas, paisajes, retratos y acontecimientos políticos, tratados, por lo general, de una manera perspicaz con una intención crítica aguda y hasta a veces caricatural, de ahí su originalidad. Uno de los ejemplos más característicos del manejo de este procedimiento se manifiesta en las aguafuertes de Francisco Goya, quien las utilizó no ya para los encargos de retratos de la corte española, sino para denunciar —en sus series *Los caprichos*, *Los desastres de la guerra* y otras obras— la hipocresía de la sociedad hispánica en la que le tocó vivir[6].

La referencia a Goya no es aquí ni descabellada ni anecdótica; en la aguafuerte "El placer de vagabundear", el propio Arlt alude al expresionismo del artista incluyéndolo en la categoría de los vagabundos que "se regocijan ante la diversidad de los tipos humanos" encontrados en las calles:

> Los extraordinarios encuentros de la calle. Las cosas que se ven. Las palabras que se escuchan. Las tragedias que se llegan a conocer. Y de pronto, la calle, la calle lisa […] se convierte en un escaparate, mejor dicho, en un escenario grotesco y espantoso donde, como en los cartones de Goya, los endemoniados, los ahorcados, los embrujados, los enloquecidos, danzan su zarabanda infernal.
>
> Porque, en realidad, ¿Qué fue Goya, sino un pintor de las calles de España? Goya, como pintor de tres aristócratas zampatortas, no interesa. Pero Goya, como animador de la canalla de Moncloa, de las brujas de Sierra Divieso, de los bigardos monstruosos, es un genio. Y un genio que da miedo.
>
> Y todo eso lo vio vagabundeando por las calles[7].

---

[5]   García Castro, Antonia: "Introducción" a la traducción francesa de *Aguafuertes porteñas* (Arlt, Roberto 2010: 9-10).

[6]   Helman 1986: 10-13.

[7]   Arlt 1976: 93.

Por lo que se refiere a la observación de los tipos humanos, Goya es considerado por Arlt como un modelo de genio estético e ideológico. Así como el pintor plasmó lo que veía en las calles de España, vagabundeando, Arlt hará lo mismo en sus propias aguafuertes literarias: adoptará la costumbre de merodear observando y, sobre todo, escuchando el habla de la calle como también lo habían hecho otros escritores admirados por Arlt:

> ¡Cuándo aparecerá el Charles Louis Philippe que describa nuestro arrabal tal cual es! ¡Cuándo aparecerá el Quevedo de nuestras costumbres, el Mateo Alemán de nuestra picardía, el Hurtado de Mendoza de nuestra vagancia![8]

Inspirada por el grabado, la estética expresionista de Arlt apunta a crear contrastes, acentuar las líneas, establecer una tensión particular entre la representación narrativa y los procedimientos estilísticos. Dentro de estos últimos el empleo del lunfardo, las expresiones populares, los neologismos y otras curiosidades del lenguaje constituirán un recurso recurrente destinado, unas veces, a plasmar paisajes urbanos minimalistas (como en "Molinos de viento en flores", "Amor en el parque Rivadavia", "Grúas abandonadas en la Isla Maciel", "El espíritu de la calle corrientes no cambiará con el ensanche", etc.) y, otras, las más frecuentes, a escudriñar las costumbres y las singularidades de los porteños, pues para Arlt "El tipo porteño existe, y con características que quizá varíen mucho de las de los hombres de otros países"[9]. Esta certidumbre se manifiesta en los múltiples retratos dedicados a describir los diferentes tipos humanos de Buenos Aires: "El hombre de la camiseta calada (y la planchadora)", "Filosofía del hombre que necesita ladrillos", "El bizco enamorado", "La muchacha del atado", "El siniestro mirón", "La tragedia de un hombre honrado", "El hombre que 'tira a muerto'", "El esquenún" y otros muchos.

Publicadas en la llamada década infame, la vocación escrutadora de las *Aguafuertes porteñas* encuentra numerosos temas de inspiración en una actualidad impregnada de crisis sucesivas —políticas, económicas y sociales— cuya proyección metafórica e ideológica se manifiesta, asimismo, en otros géneros populares como el tango, en boga durante los años 30. Aparte de las conocidas letras de Discépolo[10] es oportuno citar aquí el tango de Juan Carlos Marambio

---

[8] *Ibid.:* 18.
[9] *Ibid.:* 173.
[10] Roland Spiller ilustra la relación entre algunos aspectos de la obra de Arlt y el tango "Cambalache" (Spiller 2001: 62-63).

Catán intitulado, precisamente, *Acquaforte*[11]. En este texto el autor expone, de manera incisiva, —también, en parte, gracias al empleo del lunfardo— los excesos de los juerguistas burgueses, dados al lujo y a la concupiscencia del *cabaret* cuya caracterización contrasta con la miseria espiritual de las pobres *milongas* y la miseria social del obrero:

> Un viejo verde que gasta su dinero
> emborrachando a Lulú con el champán
> hoy le negó el aumento a un pobre obrero
> que le pidió un pedazo más de pan.
>
> Y pienso en la vida:
> las madres que sufren,
> los hijos que vagan
> sin techo ni pan,
> vendiendo "La Prensa",
> ganando dos guitas...
> ¡Qué triste es todo esto!
> ¡Quisiera llorar! [...].

Tanto el tango como las crónicas de Arlt desvelan, desde la concepción del título *Acquaforte* y *Aguafuerte*, una intención cuya estrategia comunicativa incluye un planteamiento ideológico de corte claramente socioanarquista.

El lunfardo bajo el signo de la oposición

En las crónicas "La muchacha del atado"[12] y "¿Quiere ser usted diputado?"[13] la utilización del lunfardo constituye uno de los recursos privilegiados de la crítica social; no solo por ser este un vocabulario de extracción popular o proletaria, sino, sobre todo, por representar, simbólicamente, la oposición a la norma en diversos ámbitos: políticos, sociales, literarios y lingüísticos. Esta rebeldía verbal se alza contra una ideología y una estética percibidas, por Arlt, como el producto de la cla-

---

[11] Este tango, según lo consigna E. Romano, fue compuesto en 1931 y "está inspirado en el cabaret Excelsior, de Milán, adonde Catán y Pettrossi concurrieron una noche. Gobernaba entonces en Italia don Benito Mussolini y hubo cierto resquemor en estrenar una letra algo anarquista, pero al fin lo hizo el tenor llamado Gino Franci" (Romano 1991: 225).

[12] Arlt 1976: 47.

[13] *Ibid.*: 176.

se burguesa dominante cuyas características son puestas de manifiesto en "El idioma de los argentinos". En esta crónica, Arlt acomete contra los pretendidos valores del "purísimo castellano" encarnados por los "señores de cuello palomita, voz gruesa, que esgrimen la gramática como un bastón"[14] y, en particular, contra las declaraciones de Monner Sans, quien afirmaba: "El idioma en Argentina atraviesa momentos críticos, la moda del gauchesco pasó; pero ahora se cierne otra amenaza, está en formación el lunfardo [...]"[15]. La respuesta de Arlt a la "obra depuradora" emprendida por el gramático y otros intelectuales contra el "amenazador" lunfardo es elaborada a favor de este último, precisamente con voces lunfadas:

> ¿Quiere usted dejarse de macanear[16]? ¡Cómo son ustedes los gramáticos! Cuando yo he llegado al final de su reportaje, es decir, a esa frasecita: "Felizmente se realiza una obra depuradora en la que se hallan empeñados altos valores intelectuales argentinos", me he echado a reír de buenísima gana, porque me acordé que a esos "valores" ni la familia los lee, tan aburridores son (...) esos caballeros forman una colección pavorosa de "engrupidos"[17] —¿me permite la palabreja?—...[18].

Los enfrentamientos maniqueos de la gramática y la academia contra el *gauchesco* primero —aunque este, ya estuviera fuera de moda y para Monner Sans no representara ningún peligro— y el lunfardo después, son más retóricos que reales. El antagonismo entre el lunfardo y la gramática no tiene fundamento lingüístico alguno ya que este afecta sobre todo al nivel léxico de la lengua e interviene poco o nada en su estructura; por el contrario, su existencia, así como la de otros argots, es de carácter parasitario por lo que depende de la gramática de la lengua que lo alberga[19]. El lunfardo, entonces, ha sido y sigue siendo tributario del sistema morfológico, sintáctico y fonológico de la lengua española[20].

---

[14]   En "el idioma de los argentinos", Arlt (1976: 142) reacciona contra las ideas de Monner Sans expresadas en *El Mercurio* de Chile y, anteriormente, en "El castellano en la Argentina" (Monner Sans 1917: 1-16). Este opúsculo también es una exaltada y grandilocuente defensa, por parte del gramático, de la pureza de la lengua española cuyo modelo es el castellano del Siglo de Oro.

[15]   Arlt 1976: 141.

[16]   *Macanear*: 'exagerar, decir mentiras o desatinos'. Esta palabra suele integrarse en los diccionarios de lunfardo (Gobello1991; Conde 2010). Se utiliza también con muy diversos significados, en muchos otros países latinoamericanos. La acepción que acabamos de mencionar, consignada en quinto lugar en el *Diccionario de la lengua española* (Real Academia Española 2001), se emplea actualmente en Chile, Bolivia, Paraguay y Uruguay.

[17]   *Engrupido*: 'engreído, envanecido' (Gobello 1991; Conde 2010).

[18]   Arlt 1976: 141-142. El entrecomillado es del autor o del editor.

[19]   Calvet 1994: 72-74.

[20]   Teruggi 1978: 30-31.

Convenimos, por lo tanto, que, para Arlt, la defensa del lunfardo —principalmente de orden simbólico, ideológico y estético— se contrapone a una cierta concepción elitista de la cultura cuyos valores burgueses fueron férreamente combatidos por el autor. Cuando Arlt le pregunta a Monner Sans "¿Quiere usted dejarse de macanear?" o trata de "engrupidos" a los gramáticos, su propósito es manifestar la oposición a la norma por medio del efecto enfático que le proporcionan los lunfardismos y, además, solicitar la adhesión del receptor, quien tiende a identificarse con los argumentos del narrador. Este es, precisamente, uno de los rasgos distintivos de todos los argots y, en especial, del argentino; así lo advierte Gobello cuando define al lunfardo como "todo término, cualquiera fuere su origen, que el hablante de Buenos Aires utilice en oposición a los que le propone la lengua maternal"[21].

Sin embargo, no todo es oposición en las *Aguafuertes porteñas*; si bien el cometido de muchas de ellas es atacar el barniz de la sociedad haciendo una crítica cáustica de la misma, tanto la variedad temática como la intención de dichas crónicas ofrecen una extendida paleta de posibilidades. Por otra parte, en el marco del acuerdo tácito entre el autor y el lector —u oyente— de obras lunfardescas es necesario tener en cuenta ciertos aspectos del contrato de lectura. Entre ellos citaremos las expectativas producidas por un sistema particular de referencias culturales[22]. Dicho de otro modo, el receptor de obras lunfardescas, en general, y de las *Aguafuertes porteñas*, en particular, no solo espera leer ciertos temas relacionados con la crítica social, los tipos humanos, las costumbres porteñas, las relaciones amorosas, los problemas urbanos, sino que, además, confía en que el autor de dichas crónicas adoptará los tonos adecuados: contestatario, irónico, jocoso, lúdico, sin olvidar el poético, ya que para Arlt el lunfardo es también una "fabla gentil y armoniosa como el canto de una sirena"[23].

Sin embargo, ninguna de las funciones mencionadas suele aparecer aislada; estas se vinculan entre sí de una manera dinámica estableciendo jerarquías de códigos y "subcódigos" entre los cuales se desprenden ciertas tendencias dominantes[24]. En las *Aguafuertes porteñas*, una de las funciones más destacadas es la metalingüística[25]. Puesto que el metalenguaje es el lenguaje que se usa para hacer referencia al lenguaje mismo[26], o a una variedad o expresión lingüística, en

---

[21]   Gobello/Amuchastegui 1998: 9.
[22]   Jauss 1978: 54.
[23]   Arlt 1976: 107.
[24]   Jakobson 1973: 19-20.
[25]   Balint U.-Zanchetta 2002: 487-492.
[26]   Jakobson 1973: 217-218.

nuestro análisis, dicha función incluirá todo tipo de acotaciones implícitas o explícitas referidas al lunfardo: el entrecomillado[27]; las definiciones y explicaciones etimológicas tal como aparecen, por ejemplo, en la crónica "El 'Furbo'": "Del diccionario italiano- español y español italiano: Furbo: engañador, pícaro...'[28]; o los juicios valorativos o acotaciones metadiscursivas: "'Engrupido' —¿me permite la palabreja?"[29].

Interacciones metalingüísticas y metadiscursivas

La crónica "Persianas metálicas y chapas de doctor" presenta un claro ejemplo de interacción entre las funciones metalingüística, irónica y expresiva. En este texto, Arlt se propone evidenciar las artimañas que adoptan las familias de jóvenes casaderas para conseguirles un buen partido. Para ello, los padres hacen que uno de los hermanos estudie para doctor con el objeto de que traiga a la casa a sus amigos, también doctores, y pueda producirse el encuentro que terminará en boda —se sobrentiende— con una persona de cierto estatus social, según la ideología burguesa denunciada por el autor. Para relatar estas manipulaciones, Arlt opta por emplear el lunfardo cuya función humorística es producida por el contraste entre el registro popular y el asunto formal[30]. El tema es pequeñoburgués, pero el tratamiento se exhibe como proletario, lo cual crea cierta tensión cuyo efecto es marcadamente irónico[31]:

> Ahora si alguien me pregunta en qué consiste un hogar bien constituido, de acuerdo un criterio estrictamente burgués (me estoy portando bien, no uso términos en lunfardo ni meto la pata hasta el garrón), diré que el hogar bien constituido sería

---

[27] Si bien en *Aguafuertes porteñas* la función metalingüística del entrecomillado es evidente, sin embargo, puesto que dicha distinción no es sistemática, no se sabe con certeza si emana del autor o del editor. Esta ambigüedad ha dado pie a numerosas discusiones que Pablo Valle resume en su artículo "La querella de las comillas" (*Páginas de Guarda* 4, 40-46).

[28] Arlt 1976: 37.

[29] Arlt 1976: 142.

[30] Los reiterados empleos de efectos humorísticos e irónicos utilizados por Arlt en sus crónicas parecen haber pasado desapercibidos a muchos de sus lectores, incluso a los más avisados. Cortázar, por ejemplo, tal vez más influenciado por sus cuentos y novelas que por las aguafuertes, nota que "La perceptible falta de humor traduce [en Arlt] un resentimiento que él no alcanzó a superar..." (Cortázar 1994: 257).

[31] Defays 1999: 14.

aquel donde la selección de giles[32] (¡Ya me bandié![33]) se hace con un perfecto criterio científico[34].

Desde las primeras líneas, Arlt da a conocer el tema, el tono y su punto de vista personal sobre el asunto. El discurso en primera persona y la introducción de voces lunfardas acentúan la función expresiva del lenguaje cuya intención es evidenciar la identidad porteña del narrador-autor, reivindicar el medio social al cual pertenece y, además, singularizarse, desde el punto de vista ideológico y estilístico, de los escritores de extracción burguesa, quienes representan, en el universo arltiano, el buen decir, el estilo, el "bordado"[35]. El empleo del lunfardo crea, asimismo, una ilusión de realismo particular. El relato parece natural y "sincero" gracias al manejo de efectos de oralidad en el que el autor hace como si las palabras lunfardas se le escaparan de la boca, casi sin querer:

> En muchas casas prudentes, para evitar que las niñas se entretengan elaborando pensamientos inconvenientes, conchaban a las más viejas, mientras que las más jóvenes y comestibles se quedan en la casa para trincar al otario[36] (ya se me escapó otro término reo[37])[38].

La impresión de espontaneidad es, además, acentuada por las alusiones metalingüísticas y metadiscursivas, efectuadas sobre el lunfardo y a través del lunfardo, que aparecen entre paréntesis. Todos estos artificios lingüístico-literarios muestran que Arlt no solo conoce bien el lunfardo, sino que, además, lo conoce desde adentro. No ignoramos, sin embargo, que su erudición, en materia de lunfardología, fue más de una vez discutida. De ahí que considere necesario defenderse por escrito:

> El autor de estas crónicas, cuando inició sus estudios de filología "lunfarda" fue víctima de varias acusaciones, entre las más graves le sindicaban como un solemne "macaneador". Sobre todo en la que se refería al origen de la palabra "berretín" (...) y la de "squenun"[39].

---

[32]   *Gil*: 'tonto, del castellano gilí, con el mismo significado' (Gobello 1991; Conde 2010).
[33]   *Bandiar*: 'o bandear: sobrepasarse' (Gobello 1991; Conde 2010).
[34]   Arlt 1976: 113. En el texto y edición citados los lunfardismos no aparecen destacados.
[35]   Arlt 1968: 11.
[36]   *Otario*: 'tonto, cándido' (Gobello 1991; Conde 2010).
[37]   El vocablo *reo* está utilizado como adjetivo: 'propio de la gente de baja condición social' (Gobello 1991; Conde 2010). En este caso, la locución "término reo" es sinónima de lunfardo.
[38]   Arlt 1976: 113.
[39]   *Ibid.*: 37.

Esta cuestión fue incluso debatida por Borges, quien, en su *Informe de Brodie*, alude al hecho de que a Roberto Arlt le habían reprochado nada menos que el desconocimiento del lunfardo:

> Recuerdo [...] que a Roberto Arlt le echaron en cara su desconocimiento del lunfardo y que replicó: "Me he criado en Villa Luro, entre gente pobre y malevos, y realmente no he tenido tiempo para estudiar esas cosas"[40].

La acotación de Arlt no deja de ser una reivindicación irónica del carácter vivencial y, por ende, auténtico, de su propia competencia lingüística y una crítica implícita del conocimiento libresco propio de quienes tienen tiempo para estudiar el lunfardo (Arlt declara que no lo tiene), prescindiendo de escucharlo en boca de los inmigrantes —categoría a la que pertenecía la propia familia de Arlt— o de hablarlo con personas pertenecientes a dichos estamentos sociales. Lo cierto es que en materia de lunfardo, la idoneidad de Arlt va mucho más allá del listado y la definición de palabras marginales. El interés del autor por este léxico tampoco reside en la ostentación de un falso exotismo vinculado con lo arrabalero, sino en sus múltiples capacidades plásticas y expresivas. Tengamos en cuenta que en el momento en el que escribe Artl el lunfardo está en pleno proceso de acomodación al medio urbano porteño; por esa razón, sus crónicas lunfardescas poseen una importancia testimonial considerable.

Una vez satisfecha la necesidad de definir un término y rastrear su etimología como en los casos de *fiaca* y otros como *manyar, squenún, berretín, furbo*, Arlt se dedica a determinar el alcance del término, su frecuencia, su perímetro geográfico de utilización:

> Yo, cronista meditabundo y aburrido, dedicaré todas mis energías a hacer el elogio del "fiacún", a establecer el origen de la "fiaca", y a dejar determinados de modo matemático y preciso los alcances del término. [...]
> No hay porteño, desde la boca a Núñez, y desde Núñez a Corrales, que no haya dicho alguna vez:
> —Hoy estoy con "fiaca"[41].

En la crónica dedicada al "furbo" o pícaro porteño, la precisión que hace Arlt sobre la frecuencia de utilización de la palabra es también reveladora: "No hay malandrín que no la tenga veinte veces al día en su bocaza

---

[40]   Borges 1996: 400; Gobello/Oliveri 2005: 31.
[41]   Arlt 1976: 40.

blasfema"[42]. Tampoco faltan los matices semánticos y simbólicos de "furbo" ni las características psicológicas del locutor que emplea dicho término: "La palabra 'furbo' en italiano, expresa la índole psicológica de un sujeto y se refiere categóricamente a esa virtud que inmortalizó a Ulises, y que hizo se le llamara el Astuto o Sutil"[43]. También, al detallar las etapas de adaptación del lunfardismo, Arlt lo describe desde el punto de vista diacrónico, diatópico y diastrático[44], cuando muestra el arraigo de la voz lunfarda en un ambiente popular, entre inmigrantes:

> Originaria de las bellas colinas del Lacio (...) vino a nuestra linda tierra la palabra furbo. Fresca y sonora en los labios negros de "chicar" toscanos, de los robustos inmigrantes que se establecerían en la Boca y en Barracas.
> Las escucharon de sus hercúleos progenitores todos los purretes que se pasaban el día haciendo diabluras por los terrenos baldíos, y bien sabían que cuando el padre se enteraba de una barbaridad que no le enojaría, les diría medio grave y satisfecho.
> — ¡Ah!, furbo...
> Insistimos en el matiz. El padre decía sin enojarse: '¡Ah!, furbo' y la palabra emitida de esta manera adquiría en los labios porteños una especie de justificación humorística de la pillería y se robusteció en el sentido dicho[45].

Por último, Arlt subraya un matiz desconocido de la palabra "furbo" que resulta de una nueva valoración afectiva, entre condescendiente y humorística, atribuida definitivamente al porteño: "Magistralmente descubierto por nosotros"[46]. De esta manera, el autor pone en evidencia el proceso por el cual el italianismo "furbo" se convierte, por apropiación, en un lunfardismo.

Sin duda alguna, Arlt se complace en recrear las voces lunfardas insuflándoles vida; para ello las exhibe de una manera particularmente dinámica a través de diálogos y dentro de un marco de situaciones diversas. Poco importa si dichos diálogos son reales o imaginarios; su propósito es contextualizar la palabra lunfardesca aportando a su comprensión no solo matices semánticos, sino también aspectos simbólicos y emotivos. Notemos que estas mismas características, aunque aplicadas a la palabra común —no a la lunfarda—, habían sido

---

[42]   *Ibid.*: 37.
[43]   *Ibid.*: 37.
[44]   Como sucede con el argot francés (Calvet 1991: 41-42), entre otros, el lunfardo se compone de un conjunto de voces que comparten entre sí diferenciaciones diastráticas (referentes a determinados estratos sociales), diatópicas (empleadas en regiones determinadas), diacrónicas (utilizadas en distintas épocas).
[45]   Arlt 1976: 38.
[46]   *Ibid.*: 38.

particularmente apreciadas por Borges, quien desdeñaba los diccionarios, entre otras cosas, por omitir en sus artículos el valor afectivo, la temperatura de las palabras[47].

Así, adelantándose a su época Arlt expone, en sus crónicas lunfardescas, inquietudes pragmáticas y sociolingüísticas inéditas en los años 30.

ASPECTOS DE LA FUNCIÓN COMUNICATIVA DEL LUNFARDO

Es preciso reconocer que los atípicos textos lunfardescos de Arlt pudieron ser desarrollados gracias a las posibilidades estilísticas de la crónica. Este género le permitió gozar de ciertas libertades que le hubieran sido negadas dentro del marco de cualquier otra obra lexicográfica, en particular, de un diccionario de lunfardismos cuyo contenido está sujeto a normas estrictas[48]. Por esa razón, frente a los artículos metalunfardescos de Arlt, los diccionarios especializados parecen particularmente incompletos, por no decir insulsos. De hecho, Roberto Arlt también había reflexionado sobre estas cuestiones:

> Con meridiana claridad que nos envidiaría un académico o un confeccionador de diccionarios, acabamos de establecer la diferencia fundamental que establece el acto de "tirarse a muerto", con aquel otro adjetivo de "squenun"[49].

El empleo de lunfardismos en la obra de Arlt no parece responder a una vocación cuantitativa, como pudo tenerla, por ejemplo, en la de Carlos de la Púa[50], sino cualitativa. Prueba de ello es que, en las *Aguafuertes porteñas*, la contabilización de voces lunfardas muestra muy pronto sus límites. Así, de las 69 crónicas recogidas, en la edición citada de 1958 de la editorial Losada, son relativamente pocas las que, en un espacio medio de las 2 carillas, presenten más de 8 lunfardismos. Existen once aguafuertes con tales características frente a unas 46 que incluyen, como máximo, un par o prescinden completamente de ellos. En las crónicas de Arlt, las cuestiones que rigen los mecanismos del empleo del lunfardo tienen poco que ver con el número de ocurrencias utilizadas. Lo que importa, sobre todo, es la puesta en escena de la palabra, la creación de un con-

---

[47]   Borges 1994: 146-147.
[48]   En un diccionario, por ejemplo, la definición es 'una información sobre todo el contenido y nada más que el contenido de la palabra definida' (Seco 1987: 20).
[49]   Arlt 1976: 60.
[50]   De la Púa 1970 [1928].

texto significativo y la elección de una situación de comunicación apropiada. Para ilustrar lo dicho hemos elegido una crónica en la que encontramos un solo lunfardismo que, además de ser muy común, parece no necesitar mayores explicaciones. Esta palabra, sin embargo, otorgará al texto el tono, el carácter, la expresividad y marcará, desde el comienzo, una particular relación de proximidad con el lector:

> Yo siempre que me ocupo de cartas de lectores, suelo admitir que se me hacen algunos elogios. Pues bien, hoy he recibido una carta en la que no se me elogia. Su autora, que debe ser una respetable anciana, me dice:

> "Usted era muy pibe cuando yo conocía a sus padres, y ya sé quién es usted a través de su Arlt"[51].

Basándonos en el empleo de la voz *pibe*, inserta en la única frase del discurso directo de la anciana, podemos deducir que esta señora vive en un barrio de Buenos Aires, pertenece a una clase social popular y se siente, de alguna manera, vinculada al autor; por ello se dirige a este de manera afectuosa, como si se tratara de su propio hijo[52]. Un solo lunfardismo es capaz, entonces, de transmitir todos estos planos connotativos. El hecho de que Arlt decida comenzar su crónica con la carta de la lectora anciana (y poco importa si es inventada o no, puesto que de cualquier modo Arlt termina usándola como un elemento de su estrategia narrativa) provoca una situación de comunicación que, además de dar pie al desarrollo temático, introduce, por vía indirecta, un tono familiar y anecdótico, confianzudo, en el que la palabra *pibe* desempeña un papel crucial. Este y otros ejemplos dejan también entrever algunas de las características sociolingüísticas de los lectores de clase media cuya competencia lunfardesca parece, en la época de la publicación de sus crónicas, bien real.

Asimismo, el recurso sistemático a la función expresiva del lenguaje, a través del empleo de la primera persona: "Yo siempre que me ocupo de cartas de lectores"[53], pretende mostrar un vínculo estrecho entre el autor y el lector. Esta proximidad es subrayada por un diálogo epistolar interactivo, en el cual

---

[51]   Arlt 1976: 15.
[52]   Claro que esto sería más verosímil si la anciana hubiera escrito "vos" en lugar de "usted"; esta contradicción nos lleva a pensar que la mujer parece no diferenciar el discurso escrito del discurso oral. Se podrá objetar, sin embargo, que en los años treinta, contrariamente a nuestra época en la que predomina el voseo, el empleo del pronombre *usted* estaba más extendido (consideración diacrónica).
[53]   Arlt 1976: 15.

Arlt suele ubicar al lector en el centro mismo del sistema comunicativo, como sucede también en la aguafuerte "La terrible sinceridad" cuyo relato comienza así: "Me escribe un lector: 'Le ruego me conteste, muy seriamente, de qué forma debe uno vivir para ser feliz'"[54]. Por otra parte, el carácter conversacional de la comunicación epistolar confiere a estos intercambios un valor afectivo particular:

> Hay lectores, por ejemplo, que le escriben a uno cartas de cuatro, cinco, siete, nueve carillas. Usted se desconcierta. Se dice: ¿Cómo este hombre se ha molestado en perder tanto tiempo en hablarle a uno por escrito?[55]

El hecho de que Arlt asocie el lunfardo a las funciones expresiva o apelativa del lenguaje centradas, respectivamente, en el emisor y el destinatario del mensaje, contribuye a crear una ilusión de comunicación directa, llana y sincera con el lector. Por ello, no es extraño que, en este contexto, Arlt llegue incluso a anticipar, o al menos suponer, lo que el lector diría en tal o cual circunstancia, otorgando a sus crónicas un efecto suplementario de espontaneidad:

> No hay porteño [...] que no haya dicho alguna vez:
> —Hoy estoy con "fiaca".
> O que se haya sentado en el escritorio de su oficina y mirando al jefe, no dijera:
> —¡Tengo una "fiaca"!
> De ello deducirán seguramente mis asiduos y entusiastas lectores que la "fiaca" expresa la intención de "tirarse a muerto", pero ello es un grave error.
> Confundir la "fiaca" con el acto de tirarse a muerto es lo mismo que confundir un asno con una cebra o un burro con un caballo. Exactamente lo mismo[56].

El lector, receptor privilegiado de las explicaciones metalunfardescas, ocupa igualmente un lugar preponderante en "Apuntes filosóficos acerca del hombre que se 'tira a muerto'":

> Hacemos esta aclaración para colaborar en el porvenir del léxico argentino, para evitar confusiones de idioma tan caras a la academia de los fósiles y para que nuestros devotos lectores comprendan definitivamente la distancia que media entre el "squenun" y el "hombre que se tira a muerto"[57].

---

[54] *Ibid.*: 138.
[55] *Ibid.*: 160.
[56] *Ibid.*: 40.
[57] *Ibid.*: 60.

Esta combinación de dispositivos, narrativos y comunicacionales conduce al lector a desarrollar una relación de confianza inducida por el deseo de una comunicación íntima, casi fraternal, con el autor, quien, por otra parte, parece comprender y compartir las preocupaciones de un porteño medio, que trabaja, vive y sufre la condición de ser humano-urbano en la capital argentina. Lo que acabamos de comprobar a través de algunos ejemplos textuales lo confirma el propio Arlt al disertar, en su crónica "Simpatía humana", sobre la comunicación como comunión entre el escritor y el lector:

¿Cuándo aparecerá, en este país, el escritor que sea para los que leen una especie de centro de relación común?

En Europa existen estos hombres. Un Barbusse, un Frank, provocan este maravilloso y terrible fenómeno de simpatía humana. Hacen que seres, hombres y mujeres, que viven bajo distintos climas, se comprendan en la distancia, porque en el escritor se reconocen iguales; iguales en sus impulsos, en sus esperanzas, en sus ideales. Y hasta se llega a esta conclusión: un escritor que sea así, no tiene nada que ver con la literatura. Está fuera de la literatura. Pero, en cambio, está con los hombres, y eso es lo necesario; estar en alma con todos, junto a todos. Y entonces se tendrá la gran alegría: saber que no se está solo[58].

Por el solo hecho de compartir un mismo código lingüístico, el empleo del lunfardo constituye justamente uno de los medios privilegiados capaces de suscitar este "fenómeno de simpatía humana", de compenetración entre el lector y el autor. Con esa idea de reconocimiento entre iguales, Arlt aborda aquí el problema de la identificación entre ambos cuya consecuencia es el placer estético producido por el juego de la abolición de las distancias entre uno y otro[59]. Si el lunfardo participa activamente en este juego de empatía entre emisor y receptor es porque se inscribe, como la mayoría de los argots, en el registro de la paridad, utilizado en la esfera privada de la comunicación, por los "pares" y que se distingue del registro de la disparidad, propio al ámbito formal e institucional[60].

Conclusión

Las múltiples funciones que el lunfardo desempeña en las *Aguafuertes porteñas* aportan, en filigrana, informaciones que tienden a amplificar el nivel connotati-

---

[58] *Ibid.*: 162.
[59] Jauss 1978: 166.
[60] Le Dû/Le Berre 1995: 20.

vo y afectivo del léxico. Estos últimos son más reveladores que el significado mismo de los términos lunfardescos utilizados o el aspecto cuantitativo de las ocurrencias presentadas en los textos. A través del análisis de varios ejemplos hemos podido observar que el solo hecho de seleccionar e incluir deliberadamente un lunfardismo en una crónica implica, por parte del autor, una evaluación estratégica de los elementos distintivos de este léxico (diatópico, diastrático, diacrónico, diafásico) y de las situaciones de comunicación.

Ahora bien, si estos niveles sutiles de connotación lunfardesca son perfectamente manipulados por Roberto Arlt, sus efectos, en cambio, pueden ser más o menos percibidos por el receptor, según el grado de distanciamiento que este adopte en el transcurso de la lectura. Teniendo en cuenta que Arlt es uno de los primeros escritores en llevar el lunfardo por escrito, tanto a los hogares de clase media argentina como a los de la pequeña burguesía, y que, además, la situación de recepción de una crónica publicada en un periódico tiende a la lectura-consumo, podemos conjeturar que el lector de los años 30 percibía estos efectos literarios de manera mucho más directa e impactante que el lector actual. De ahí, tal vez, la fuerza evocadora del lenguaje arltiano y el gran éxito que tuvieron en su momento estas aguafuertes cuando fueron publicadas en el diario *El Mundo*.

Terminamos estas reflexiones señalando que el notable manejo de las posibilidades expresivas del lunfardo en la obra de Arlt va a la par con el dominio de la crónica, género que, a pesar de haber sido poco valorado en su época, exige del escritor una prosa particularmente hábil. No es gratuito el hecho de que hoy en día la crónica se haya convertido en una muestra de la consagración de un autor. Este género híbrido, mitad periodístico y mitad literario, constituye un verdadero ejercicio de estilo cuyos ingredientes son la vivacidad de la expresión, el humor e incluso el empleo del lenguaje popular. Sobre este punto, no olvidemos que Arlt se inspiró, repetidas veces, en los cronistas franceses, quienes también solían emplear el argot en sus crónicas[61]. Todos estos elementos nos llevan a afirmar que, aunque el escritor de las *Aguafuertes porteñas* haya manifestado algo de fastidio y de desdén por la crónica (como lo hizo, con humor, en su aguafuerte "Una excusa: el hombre trombón" y con amargura en el prólogo a *Los lanzallamas*[62]), lo cierto es que, lo quiera o no admitir el propio Arlt, es precisamente en estas crónicas donde muestra sus más amplias capacidades de escritor, su talento expresivo y su singularidad estilística.

---

[61]   Él mismo cita, como modelos, a escritores franceses como Richepein, Barbusse, Charles-Louis Philippe y otros (Arlt 1976: 92, 162, 18).

[62]   "Escribí siempre en redacciones estrepitosas acosado por la obligación de la columna cotidiana" (Arlt 1968: 11).

BIBLIOGRAFÍA

ARLT, Roberto (1968): *Los lanzallamas.* Buenos Aires: Compañía General Fabril Editora, S.A.

— (1976): *Aguafuertes porteñas.* 3.ª ed., Buenos Aires: Losada.

— (2010): *Eaux— fortes de Buenos Aires.* Paris: Asphalte éditions.

BALINT U.-ZANCHETTA, Jaqueline (2002): *El lunfardo à travers les paroles de tango: mythes et réalités de l'argot du Rio de la Plata.* Brest: Université de Bretagne Occidentale (Tesis doctoral)

BORGES, Jorge Luis (1994 [1.ª ed. 1928]): "El idioma de los argentinos". Buenos Aires: Seix Barral.

— (1996): *Obras completas,* vol. 2. Barcelona: Emecé Editores.

CALVET, Louis-Jean (1991): "L'argot comme variation diastratique, diatopique et diachronique (autour de Pierre Guiraud)", en: *Langue Française, Parlures argotiques.* Paris: Larousse.

— (1994): *L'Argot.* Paris: Presses universitaires de France.

CONDE, Oscar (2010): *Diccionario etimológico del lunfardo.* Buenos Aires: Taurus.

CORTÁZAR, Julio (1994): *Obra crítica 3..* Ed. de Saúl Sosnowski. Madrid: Alfaguara.

DE LA PÚA, Carlos (1970 [1928]): *La crencha engrasada.* Buenos Aires: Schapire.

DEFAYS, Jean-Marc (1999): *Approches du discours comique.* Liège: Mardaga.

Diccionario de la lengua española (2001): Real Academia Española, vigésima segunda edición. Madrid: Real Academia Española; <http://buscon.rae.es>.

GOBELLO, José (1991): *Nuevo diccionario lunfardo.* Buenos Aires: Corregidor.

— /OLIVERI, Marcelo (2005): *Suma lunfarda.* Buenos Aires: Corregidor.

— /AMUCHASTEGUI, Irene (1998): *Vocabulario ideológico del lunfardo.* Buenos Aires: Corregidor.

HELMAN, Edith (1986): *Transmundo de Goya.* Madrid: Alianza.

JAKOBSON, Roman (1973): *Essais de linguistique générale.* Paris: Minuit.

JAUSS, Hans Robert (1978): *Pour une esthétique de la reception.* Paris: Gallimard.

LE DÛ, Jean/LE BERRE, Yves (1995) : "Parité et disparité: sphère publique et sphère privée de la parole", en : *La Bretagne Linguistique,* vol. 10, en: *Badume-standard-norme, le double jeu de la langue.* Brest: CRBC, UBO.

MONNER SANS, Ricardo (1917): *El castellano en la Argentina,* conferencia leída en el ateneo de estudiantes universitarios, Buenos Aires; <http://www.archive.org>.

ROMANO, Eduardo (1991): *Las letras del tango, antología cronológica 1900-1980*. Rosario: Fundación Ross.SECO, Manuel (1987): *Estudios de lexicografía española*. Madrid: Paraninfo.

SPILLER, Roland (2001): "¿Modernidad cambalachesca? La puesta en escena de miradas, deseo e intersubjetividad en: *Los siete locos* y *Los lanzallamas*", en: *Roberto Arlt. Una modernidad argentina*. Madrid/Frankfurt am Main: Iberoamericana/Vervuert, 61-76.

TERUGGI, Mario (1978): *Panorama del lunfardo*. Buenos Aires: Sudamericana.

TODOROV, Tzvetan (1987): *La notion de littérature*. Paris: Seuil.

VALLE, Pablo (2007): "La querella de las comillas", en: *Páginas de Guarda* 4, 40-46, <http://www.paginasdeguarda.com.ar/_pdf/articulos/4_valle.pdf>.

Las excursiones lingüísticas de Roberto Arlt

ÁNGELA DI TULLIO

RESUMEN

En este trabajo se examinan algunos rasgos que caracterizan el "idioma de los argentinos" en la interpretación que Arlt daba a la expresión, es decir, en tanto léxico que identificaba a Buenos Aires, en las *Aguafuertes porteñas*, obra que se distingue no solo por la riqueza y heterogeneidad del vocabulario, sino, sobre todo, por sus reflexiones metalingüísticas. También Borges reducía el alcance de su versión del idioma de los argentinos, atenuada en los términos de un matiz, al habla de la ciudad, pero en su definición se privilegiaba la fonética y una rigurosa selección léxica. Esta diferencia se profundiza en las valoraciones recíprocas y en los criterios que las sustentan. Si bien ambos compartían el rechazo a los juicios y las sanciones de los gramáticos españoles sobre lo mal que se habla en nuestro país, a través de algunos pasajes de las memorias de Bioy Casares sobre Borges se perfila otro mito, el relativo a la escritura de Arlt.

ARLT O BORGES

No es novedoso afirmar que el canon literario argentino del siglo XX se dirimió entre Borges o Arlt, con sus respectivas constelaciones de estilos, poéticas, imágenes, géneros, temáticas, adherentes y detractores. Esta dicotomía fue complementada con otras oposiciones paralelas entre cosmopolitas y lunfardistas, derechistas e izquierdistas, elitistas y populistas. Hoy Borges y Arlt comparten el espacio, más apaciguado, de los autores consagrados en la literatura argentina y americana, con obras que siguen abiertas a análisis cada vez más complejos y finos. A ambos tal vez podrían atribuirse las palabras de Juan Carlos Onetti: "Hablo de un escritor que comprendió como nadie la ciudad en la que le tocó nacer. Más profundamente, quizá, que los que escribieron música y letra de tangos inmortales". Sin embargo, añadiría: "Les tocó un destino diferente". Onetti dice de Arlt: "Hablo de un novelista que será mucho mayor de aquí que pasen los años —a esta carta se puede apostar— y que, incomprensiblemente es casi desconocido en el mundo". Arlt no ha gozado del mismo alcance internacional que Borges, sobre todo en los países anglosajones, aunque la crítica germánica le dispensa una creciente atención, como se comprueba en este volumen.

Probablemente la diferencia entre el prestigio universal alcanzado por Borges y el alcance más local de la obra de Arlt no sea ajena a la forma en que cada uno concibe la lengua y, en particular, la variedad hablada en Buenos Aires. Ambos vagan por la ciudad —idílica y estática, en Borges; moderna y vertiginosa, en Arlt— con diferentes recorridos e intereses. Los dos se reconocen como hablantes de porteño, pero los distintos sociolectos identifican historias, clases y zonas. La "heterogénea charla porteña" de la que hablaba Borges en el prólogo de *Luna de enfrente*[1] es más heterogénea en Arlt, que incorporaba elementos de distinta procedencia, que el criterio selectivo de Borges excluía.

En 2006 se publican póstumamente las memorias de Bioy Casares relativas a su amistad con Borges. Este *Borges* abunda en reflexiones sobre la lengua, que amplían en variedad y en profundidad las ideas planteadas en sus publicaciones. Las reflexiones de Arlt sobre la lengua y su escritura, así como sus innovaciones léxicas y gramaticales, se concentran en las *Aguafuertes porteñas,* que Borges desdeñaba —*esas miserias*: "Las escribía todos los días, sobre lo primero que se le presentaba"—. Este trabajo trazará un contrapunto entre ambas voces.

LA LENGUA Y LA DISTRIBUCIÓN DE LOS VALORES

Desde sus inicios, la literatura argentina revistió a la lengua de un sistema de valores y antivalores, asociados con hablantes de diferentes grupos sociales. Así, *El matadero*, de Echeverría, o *Amalia*, de Mármol, articulan una escisión entre la lengua de unitarios y federales no solo en una jerarquía diglósica entre formas altas y bajas, sino también entre una estética y una ética contrapuestas. Desde esta perspectiva, más que como marcadores de un cierto sociolecto, el voseo o el *che* se interpretan como señales inconfundibles de un defecto, caren-

---

[1] "Muchas composiciones de este libro hay habladas en criollo, no en gauchesco ni en arrabalero, sino en la heterogénea lengua vernácula de la charla porteña" (1989 [1925]: 15).

cia o vicio, que la lengua culta del narrador ponía en evidencia. En la misma línea, en el apéndice de *Facundo*, Sarmiento incluía las proclamas de Quiroga para mostrar la discordancia entre el lenguaje y el pensamiento[2]. La gauchesca significa una ruptura en esta matriz dicotómica: como la voz del gaucho no aparece mediatizada por un narrador que corporice una norma superior, no queda descalificada, sino que, más bien, se afirma con la dignidad que a la cultura popular le confieren sus autores letrados.

El valor de la lengua —o el sistema axiológico que se le asigna a una variedad o a un rasgo de la lengua— se convirtió en un tema obsesivo durante el siglo xx. El orgullo y la seguridad que manifestaba un hombre del 80 como Cané se resquebraja cuando percibe la insuficiencia de su formación en literatura y filología españolas, que siente necesaria para enfrentar los peligros de una situación de contacto inédita en el mundo hispanohablante ("La cuestión del idioma", *Prosa ligera*).

El centenario arbitra una política lingüística en varios frentes para resolver el "desbarajuste lingüístico" de Buenos Aires con medidas que van desde la prohibición del voseo en la escuela hasta la creación del Instituto de Filología en la Universidad de Buenos Aires por acuerdo con R. Menéndez Pidal. El académico José Ortega Munilla, padre de Ortega y Gasset, describía así la gravedad de la situación argentina y la necesidad de frenar los efectos de la inmigración: "[E]l idioma castellano debe conservarse limpio de ajenas sangres, atribuyéndole la condición que es propia de los altos linajes, en los que un entronque plebeyo mancha el escudo y le avillana" (*Boletín de la RAE* IV. 1917: 122). Para preservar su valor moral, la lengua requiere pureza de sangre y de cruces sociales.

La vanguardia literaria de la revista *Martín Fierro* no acepta el diagnóstico sobre la lengua de Buenos Aires ni la solución hispanizante: no hay ningún déficit en la manera de hablar de los auténticos criollos, es decir, los no mezclados con inmigrantes ni con plebeyos; más aún, en Buenos Aires se habla mejor que en España, como se insinuaba en "Las alarmas del Doctor Castro" (publicada en *Sur*, 1941, y recogida en *Otras inquisiciones*, 1952) y como Borges afirma en varios pasajes de las memorias de Bioy (2006); véase el siguiente:

---

[2] "La incorrección del lenguaje, la incoherencia de las ideas y el empleo de voces que significan otra cosa que lo que se propone expresar con ellas, muestran la confusión o el estado embrionario de las ideas, revelan en estas proclamas el alma ruda aún, los instintos jactanciosos del hombre del pueblo y el candor del que no está familiarizado con las letras, ni sospecha siquiera que haya incapacidad de su parte para emitir sus ideas por escrito" (1952: 353).

Algunos se lamentan de que hablamos mal y anhelan que hablemos como en España. Yo les digo que en España no hay un idioma, sino muchos dialectos... El centro cultural del idioma español está en Buenos Aires; casi no existió hasta nosotros pensamiento en español... ¿por qué vamos a adoptar un idioma aldeano? (Bioy Casares 2006: 656).

Este juicio lapidario sobre el español peninsular se basaba en dos argumentos (o prejuicios, que, a su vez, respondían a la pretensión colonial de los españoles de dictar la norma o estándar): por una parte, la superioridad que suponía la unidad del español argentino (recuérdese la observación "No adolecemos de dialectos", preparatoria de la injuria dirigida contra Amado Alonso: "Pero sí de institutos dialectológicos", en "Las alarmas"); por la otra, el brillo intelectual de Buenos Aires frente al carácter provinciano de Madrid —tema de la polémica del meridiano (1927)—.

El criterio moral queda sustituido por un juicio intelectual y estético que se afirma a través de dos rasgos intransferibles: la fonética y un léxico selecto. Estos "argentinos sin esfuerzo" no deben disimular "ninguna pronunzia exótica": "Lo que defiendo es una fonética de clase, que me distingue", dice Bioy (2006: 1273). El léxico sobrio y selecto es una de las condiciones de una estética minimalista, que rechaza sinónimos, palabras raras, largas, pretenciosas o grandilocuentes, italianismos y otras "palabras de mal gusto".

Arlt se coloca decididamente en una zona de valores opuestos a los de esa variante de la axiología lingüística. Sus elecciones no se basan en un criterio estético, sino en un valor más alto: la verdad ("Y yo tengo esa debilidad: la de creer que el idioma de nuestras calles, el idioma en el que conversamos usted y yo en el café, en la oficina, en nuestro trato íntimo, es el verdadero", 371). Este valor supremo se apoya en otros dos valores, asociados más a la urgencia del mundo del periodismo que a los tiempos de la literatura clásica: la eficacia (el "cross a la mandíbula") y el éxito de venta de sus obras, de los que se ufana frente a los "escritores que no llegaban a vender cien ejemplares de sus obras", entre los que menciona a Borges[3] (1998: 396). Precisamente las aguafuertes significaron un éxito periodístico para el diario *El Mundo*, que duplicó su tiraje los martes cuando se publicaban las aguafuertes de Arlt, por lo que su director Muzzio Sáenz Peña decidió publicarlas cualquier día de la semana.

---

[3]   Arlt ubica a Borges entre los "escritores desorientados, que tienen una herramienta para trabajar, pero a quienes les falta el material sobre el que desarrollar sus habilidades"; todos ellos tienen inquietudes intelectuales y estéticas, y no espirituales e instintivas" ("Entrevista a Roberto Arlt", en: *La literatura argentina* 12, agosto de 1929).

El lugar de la lengua

Los dos escriben sobre "el idioma de los argentinos" (Borges, en 1928; Arlt, en 1930), aunque los referentes solo se solapen en algún punto, y se opongan las prácticas de escritura y las elecciones lingüísticas de cada uno. Arlt no alude a su precedente, pero en la caracterización de los gramáticos ("la pandilla polvorienta y malhumorada") se reconocen los rasgos que Borges les atribuía: el malhumor y la queja —pieza fundamental de la ideología estandarizante de los hispanófilos, que entre las opciones que ofrece la lengua selecciona una como la única válida: la castellana—.

En más de una ocasión, en sus conversaciones con Bioy, Borges se quejaba de la incomodidad que los argentinos experimentaban con el español:

> Escribimos en una lengua que nos desagrada: nuestro estilo resulta de omisiones; evitamos palabras que nos asquean. Después algún español advierte con asombro nuestra pobreza de vocabulario (923). Los españoles escriben más cómodos. Están a gusto en el idioma (1044).

No obstante, Borges no se resigna a perder la capacidad semántica y cultural que solo el español le podía ofrecer, al tiempo que aprecia los rasgos patrimoniales que lo vinculan con la patria y con su gente. Por eso, a la hora de precisar cuál es la distancia con el español peninsular, la mide en algunas sutiles diferencias fonéticas y semánticas, y en varias ausencias: así evaluaba Borges el "matiz de diferenciación" entre nuestra manera de hablar y la de los españoles en *El idioma de los argentinos*. En cambio, Arlt expresaba un disgusto similar, pero sin nostalgias se comprometía con la magnitud de los cambios que se estaban operando en la lengua de Buenos Aires:

> El lenguaje es como un traje. Hay razas a las que les queda bien un determinado idioma; otras, en cambio, tienen que modificarlo, raerlo, aumentarlo, pulirlo, desglosar giros, inventar sustantivos (372).

Opone la lengua de los "pueblos bestias", que no cambian porque no tienen ideas nuevas que expresar, a la de los pueblos que, como el nuestro, "sacan palabras de todos los ángulos". Arlt piensa la lengua de los porteños en continua evolución y no pretende fijarla: no solo acoge el polimorfismo y la variación, sin estigmatizarlos, sino que, contrario a la ideología estandarizante, los practica en su léxico y en su gramática, combinando elementos de diferentes registros: "cáfila de squenunes helioterápicos" o "casa que parece batir prepotencia de vento" (136).

Así como declaraba que entre sus lecturas figuraban obras de escritores prestigiosos como Cervantes, Flaubert o Dostoyevski, pero también autores de folletines como Ponson du Terrail o Wallace, también en su léxico, abundante y heterogéneo, incorpora materiales de diferente procedencia: palabras castizas de la lengua literaria, junto a italianismos, lunfardismos, neologismos, que a veces se combinan de manera insólita —"rantifuso tiempo", "pilletes y desvergonzados hasta decir basta" (593)— y no siempre de acuerdo con las reglas de la gramática, como muestran algunas discordancias: "Me asombró un poco los intereses literarios de este buen Diablo" (530), "un sésamo ábrete cualesquiera" (629) o el femenino vulgar de "días de espantosa calor" (530).

Por eso, suscitará juicios negativos sobre su obra y su cultura, como los de Borges, que lo califica sucesivamente como "un ingenuo"; "un malevo desagradable, extraordinariamente inculto" y "un imbécil" (10.12.56: 249), aunque le concede un reticente elogio en la comparación con Azorín, Quiroga o Mallea: "*El juguete rabioso* de Arlt es mejor que todas las novelas de Mallea: cuando el malevo traiciona a su amigo, está bien" (7.6.57: 284). Sin embargo, el elogio se mitiga al referirse a algunos rasgos formales:

> *El juguete rabioso* no está tan mal. Sin embargo, hay en las frases del relator —y no en los diálogos del zapatero andaluz— unos *les* por *los* y unas palabras españolas un poco fuera de lugar en un compadrito de Flores (817).

Borges le critica a Arlt su inconsecuencia lingüística no solo en cuanto a la adecuación mimética, sino también por los frecuentes desfases de su prosa que del "hermoso idioma popular" pasa a un insólito *vosotros* o a voces arcaizantes, como *conqueridora, liza, preste, menestrala*. De todos modos, como han señalado Bioy (nota p. 284) y Saítta[4], la más clara evidencia de esta admiración está representada en el cuento "El indigno", en el que aparece un personaje llamado Alt. En el prólogo de *El informe de Brodie* (1970), donde recoge el cuento, Borges menciona una anécdota de Arlt sobre su supuesto desconocimiento del lunfardo: "Me he criado en Villa Luro, entre gente pobre y malevos, y realmente no he tenido tiempo de estudiar estas cosas" (1974: 1022)[5]. En esta anécdota, repetida en *Borges*, p. 1125, la palabra de Arlt, el malevo, es la autoridad que ratifica uno de sus argumentos contra el lunfardo: su carácter artificioso y humo-

---

[4]   Saítta traza una interesante cadena de referencias a la obra de Arlt —todas ellas a *El juguete rabioso*— en las obras juveniles de Borges, y su homenaje en "El indigno".

[5]   Véase en el artículo de Conde en este volumen (nota 7) el comentario de González Tuñón sobre esta anécdota.

rístico, no popular ("una broma inventada por saineteros y por compositores de tango"). Menos explícita interpreto yo la admiración en otro pasaje del comienzo mismo del prólogo, que admite una doble lectura: "Alguna vez pensé que lo que ha concebido y ejecutado un muchacho genial puede ser imitado sin inmodestia por un hombre en los lindes de la vejez, que conoce el oficio" (1974: 1021). En la interpretación anafórica, la más natural, el antecedente inmediato de esta frase son unos relatos de Kipling: "lacónicas obras maestras". Sin embargo, si se remite catafóricamente a "El indigno" y su clara relación con *El juguete rabioso*, Borges se declara imitador de Arlt, ese compadre, "un muchacho genial".

EL MITO DE LO MAL QUE ESCRIBE ARLT

Todos los datos personales de Arlt —a veces manipulados por él mismo— contribuyen a reforzar ese lugar común, prejuicio o mito, que durante décadas clausuró la crítica sobre su obra. Como hijo de inmigrantes (ambos de lenguas extranjeras: alemán, el padre; italiano, la madre), Arlt no heredó una lengua materna, sino que se la construyó a fuerza de excursiones lingüísticas por las calles de Buenos Aires y de lecturas erráticas. Tampoco contó con una biblioteca heredada y su condición de asalariado, que se ganaba la vida como periodista en *Crítica* y *El Mundo*, lo deja en los márgenes del campo intelectual reconocido.

Origen y formación, sumados a condición laboral y económica, explicarían la extensión del error: su "voz tosca y extranjera" (2006: 249)[6] —que Onetti precisa: "Escatimaba las eses finales y las multiplicaba en mitad de las palabras: *Assi que usted esscribió una novela*"—, las faltas de ortografía, varios tipos de deficiencias sintácticas, vacilaciones estilísticas y un léxico abigarrado, en el que se acumulan frases hechas y lugares comunes, se han interpretado como evidencias de su falta de cultura lingüística: "Secretario de Güiraldes... ¿Cómo podía corregir si no sabía nada de nada?" (2006: 535), pero esa misma ignorancia y la mala escritura se aduce a veces para justificar la atracción que ejercía, como se infiere de las palabras de Pepe Bianco: "Es una basura: lo que permite que uno lo lea, lo que lo salva un poco, es lo mal que escribe" (2006: 528).

Circulan muchas anécdotas sobre sus errores ortográficos, que el director de *El Mundo* corregía todas las noches: "Le encargaban cualquier cosa y des-

---

[6]   Onetti alude al fuerte acento germano o prusiano heredado del padre: "Pero yo creo que la prosodia arltiana era la sublimación del hablar porteño" ("Semblanza de un genio rioplatense". Prólogo de *Los lanzallamas*).

pués daban las páginas a otro para que las reescribiera... Menos mal que algún otro las reescribió" (2006: 259). Incurre también en falsas etimologías, como la que refiere Borges: "En una *Aguafuerte* sobre los hospitales dijo que escaseaba la tela de *Siva*. Después se enteró de que la grafía correcta era *adhesiva* y escribió otra aguafuerte sobre el mismo tema, para tener la ocasión de escribir nuevamente la palabra [...] Todo el artículo no era sino una fe de erratas" (2006: 1130).

El léxico de Arlt es abundante y heterogéneo: lunfardismos, italianismos, cultismos se entreveran en su escritura, con sus propias creaciones, casi siempre palabras de connotaciones burlonas, como los adjetivos que contienen sufijos de valor despectivo: *-esco* en *fauna tribunalesca, carniceros turquescos, diálogo pelafustanesco*; *-il* en *deambulaciones pensioneriles*; *-iento* en *miguerío marroquiento* (del italianismo *marroco*, 'pan'); *-oso* en *palabras fiacosas* y el genovés *-ún* en *fiacún* o *gilastr*ún.

Así, en "Hablando en reo (queda muy bien después de la cita de Freud) le diré que le di a mi amada la 'muzzarella' y me 'ortivé' definitivamente" (274). El entrecomillado marca la distancia que interpone con algunos lunfardismos e italianismos, como con *muzzarella*, que incluye en una locución en la que pierde su sentido literal al cruzarse con *mus* ('silencio, adiós') y con *ortivé*, vesre de *batirse*, que se interpreta como 'enojarse'. Arlt no alardea de lunfardista, como muestra la anécdota de Borges, pero a veces presume de filólogo del lunfardo (63), cuando traza etimologías y construye campos semánticos, como el de la holgazanería, formado por la locución *tirarse a muerto* y los italianismos *fiacún* y *squenún*, que distingue con precisión de gramático e ilustra con microrrelatos: mientras que *squenún* designa una propiedad permanente de un cierto individuo, *fiacún* es un estado transitorio, el de quien "momentáneamente no tiene ganas de trabajar" (66); en cambio, *tirarse a muerto* es un acto deliberado de negarse a realizar un esfuerzo.

La profusión del italianismo no es una mera casualidad, sino que demuestra su tesis de que "nuestro caló es el producto del italiano climatizado" (64). Entre los italianismos, léxicos y fraseológicos, solo unos pocos corresponden a la lengua estándar (*capuchino, trattoria, dolce far niente, sotto voce, tutti contenti*); la mayor parte, de origen dialectal e incorporados al lunfardo, presentan un valor expresivo, como *esgunfiar* —'fastidiar, hartar'— o *naso* —no solo 'nariz', sino 'nariz prominente'—, o bien algún cambio semántico, como *manyar*, que de verbo de consumición se ha reinterpretado como verbo de entendimiento. El italianismo marca un registro, el de la conversación informal, e incluso lo restringe a un tipo de diálogo: la réplica enfática o burlona; así, *minga* no es solo una negación —"Leer sé, escribir ¡minga!" (614)—, sino un rechazo enfático: "Quiere dormir…, dormir para olvidarse de la vida maldita […] encoge la cabeza, esconde un brazo debajo de la almohada ¡y minga de sueño!, el sueño no viene" (640). El italianismo a veces excede la palabra, como en las frases lexicalizadas *cuei poqui*, *"guarda e pasa"*, *"mancudilo"* ('ni lo menciones'), la *"doménica" electoral*, pero otras es un formante de palabra, como el sufijo -*ún* de *fiacún* o la base compuesta de *farnientesco*. La connotación italianizante proviene del reanálisis de apellidos italianos como palabras complejas en *ilusión baratieri* (267) o en *tuve ataques de locatelli* (500), aunque en italiano no existan los elementos léxicos *loco* ni *barato*, ni tampoco los sufijos -*ieri* o -*elli*.

También la sintaxis de Arlt refleja la del italiano dialectal en las oraciones llamadas capicúas, que copian en su coda final el verbo inicial: "Los genoveses de la Boca cuando observaban que un párvulo bostezaba, decían: 'Tiene la fiaca encima, tiene'" (66) o "Hay que ser diplomático, hay que ser" (502), en la contraposición de grado en "Otro que Anquelito!... ¡Anquelote, había resultado su hijo!"(178) —calco del italiano *altro che*—, o en la discordancia entre pronombre y verbo: "Dentro de un año se vamos para 'Jolibu'" (270).

Delatan, en cambio, el castellano libresco algunos rasgos como la posición arcaizante de los pronombres ("Paróse", "Habíame confeccionado", "De qué modo debe vivirse para ser feliz", 159), la presencia del leísmo o usos inesperados de *vosotros* ("En todas partes, le escucharéis cantar la fúnebre palinodia", 453).

Evidentemente, el valor literario de Arlt, su modernidad y la originalidad de su visión de la ciudad y su gente no son reductibles a los varios aspectos de la lengua señalados en este somerísimo análisis. Sin embargo, sin estos no se sostendrían. Arlt confía en su voluntad y en su trabajo para producir un "efecto mimético", el de reflejar la expresividad y la creatividad del porteño, con el tono de su oralidad, con su humor y su seriedad, pero, al mismo tiempo, marca una distancia con otro español, el de la literatura, su literatura, que produce un efecto de extrañamiento. Con este doble efecto se amplía el vocabulario y se ensancha la gramática. Parafraseando a Oscar Masotta, Horacio González caracteriza la obra de Arlt por las siguientes propiedades: "Síntesis de ideas contradictorias, la oscilación de significaciones, el enloquecimiento de sentido, la afirmación difusa" (129); todas ellas son también rasgos de su lengua.

Aunque enemigo de la ideología estandarizante, Arlt estandariza a su manera esa lengua en constante cambio y es consciente de eso: casi siempre la opción que elige es la que se mantuvo y la que fue seguida por gran parte de la literatura argentina de las últimas décadas, como Puig, Piglia, Fogwill, Aira, fieles al principio básico de desaxiologizar la lengua de valores morales o estéticos ajenos a la verdad de la escritura.

BIBLIOGRAFÍA

ARLT, Roberto (1998): *Aguafuertes. Obras*, tomo II. Ensayo preliminar de David Viñas. Buenos Aires: Losada.

BIOY CASARES, Adolfo (2006): *Borges*. Edición a cargo de Daniel Martino. Buenos Aires: Destino.

BORGES, Jorge Luis (1974): *Obras completas*. Buenos Aires: Emecé.

— (1989 [1925]): *Luna de enfrente*. Buenos Aires: Emecé.

GONZÁLEZ, Horacio (1996): *Arlt. Política y locura*. Buenos Aires: Colihue.

ONETTI, Juan Carlos (1974): "Semblanza de un genio rioplatense", en: *Nueva novela latinoamericana* 2. Buenos Aires: Paidós.

SAÍTTA, Sylvia (2005): "Jorge Luis Borges, lector de Roberto Arlt", en: Contreras, Sandra/Prieto, Martín (eds.): *Sarmiento-Hernández-Borges-Arlt. Los clásicos argentinos*. Rosario: Editorial Municipal de Rosario, 129-138.

SARMIENTO, Domingo Faustino (1952 [1845]): *Facundo*, en: *Civilización y barbarie*. Prólogo de Alberto Palcos. Buenos Aires: El Ateneo.

Sobre los autores

Jens Andermann es profesor titular de Estudios Latinoamericanos y Luso-Brasileños en la Universidad de Zurich y editor del *Journal of Latin American Cultural Studies*. Ha sido catedrático en Birkbeck College, Londres, y profesor visitante en las universidades de Buenos Aires, Río de Janeiro (UFRJ), Princeton y Duke. Entre sus publicaciones están los libros *New Argentine Cinema* (2011), *The Optic of the State: Visuality and Power in Argentina and Brazil* (University of Pittsburgh Press, 2007) y *Mapas de poder: una arqueología literaria del espacio argentino* (2000). Como editor, ha compilado los libros *La escena y la pantalla: Cine contemporáneo y el retorno de lo real* (2013), *New Argentine and Brazilian Cinema: Reality Effects* (2013), *Galerías de progreso: exposiciones, museos y cultura visual en América Latina* (2006) e *Images of Power: Iconography, Culture and the State in Latin America* (2004).

Jaqueline Balint-Zanchetta ha cursado sus estudios universitarios en la Universidad del Museo Social Argentino, en la Universidad Complutense de Madrid y en la Universidad de Bretaña Occidental (Francia) donde ha defendido su tesis doctoral, cuyo título es *Le lunfardo à travers les paroles de tango: mythes et réalités de l'argot du Rio de la Plata, étude lexicale, fonctionnelle et culturelle du vocabulaire lunfardo et du "langage du tango"* (UBO, 2002). Actualmente es profesora e investigadora de Lingüística y Literatura Hispánicas en la Universidad de Bretaña Occidental, donde ejerce, como titular, desde 2005. Es miembro del equipo de investigación pluridisciplinaria HCTI y de la Academia Porteña del Lunfardo. Su interés investigador se centra en las interrelaciones entre la lengua, la literatura y la cultura rioplatenses y, en particular, entre el lunfardo y el tango, tema al que ha dedicado diversas publicaciones.

Oscar Conde nació en Buenos Aires en 1961. Es poeta, ensayista y profesor universitario. Estudió Letras en la Universidad de Buenos Aires, donde enseñó entre 1983 y 2006. Es doctor en Letras por la USAL. Actualmente es profesor e investigador en la Universidad Pedagógica de la Provincia de Buenos

Aires (UNIPE), donde dirige la "Especialización en la enseñanza de la lengua y la literatura" y el doctorado en Filosofía de la Universidad Nacional de Lanús (UNLa). Asimismo, dicta un seminario de Literatura Popular en el IES n.º 1. Desde 2002 es miembro de número de la Academia Porteña del Lunfardo. Ha compilado los libros *Estudios sobre tango y lunfardo ofrecidos a José Gobello* (2002); *Poéticas del tango* (2003); *Poéticas del rock*, vol. 1 (2007) y *Poéticas del rock*, vol. 2 (2008) —cuya edición alemana (*Poetik des argentinischen Rock*) publicó Abrazos Books en 2010—, y es autor del *Diccionario etimológico del lunfardo* (1998; 2.ª. edición, 2004) y de *Lunfardo. Un estudio sobre el habla popular de los argentinos* (2011), estos dos últimos editados por Taurus. Sus libros de poesía son *Cáncer de conciencia* (2007) y *Gramática personal* (2012).

ÁNGELA DI TULLIO, actualmente investigadora del Instituto de Filología de la Universidad de Buenos Aires y asesora del Museo del Libro y de la Lengua, dependiente de la Biblioteca Nacional, fue profesora de Gramática y de Historia de la Lengua en la Universidad del Comahue y dictó cursos en posgrados de la Argentina y del extranjero (Chile, Uruguay, Brasil, Italia, Bélgica). Es autora del *Manual de gramática del español* (1997, 2005, 2011), participó en la *Nueva gramática de la lengua española* y publicó numerosos trabajos sobre temas de gramática española, muchos de ellos referidos al español rioplatense. Otras líneas de trabajo se dirigieron a cuestiones relativas a las políticas lingüísticas, a la enseñanza de la lengua y a la relación entre la lengua y la literatura.

RITA GNUTZMANN es doctora en Filología Inglesa y Alemana (1970) y Española (1983). Ha sido profesora en las universidades de Londres, Navarra, Tubinga y Deusto y, desde 1981, en la Universidad del País Vasco. Ha publicado libros sobre Roberto Arlt, Julio Cortázar y Mario Vargas Llosa y los estudios *La novela naturalista en Argentina (1880-1900)* y *Novela y cuento del siglo XX en el Perú*. Igualmente, es autora de diversas ediciones de escritores argentinos (Arlt, Sánchez, Cambaceres, Gambaro), chilenos (Griffero, de Rokha) y el peruano De María (véase <http://wiki.cibera.de>).

URSULA HENNIGFELD es catedrática de Literaturas Románicas y Estudios Culturales en lenguas española y francesa en la Universidad de Osnabrück. Es editora de las monografías *Der ruinierte Körper. Petrarkistische Sonette in transkultureller Perspektive* (2008), *Nicht nur Paris. Metropolitane und urbane Räume in der französischsprachigen Literatur der Gegenwart* (2012), *Goya im Dialog der Medien, Kulturen und Disziplinen* (2013). Sus investigaciones ac-

tuales tratan, por ejemplo, los discursos sobre el terror después del 11-S en novelas españolas y francesas.

VOLKER JAECKEL es licenciado en Letras Hispánicas y Germánicas (estudios en Berlín y Sevilla), y doctor en Filología Románica por la Universidad de
Jena (Alemania). Enseñó en las universidades de Berlín (FU), Potsdam y Belém
(Brasil), donde coordinó la Casa de Estudios Germánicos desde 1997 hasta
2002. Desde 2006 es profesor adjunto de la Facultad de Letras de la Universidad Federal de Minas Gerais en Belo Horizonte, Brasil. Ha sido profesor e investigador invitado en las universidades de Friburgo y La Plata. En 2010 fue
becario del Instituto de Estudios Avanzados de Friburgo (FRIAS). En 2012
realizó en la Universidad de Valencia una investigación postdoctoral sobre do-
cumentales de la Guerra Civil española con beca del gobierno brasileño (CA-
PES). Sus últimos libros publicados son: *Olhares lítero-artísticos sobre a cidade
moderna* (2011), *Revisiting 20th Wars. New readings of modern armed conflicts
in literature and image media* (2012).

LAURA JUÁREZ es profesora, licenciada y doctora en Letras, graduada en la
Universidad Nacional de La Plata, Argentina. Se desempeña como investigadora adjunta del CONICET y profesora de Literatura Argentina en la carrera
de Letras de la Universidad Nacional de La Plata. Ha publicado recientemente
el libro *Roberto Arlt en los años treinta*. Se especializa en temas de literatura argentina contemporánea y en prensa literaria, y ha publicado artículos y ensayos
sobre diferentes autores argentinos en diversas revistas especializadas. En la actualidad dirige un grupo de investigación sobre escritores periodistas en la
prensa masiva.

ROLF KAILUWEIT ejerce como catedrático de Lingüística y Medios de Comunicación en el Departamento de Filología Románica y dirige el Instituto de
Mediología de la Universidad de Friburgo. Además, es socio correspondiente
de la Academia Porteña del Lunfardo. Sus trabajos se centran en la historia de
la lengua y cultura rioplatenses, la sintaxis funcional y la presencia de las lenguas románicas minoritarias en los medios de comunicación.

CHRISTINA KOMI es doctora en Literatura Latinoamericana por la Universidad de París III, docente en la Universidad de Dijon (Francia), traductora y
autora de numerosos trabajos sobre la novela hispanoamericana contemporánea. Ha tratado temáticas como la ciudad y la literatura, la memoria, la trans-

gresión, la identidad. Los últimos tres años su investigación se centra en cuestiones epistemológicas relacionadas con el latinoamericanismo como campo de
estudio en las academias francesa y norteamericana.

JOSÉ MORALES SARAVIA (Lima, 1954). Desde 1981 reside en Alemania; cur-
só sus estudios en la Universidad Nacional Mayor de San Marcos (Lima), es
doctorado por el Instituto Latinoamericano de la Universidad Libre de Berlín
con una tesis sobre *El discurso identitario argentinista* y posee la habilitación
como profesor por la Universidad Católica de Eichstätt (Baviera) con un libro
sobre *La consciencia desilusionada*; ha enseñado en varias universidades (Berlín, Eichstätt, Bamberg, Sarrebruck, Wisconsin-Madison) y en la actualidad es
profesor en la Universidad de Würzburg (Baviera). Tiene publicados, además
de los mencionados, libros sobre temas de su especialidad (literatura chilena y
peruana reciente) y sobre diversos autores (el poeta castellano Garcilaso de la
Vega, el Inca Garcilaso de la Vega, Charles Baudelaire, José Carlos Mariátegui,
Roberto Arlt, Mario Vargas Llosa, Emilio Adolfo Westphalen).

JULIO PRIETO es profesor de Literaturas Hispánicas en la Universidad de
Potsdam. Doctor en Filosofía y Letras por la Universidad de Nueva York
(NYU), ha sido profesor invitado en las universidades de Heidelberg, São Paulo (USP), Emory, McGill, Pontificia Universidad Católica de Lima y en la Universidad Libre de Berlín. Es autor de numerosos trabajos críticos sobre literatura española y latinoamericana, entre ellos las monografías *Desencuadernados:
vanguardias ex-céntricas en el Río de la Plata* (2002) y *De la sombrología: seis
comienzos en busca de Macedonio Fernández* (2010). En 2007 recibió la beca
Alexander von Humboldt. Entre sus principales áreas de investigación cabe
destacar las teorías y prácticas de vanguardia en Argentina y Latinoamérica, las
poéticas de la modernidad y la interacción entre literatura y nuevos medios en
el mundo hispanohablante. De próxima aparición es un libro de ensayos, *La escritura errante: ilegibilidad y políticas del estilo en Latinoamérica*, donde se
analizan distintos paradigmas de radicalidad discursiva en la narrativa, la poesía
y las artes visuales del siglo XX.

GUDRUN RATH, licenciada en Filología Hispánica y Alemana, obtuvo su
doctorado en la Universidad de Viena. Después de las universidades de Viena y
Heidelberg, actualmente trabaja en la universidad de Konstanz, con un enfoque en teorías culturales latinoamericanas, teorías poscoloniales y literaturas
hispano y francoparlantes. Su libro sobre la relevancia de la traducción para la

literatura argentina, *Zwischenzonen. Theorien und Fiktionen des Übersetzens (Intersticios. Teorías y ficciones de la traducción)*, apareció en 2013.

Jobst Welge enseña actualmente Estudios Culturales, Literatura Española y Francesa en la Universidad de Konstanz. Sus investigaciones se enfocan en literatura moderna, especialmente en novela en lengua española, portuguesa e italiana. Últimamente ha publicado ensayos sobre Ramón del Valle-Inclán, Italo Svevo, Roberto Arlt y Cyro dos Anjos. Próximamente se publicará su libro *Genealogical Fictions: Cultural Periphery and Historical Change in the Modern Novel*.